Glossaire

Aciculaire (feuille) : f. linéaire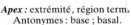
Acuminé : se terminant en po[inte]

Amplexicaule (feuille) : f. don[t...]
Synonyme : embrassante.

Apex : extrémité, région term[inale]
Antonymes : base ; basal.

Aphylle (tige) : t. dépourvue de feuilles. Ant. : feuillée.

Apprimé (poil) : p. couché, appliqué sur le support. Ant. : dressé.

Arachnéens (poils) : p. formant ensemble un revêtement ressemblant à une toile d'araignée.

Campanulé : en forme de clochette.

Cariçaie : lieu planté de *Carex* (Laîches), prairie dans laquelle dominent les Laîches.

Caulinaire (adj.) : qui appartient à la tige.

Caulinaire (subst.) : feuille située sur la tige. Ant. : basale.

Cunéiforme : en forme de coin (instrument).

Cynorrhodon : réceptacle floral des Rosiers et des Églantiers, devenu charnu après fructification. Syn. : gratte-cul.

Édaphique : qui concerne le sol. Exigences édaphiques : e. quant à la nature du sol.

Épillet : petit épi.

Falqué : arqué en forme de lame de faux.

Fimbrié : pourvu d'une fine frange.

Foliacée (écaille) : é. en forme de feuille.

Glabrescent : presque glabre, semé de très rares poils.

Glutineux : collant comme le gluten, visqueux.

Infundibuliforme : en forme d'entonnoir.

Lagéniforme : en forme de bouteille.

Latex : suc laiteux renfermé dans les tiges et les feuilles de certains végétaux (ex. : Pissenlit, Euphorbes...).

Lenticulaire : en forme de lentille.

Mégaphorbiée : association végétale constituée d'arbustes et de plantes herbacées à port élevé.

Mélézin : forêt de Mélèzes.

Naturalisée (plante) : pl. non indigène, introduite accidentellement ou intentionnellement, et qui s'est acclimatée.

Nitrophile (plante) : pl. exigeant un sol riche en nitrates, ex. : celui des pacages fumés par le bétail.

suite p. 255

Wolfgang Lippert

Fleurs
des montagnes

Adaptation de Gérard Luquet
*Assistant au Muséum national
d'Histoire naturelle de Paris*

NATHAN

Guide en poche
à la découverte de la nature

Ce guide des fleurs des montagnes est conçu pour les amoureux de la nature : son format de poche, maniable, et son faible poids (300 g) en font un compagnon idéal des randonnées en montagne et des ascensions vers les hauts sommets.

Y sont représentées et décrites les principales plantes à fleurs de l'arc alpin :
420 photographies en couleurs d'une grande fidélité, toutes réalisées sur le terrain, montrent l'aspect caractéristique de la plante fleurie, ainsi que toutes ses parties essentielles.
160 schémas botaniques détaillent certains organes tels que fleurs, tiges, feuilles, fruits, et soulignent les caractères de différenciation des espèces voisines.
40 cartes de répartition donnent l'aire de distribution particulière de quelques espèces alpines rares ou localisées.
De courts textes descriptifs, faciles à comprendre, placés en regard des photographies, informent sur l'aspect, l'habitat, la distribution et les espèces voisines de la plante illustrée.
L'expérience prouve que la détermination des plantes alpines présente souvent des difficultés pour les non-initiés. D'où le choix, dans ce guide, d'une méthode d'identification simple et pratique : les plantes figurées sont classées d'après la teinte de leurs fleurs et le texte est imprimé sur un fond de couleur correspondante.
Des onglets colorés, visibles sur la tranche du livre, facilitent le repérage.

Grâce à cette méthode d'identification, à la fidélité de ses clichés en couleurs, aux schémas, aux cartes de répartition et aux textes clairs et concis, ce guide met à la portée de tous la reconnaissance et la détermination des fleurs des montagnes. Ce guide est en outre complété par quelques notions essentielles sur l'étagement de la végétation et les associations végétales des Alpes. Seule la connaissance de la flore alpine et de son extraordinaire biologie peut permettre d'agir efficacement en vue de sa protection et de la sauvegarde de ses richesses, hélas sévèrement menacées.

Illustrations de la couverture

Recto
En haut : à gauche, Orpin noirâtre ; au milieu, Edelweiss ; à droite, Orchis vanillé.
Au centre : à gauche, Campanule de Scheuchzer ; au milieu, Épilobe des moraines ; à droite, Gentiane acaule.
En bas : à gauche, Primevère auriculée ; au milieu, Moussed'azur ; à droite, Renoncule à feuilles de Parnassie ; sous celle-ci, Androsace des Alpes.
Dos : Campanule barbue.

Verso
En haut : à gauche, Gentiane ponctuée ; au milieu, Joubarbe à toile d'araignée ; à droite, Leucanthème de Haller.
Au centre : à gauche, Panicaut des Alpes ; au milieu, Gentiane de Bavière ; à droite, Primevère à feuilles entières.
En bas : à gauche, Campanule des Dolomites ; au milieu, Pavot orangé ; à droite, Rhododendron ferrugineux ; sous celui-ci, Parnassie des marais.

Déterminer les fleurs des montagnes d'après leur couleur

Pour faciliter la détermination des 600 espèces de ce guide, celles-ci ont été classées selon la couleur de leurs fleurs. Photographies et textes descriptifs sont imprimés sur un fond de couleur correspondante repérable sur la tranche par des onglets colorés en bleu, jaune, rouge, blanc et vert.

Les cinq groupes de couleurs

	Onglet bleu Dans ce groupe figurent toutes les fleurs dont la teinte se situe entre le bleu pâle et le bleu sombre ou le bleu violacé.	Pages 8 à 43
	Onglet jaune Dans ce groupe figurent toutes les fleurs dont la teinte se situe entre le jaune pâle et le jaune orangé.	Pages 44 à 111
	Onglet rouge Dans ce groupe figurent les fleurs dont la teinte se situe entre le rose et le pourpre ou le rouge violacé, en passant par le rouge orangé.	Pages 112 à 173
	Onglet blanc Dans ce groupe figurent toutes les fleurs dont la teinte se situe entre le blanc et le crème.	Pages 174 à 229
	Onglet vert Dans ce groupe figurent toutes les fleurs dont la teinte se situe entre le verdâtre et le brunâtre.	Pages 230 à 241

Au sein de chaque groupe de couleur, les espèces sont toujours énumérées dans le même ordre, en fonction de leur appartenance aux grandes divisions systématiques (familles, genres).

Exceptions à la règle

La plupart des fleurs des montagnes s'intègrent facilement, par la couleur de leurs pétales, dans un groupe de couleur déterminé. Les fleurs dont les pétales présentent des taches d'une autre couleur (ex. : Violette tricolore subalpine, p. 74) sont classées dans le groupe de couleur correspondant à la teinte de fond des pétales. En cas d'absence de pétales (ex. : Herniaire des Alpes, p. 234), tenir compte de la couleur des sépales (vert dans l'exemple choisi).

Deux cas particuliers peuvent se présenter :
- Modification de la teinte des fleurs pendant la période de floraison (ex. : Pulmonaire australe, p. 26).
- Fluctuations de la teinte des fleurs, surtout dans les spectres rouge-bleu (ex. : Oxytropide de Jacquin, p. 140), rose-blanc (ex. : Silène couché, p. 180), jaune pâle-blanc (ex. : Renouée des Alpes, p. 178).

Explications

Le choix des espèces décrites

Ce guide présente les principales plantes à fleurs répandues dans l'arc alpin, des plus communes (même si elles sont plutôt insignifiantes) aux moins répandues. La plupart des fleurs incluses dans le guide habitent l'étage alpin (c'est-à-dire au-dessus de la limite supérieure de la forêt) ou l'étage subalpin, croissant parmi la mégaphorbiée ou les brousses d'Aulnes verts. Y sont également décrites quelques espèces de répartition beaucoup plus vaste, mais s'adaptant aisément au climat des Alpes.
Les Alpes constituent le plus haut massif montagneux d'Europe. Elles s'étendent en un arc long de presque 1 200 km et large, au plus, de 250 km, de la vallée du Rhône et de la Méditerranée, à l'ouest et au sud-ouest, jusqu'à la région de Vienne (Autriche) et de Ljubljana (Yougoslavie), à l'est et au sud-est. D'une surface d'environ 220 000 km^2, elles sont — comparativement à d'autres massifs montagneux du globe — relativement peu étendues et peu élevées (point culminant : le mont Blanc, 4 807 m). Toutefois, leur composition géologique est très variée, de même que les milieux ; cette diversité, à laquelle se superpose celle du climat, explique que les Alpes abritent un nombre particulièrement élevé de plantes à fleurs.

Photographies, schémas et textes descriptifs

Les photographies de terrain, choisies en fonction de leur qualité esthétique et de leur fidélité, montrent :
- L'aspect typique de la plante au sein de son habitat naturel.
- L'aspect typique de la plante au moment de la floraison.
- Les feuilles caulinaires, et, si cela se révèle important pour l'identification, les feuilles basales de la plante.

Les plantes sont des individus dont la morphologie, déterminée par des facteurs héréditaires, peut être modifiée sous l'influence de l'environnement, par exemple par les particularités du biotope.
Cela explique que la plante trouvée puisse ne pas concorder totalement avec l'illustration.
Les photographies et les textes descriptifs correspondants sont placés en vis-à-vis sur une double page, et portent le même numéro. Les **notices signalétiques** (textes descriptifs) décrivent en complément de la photographie les principaux caractères qui vous permettront d'identifier la plante illustrée.
Après le <u>nom français</u> (et éventuellement quelques autres noms usuels), vous trouverez le <u>nom latin</u> (nomenclature d'après la *Flora Europaea,* 5 vol., 1980). Y fait suite le nom de la famille botanique.

Explication des symboles

- Ⓟ plante protégée
- ▽ plante menacée ou en constante régression
- ⊞ plante toxique

Ces symboles s'appliquent à toutes les plantes énumérées dans une seule notice signalétique (y compris les espèces voisines).

L'aspect caractéristique sous lequel se présente chaque espèce est décrit en détail. Couleur, forme et disposition des fleurs sont les caractères d'identification les plus importants. La forme et la structure des fruits ont aussi beaucoup d'importance ; à cet égard, les plantes se montrent très « conservatrices » et les caractères des fruits sont pratiquement immuables, insensibles aux facteurs de l'environnement. En revanche, le développement des feuilles peut subir des modifications en fonction du milieu ; la hauteur et la ramification des tiges sont particulièrement variables.

La période de floraison d'une plante dépend des conditions climatiques saisonnières et de l'endroit où croît l'espèce décrite : étage alpin ou subalpin, versant situé à l'adret ou à l'ubac. C'est pourquoi la « fourchette » indiquée est relativement étendue. Les renseignements relatifs à l'habitat n'ont qu'une valeur indicative, car la plupart des espèces peuvent coloniser un grand nombre de milieux différents, qui sont énumérés dans l'ordre de leur fréquentation décroissante. Sous la rubrique distribution sont citées les régions des Alpes hébergeant les espèces décrites, mais également certaines contrées situées hors du massif alpin, pour les espèces à plus large distribution. Les cartes de répartition donnent l'aire de distribution particulière de quelques espèces alpines rares ou localisées.

Les espèces voisines de celle illustrée s'en différencient souvent par des caractères que seul un examen minutieux permet d'apprécier. Pour en faciliter la compréhension, ces caractères sont, si nécessaire, repris sur un schéma.

Les schémas botaniques, inclus dans les notices signalétiques, montrent soit des détails importants (et complètent les photographies), soit les caractères botaniques permettant de différencier des espèces voisines. Cet ouvrage présente en outre des schémas de corolles, de calices, de feuilles et d'inflorescences (dernière page de texte et 3ᵉ page de couverture), des dessins de diverses Graminées et Cypéracées, enfin des feuilles et des cônes des principaux feuillus, résineux et arbustes typiques des forêts d'altitude (2ᵉ page de la couverture).

Pour une **identification complémentaire,** des éléments de botanique (p. 242-246) vous informeront sur les grandes divisions de la végétation des Alpes : étages de végétation (avec un schéma, page 242) et regroupement des plantes alpines en associations végétales (avec schémas dans le texte). Les index des noms latins et des noms français (p. 248 sqq.) permettent de retrouver aisément les espèces décrites et les familles botaniques. Enfin, une règle graduée en centimètres, imprimée sur les pages intérieures de la couverture, offre la possibilité de mesurer les plantes sur pied dans leur milieu naturel.

L'auteur

Wolfgang Lippert, docteur ès Sciences naturelles, conservateur en chef de la Collection nationale botanique de Munich et président de la Société botanique de Bavière, phytosociologue spécialisé dans les associations végétales alpines, travaille en outre sur la systématique des végétaux inféodés aux massifs montagneux d'Europe. Il est également l'auteur de *Plantes de Méditerranée,* collection Gros Plan, 1994, et de *Fleurs des Alpes,* collection Guides naturalistes, 1995, aux éditions Nathan.

1. Clématite des Alpes Ⓟ

Clematis alpina
(Renonculacées)

Plante grimpante à longues tiges ligneuses atteignant 2 m de hauteur. Feuilles opposées, longuement pétiolées, 2 fois divisées en 3 folioles. Fleurs solitaires, à long pédoncule, pendantes, avec en général 4 sépales pétaloïdes écartés, longs de 5 cm et de couleur violette à bleu clair ; nectaires moitié moins longs que les sépales, blanc jaunâtre. Fruits petits, velus, prolongés par une aigrette plumeuse de 3 cm.

<u>Floraison</u> : V-VIII. <u>Habitat</u> : rochers, broussailles, clairs-bois ; generalement sur calcaire, rare sur silice. <u>Distribution</u> : des Pyrénées, par les Alpes et les massifs montagneux d'Europe orientale, jusqu'en Asie et en Amérique septentrionales ; en plaine, suit les cours d'eau issus des Alpes.

Pulsatilla halleri ssp. halleri (Alpes du Sud-Ouest) et sa ssp. styriaca (Styrie).

2. Anémone de Styrie Ⓟ

Pulsatilla halleri ssp. *styriaca*
(Renonculacées)

Plante atteignant 30 cm de hauteur, couverte d'une pilosité longue, dense et dressée. Tige uniflore, portant un verticille de feuilles profondément découpées. Feuilles basales longuement pétiolées, apparaissant après la floraison ; limbe long de 5 à 12 cm à son plein développement, imparipenné, avec les lobes eux-mêmes divisés, couvert d'une longue pilosité d'abord dense, plus tard clairsemée. Fleur dressée, de 3 à 4 cm, à 6 sépales pétaloïdes, d'abord campanulée, s'étalant ensuite, bleu-violet à rouge violacé, couverte extérieurement de longs poils soyeux. Fruits couverts de longs poils soyeux, pourvus d'un style long de 5 cm et se terminant par une aigrette.

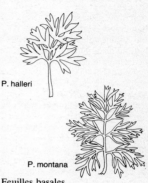

Feuilles basales

<u>Floraison</u> : III-IV. <u>Habitat</u> : pineraies claires sur calcaire et dolomies, de 400 à 1650 m d'altitude. <u>Distribution</u> : endémique des Alpes de Styrie (bassin de la Mur).
<u>Espèces voisines</u> : **Anémone de Haller,** *P. halleri* ssp. *halleri* (limbe de 3 à 7 cm), des Alpes maritimes au Valais. **Anémone des montagnes,** *P. montana* (fleurs inclinées, violet noirâtre, extérieurement couvertes d'une pilosité blanche et dense), dans les pelouses sèches, sur calcaire, dans la frange méridionale des Alpes et les vallées sèches de l'intérieur du massif.

1

2

1. Aconit napel

Aconitum napellus
(Renonculacées)

Grande plante atteignant 1,50 à 2 m de hauteur. Feuilles divisées en 5 à 7 lobes découpés jusqu'à la base (le lobe central environ jusqu'à mi-longueur), à face supérieure généralement glabre. Inflorescence généralement simple, portant des poils simples. Fleurs bleu profond, à 5 pièces florales inégales, la supérieure en forme de casque plus large que haut. Fruit constitué de 3 follicules glabres.
Floraison : VI-X. Habitat : cuvettes glaciaires, mégaphorbiée, reposoirs, berges des ruisseaux et cluses boisées. Distribution : toute l'Europe ; surtout en altitude.

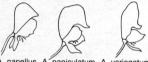

A. napellus   A. paniculatum   A. variegatum
Fleurs

Espèces voisines : **Aconit de Burnat**, *A. divergens* ssp. *burnatii* (inflorescence à poils glanduleux incolores, feuilles velues), dans le sud-ouest des Alpes. **Aconit à feuilles étroites**, *A. angustifolium* (fleurs bleu clair, feuilles très finement divisées), dans le sud-est des Alpes. **Aconit panaché**, *A. variegatum* (inflorescence généralement paniculée, casque en forme de bonnet à pointe). **Aconit paniculé**, *A. paniculatum* (inflorescence paniculée, souvent couverte de poils glanduleux ; casque plus étiré).

2. Pied-d'Alouette élevé

Delphinium elatum
(Renonculacées)

Grande plante pouvant atteindre 2,50 m de hauteur, à pilosité dispersée (poils rugueux, mats, mêlés à des poils lagéniformes, leur distinction nécessitant un grossissement d'au moins 20 fois). Feuilles basales absentes au moment de la floraison ; feuilles caulinaires glabres, divisées en 3 à 7 lobes, devenant plus petites vers le haut de la tige ; les plus élevées entières et lancéolées. Fleurs zygomorphes, en grappe lâche ; 5 sépales pétaloïdes bleus, les 4 inférieurs ovales et longs de 2 cm, celui du dessus se terminant en un fort éperon recourbé vers le bas ; 4 nectaires, non soudés, internes, souvent brun-noir avec barbules blanches, les 2 supérieurs pourvus d'un éperon. Follicules glabres, longs de 1,5 cm.
Floraison : VII-IX. Habitat : mégaphorbiée et brousses d'Aulnes verts, bords des ruisseaux, clairières. Distribution : des Alpes françaises à la Sibérie et l'Asie centrale.
Espèce voisine : **Dauphinelle ambiguë**, *D. dubium* (pilosité lisse et luisante), des Alpes maritimes, par la frange méridionale des Alpes, aux Alpes vénitiennes.

3. Arabette bleuâtre
Cresson bleu

Arabis caerulea
(Crucifères)

Plante atteignant 10 cm de hauteur ; tige dressée, couverte de poils simples ou fourchus. Feuilles basales groupées en rosette, étroitement spatulées, se rétrécissant graduellement sur le pétiole, épaisses, brillantes, avec 3 à 7 dents apicales ; des poils simples sur les bords du limbe et le pétiole ; feuilles caulinaires elliptiques à étroitement spatulées, les inférieures dentées, les supérieures généralement à bord franc. Pétales bleu lilas clair à bords blancs, longs de 4 à 5 mm. Siliques longues de 3 cm, larges de 3 mm ; valves à nervure médiane bien visible et nervures latérales indistinctes.
Floraison : VI-IX. Habitat : éboulis humides, combes à neige ; toujours sur calcaire ; généralement au-dessus de 2 000 m. Distribution : endémique alpine, jamais commune.

1. Astragale des Alpes
Queue-de-Renard, Vulpin

Astragalus alpinus
(Papilionacées)

Plante atteignant 30 cm de hauteur, couverte au début de poils simples, couchés et gris. Feuilles pennées, à dessus glabre, avec 15 à 25 folioles elliptiques et émoussées ; stipules ovales, membraneuses. Fleurs pendantes ; pétales tachetés de blanc et de violet ; carène émoussée ; gousse pendante, un peu renflée, avec des poils courts, foncés.
Floraison : VII-VIII. Habitat : pelouses ; sur calcaire ; généralement au-dessus de 1 500 m d'altitude.
Distribution : Alpes ; hautes montagnes d'Eurasie ; régions arctiques.
Espèce voisine : **Astragale austral,** *A. australis* (feuilles divisées en 9 à 17 folioles ; fleurs blanchâtres avec l'apex de la carène violet).

2. Lin des Alpes juliennes

Linum alpinum ssp. *julicum*
(Linacées)

Plante glabre atteignant 30 cm de hauteur, présentant à la fois des tiges dressées, très feuillées vers le bas, et des pousses moins feuillées non florifères. Feuilles alternes, étroitement lancéolées. Bourgeons pendants ; fleurs larges de 4 cm ; sépales lancéolés, à 3 nervures, tous de même taille. Pédicule du fruit dressé ; capsule de 6 à 8 mm.
Floraison : VII-VIII. Habitat : éboulis, pelouses lacunaires ; sur calcaire ; généralement au-dessus de 1 500 m d'altitude. Distribution : sud et sud-ouest des Alpes.
Remarque : les autres régions des Alpes hébergent des espèces voisines.

3. Polygale des Alpes

Polygala alpina
(Polygalacées)

Plante glabre, haute de 6 cm. Feuilles inférieures alternes, disposées en rosette, les supérieures plus courtes, plus larges dans la moitié supérieure. Pousse centrale de la rosette stérile ; inflorescences sur les pousses latérales. Fleurs longues de 3,5 à 4,5 mm ; bractées longues de 0,5 à 1 mm ; ailes allongées ; nervures latérales à peine

Polygala alpina

ramifiées ; corolle avec un appendice fimbrié.
Floraison : V-VIII. Habitat : pelouses sèches ; sur calcaire ; de 1 500 à plus de 2 000 m d'altitude.
Distribution : ouest et sud-ouest des Alpes, à l'est jusqu'aux Grisons et au Trentin-Haut-Adige.

4. Violette à feuilles de Nummulaire

Viola nummulariifolia
(Violacées)

Plante glabre, haute de 5 cm. Feuilles largement ovales à rondes, longues de 1 à 2 cm, entières. Pétiole presque aussi long que le limbe. Stipules lancéolées, pointues, les inférieures entières,

V. nummulariifolia

Fleur et portion de tige avec stipule et pétiole

les supérieures dentées. Fleurs longues de 1 cm, bleu clair ; éperon long de 1,5 à 3 mm, jaunâtre, émoussé ; sépales longs de 4 à 6 mm, lancéolés, émoussés.
Floraison : VII-IX. Habitat : combes à neige, éboulis longtemps enneigés ; toujours sur silice ; de 1 500 à plus de 2 500 m d'altitude.
Distribution : Alpes maritimes, Corse.

1

2|3

4

1. Pensée à long éperon

Viola calcarata ssp. *calcarata*
(Violacées)

Plante atteignant 10 cm de hauteur, glabre ou semée de poils épars; tige souvent très courte, feuillée à la base. Feuilles le plus souvent disposées en rosette, toutes identiques, ovales ou lancéolées, crénelées. Stipules tout au plus aussi longues que le pétiole, jamais soudées avec lui, avec généralement 1 ou 2 dents basales grossières, larges. Fleurs longues de 2,5 à 4 cm; pétales violet foncé, rarement jaunes ou blancs; éperon long de 8 à 15 mm, droit ou parfois recourbé vers le haut.

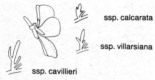

Fleur et portion de tige avec stipules et pétioles

Floraison : V-IX. Habitat: pelouses, éboulis; sur sols calcaires. De 1 500 m à plus de 3 000 m d'altitude. Distribution: Alpes du Nord, de la Savoie au Tyrol occidental à l'Allgäu.
Espèces voisines : **Violette de Zoysius,** *V. calcarata* ssp. *zoysii* (stipules généralement entières, pétales toujours jaunes), des Karawanken au Montenegro. **Violette de Villars,** *V. calcarata* ssp. *villarsiana* (stipules avec 2 à 4 découpes latérales, pétales bleu-violet, jaunes, blanchâtres ou bigarrés), dans le sud-est des Alpes, généralement sur sols acides. **Violette de Cavillier,** *V. calcarata* ssp. *cavillieri* (stipules pennées, les découpes latérales très étroites), du Mont-Cenis au nord des Apennins. **Violette des Alpes,** *V. alpina* (plante acaule; éperon long de 3 à 4 mm; stipules entières, soudées jusqu'à moitié au pétiole de la feuille), uniquement sur calcaire, dans les Alpes autrichiennes, de la Traun au Schneeberg viennois.

2. Pensée de Duby

Viola dubyana
(Violacées)

Plante pouvant atteindre 20 cm de hauteur, glabre ou semée de poils épars. Feuilles pétiolées, les inférieures orbiculaires et crénelées, les médianes et les supérieures étroites, lancéolées à linéaires, presque entières; stipules souvent divisées presque jusqu'à la base en 5 à 7 segments linéaires. Fleurs longues d'environ 2 cm; éperon droit, long d'environ 5 à 6 mm.
Floraison : V-VII. Habitat: éboulis, pelouses lacunaires, fissures des rochers; toujours sur calcaire; de 1 500 jusqu'à plus de 2 000 m d'altitude. Distribution: Alpes méridionales, du Monte Baldo jusqu'au lac de Côme.
Espèce voisine **Violette de Valdieri,** *V. valderia* (éperon long de 7 à 10 mm; pétales rouge clair violacé; plante densément couverte de poils courts); sur silice, dans les Alpes maritimes.

3. Violette pennée

Viola pinnata
(Violacées)

Plante acaule atteignant 10 cm de hauteur. Feuilles longuement pétiolées, profondément divisées en 3 à 5 segments découpés presque jusqu'à la base; stipules lancéolées, soudées au pétiole jusqu'à moitié. Fleurs longues de 1,5 cm, odorantes; sépales ovales, étroits et émoussés.
Floraison : IV-VI. Habitat: éboulis, fissures des rochers, pelouses lacunaires, clairs-bois; toujours sur calcaire; du fond des vallées jusqu'à plus de 2 000 m d'altitude. Distribution: des Alpes-de-Haute-Provence aux Karawanken et aux Alpes juliennes; absente d'Allemagne.

1

2|3

1. Violette des Pyrénées

Viola pyrenaica
(Violacées)

Plante atteignant 10 cm de hauteur, à pilosité éparse ou glabrescente, acaule et sans stolons. Feuilles orbiculaires, longues de 3 cm, pointues, cordiformes à la base, à bords dentés; stipules longues de 15 mm, lancéolées, frangées. Fleurs longues de 2 cm, odorantes; pétales bleu violacé, pâles dans leur moitié supérieure, blancs à la base; éperon blanchâtre, émoussé, à peine plus long que les appendices des sépales; sépales glabres, longs de 4 à 6 mm. Fruit glabre.
Floraison : III-VII. Habitat : éboulis, fissures des rochers, pelouses, broussailles; surtout sur calcaire; de 1 000 à 2 000 m d'altitude. Distribution : des Alpes maritimes à la Carinthie; absente en Allemagne; nord de l'Espagne, Pyrénées, péninsule balkanique, Caucase.

2. Panicaut des Alpes ⓟ

Eryngium alpinum
(Ombellifères)

Eryngium alpinum

Plante glabre pouvant atteindre 1 m de hauteur. Feuilles basales longues de 20 cm, largement ovales, à base cordiforme, pourvues de dents aiguës; feuilles caulinaires plus profondément découpées vers le haut de la tige. Inflorescence courte, cylindrique, haute de 5 cm, bleu acier à bleu violacé, entourée de bractées longues, très découpées et garnies d'épines molles; pétales blanc bleuâtre.
Floraison : VII-VIII. Habitat : mégaphorbiée, pelouses humides; toujours sur calcaire; généralement au-dessus de 1 500 m d'altitude. Distribution : des Alpes maritimes au Vorarlberg, jusqu'aux Karawanken et aux Alpes juliennes, avec des lacunes étendues; nord de la péninsule balkanique.
Remarque : les régions de basse altitude des Alpes abritent quelques espèces voisines.

3. Primevère visqueuse

Primula glutinosa
(Primulacées)

Plante atteignant 10 cm de hauteur. Feuilles longues de 6 cm, lisses, brillantes, ponctuées de noir sur le dessus, avec l'apex généralement denté, très visqueuses. Fleurs solitaires ou groupées (jusqu'à 7), odorantes, d'abord bleu violacé foncé, ensuite violet sale, devenant lilas au flétrissement; corolle profondément lobée.
Floraison : VII-VIII. Habitat : éboulis humides, pâturages étagés, cariçaies à Laîche courbée; sur sols pauvres en calcaire; de 1 600 à plus de 3 000 m d'altitude. Distribution : Alpes orientales; des Grisons à la Koralpe.

4. Primevère marginée

Primula marginata
(Primulacées) ⓟ

Plante atteignant 10 cm de hauteur. Feuilles charnues, longues de 10 cm, irrégulièrement dentées, souvent un peu farineuses; bord non cartilagineux, mais très farineux. Corolle large de 2 cm, violet bleuâtre ou rose violacé, avec anneau farineux à la gorge.
Floraison : V-VII. Habitat : fissures des rochers, sur calcaire ou calcshistes; de 500 à 2 000 m d'altitude. Distribution : sud-ouest des Alpes.

1

2 | 3

4

1. Soldanelle des Alpes

Soldanella alpina
(Primulacées)

Plante haute de 5 à 15 cm, à feuilles arrondies ; jeunes pétioles et pédoncules floraux couverts de tubercules glanduleux, devenant glabres par la suite ; corolle infundibuliforme, divisée jusqu'au milieu en fines lanières ; petites écailles à la gorge, plus larges que longues.

<u>Floraison</u> : IV-VI. <u>Habitat</u> : sols humides, pelouses ; surtout sur calcaire ; du fond des vallées jusqu'à 3 000 m d'altitude. <u>Distribution</u> :

S. alpina

Corolle et écailles de la gorge
Alpes, Pyrénées, Auvergne, Jura, Forêt-Noire, Apennins, Balkans.

<u>Espèces voisines</u> : **Soldanelle des montagnes**, *S. montana* (jeunes pétioles et pédoncules floraux couverts de tubercules glanduleux pédiculés, écailles de la gorge bilobées), sur sols pauvres en calcaire ; lac de Tegern, forêt de Bohême et régions situées à l'est de ceux-ci. **Soldanelle fluette**, *S. pusilla* (corolle violet rougeâtre clair, sans écailles à la gorge), sur les sols humides et pauvres en calcaire, au-dessus de 2 000 m ; de la Suisse à la Yougoslavie ; Carpates du sud, Apennin de l'est, sud-ouest de la Bulgarie.

2. Gentiane asclépiade

Gentiana asclepiadea
(Gentianacées)

Plante atteignant 1 m de hauteur. Feuilles lancéolées à ovales, pointues, sessiles, à 5 nervures. Fleurs solitaires ou groupées, aux aisselles des feuilles ; corolle longue de 5 cm, ponctuée de violet à l'intérieur, découpée en 5 lobes à pointe courte ; calice à 5 dents courtes étroitement lancéolées.

<u>Floraison</u> : VIII-X. <u>Habitat</u> : tourbières plates, prairies humides, mégaphorbiée, brousses d'Aulnes verts ; de préférence sur calcaire. <u>Distribution</u> : massifs montagneux de l'Europe centrale et méridionale et leurs avant-pays, Caucase.

<u>Espèces voisines</u> : **Gentiane croisette**, *G. cruciata* (calice et corolle à 4 lobes), sur les sols secs et calcaires, jusque vers 2 000 m. **Gentiane pulmonaire**, *G. pneumonanthe* (feuilles linéaires, à bords enroulés par-dessous), dans les tourbières plates et les prairies mouillées ; rare ; jusqu'à 1 000 m.

3. Gentiane acaule

Gentiana acaulis
(Gentianacées)

Plante atteignant 10 cm de hauteur ; tige très courte au moment de la floraison. Feuilles basales lancéolées, longues de 10 cm, 3 à 5 fois plus longues que larges ; feuilles caulinaires beaucoup plus petites. Fleurs solitaires ; corolle bleue, longue de 5 à 6 cm, en clochette étroite, avec des taches ou des stries vertes à l'intérieur, à 5 lobes courts, triangulaires, largement ouverts, avec une large dent émoussée entre chacun d'eux ; dents du calice dressées, s'amincissant vers la base, ovales dans leur partie supérieure, pointues, 2,5 à 3,5 fois plus longues que larges, réunies par des liaisons membraneuses bien distinctes.

<u>Floraison</u> : V-VIII. <u>Habitat</u> : pentes rocailleuses, pelouses, pâturages ; sur calcaire ; de préférence au-dessus de 1 000 m d'altitude. <u>Distribution</u> : surtout dans les Alpes centrales, Pyrénées, Carpates, péninsule balkanique.

<u>Espèce voisine</u> : **Gentiane coriace**, *G. clusii* (corolle sans taches ni stries vertes à l'intérieur ; dents du calice triangulaires, très larges à la base ; liaisons membraneuses imperceptibles), sur calcaire ; surtout dans les chaînes périphériques du massif alpin.

1. Gentiane de Bavière

Gentiana bavarica
(Gentianacées)

Plante atteignant 20 cm de hauteur, à rejets stériles densément feuillés et à tige uniflore très feuillée. Feuilles ovales à spatulées, émoussées, toutes sensiblement de même taille, à bord lisse et cartilagineux. Corolle large de 2 à 3 cm, à lobes émoussés, écartés ; calice tubulaire, à ailettes très étroites.
Floraison : VII-IX. Habitat : groupements fontinaux, associations à Saules nains, pelouses ouvertes ; surtout sur calcaire. Distribution : uniquement dans les Alpes.
Espèces voisines : **Gentiane de Bavière à courte tige**, *G. bavarica* var. *subacaulis* (feuilles presque rondes, pressées les unes contre les autres ; plante subacaule), dans les combes à neige. **Gentiane de Rostan**, *G. rostanii* (feuilles étroitement ovales, à bords non cartilagineux ; feuilles caulinaires inférieures serrées, plus grandes que les supérieures), dans l'ouest et le sud-ouest des Alpes, en France et en Italie.

2. Gentiane des neiges

Gentiana nivalis
(Gentianacées)

Plante atteignant 15 cm de hauteur, avec pousses fleurissant toutes ; tiges souvent ramifiées dès la base. Feuilles basales ovales et émoussées ; caulinaires lancéolées et pointues. Fleurs sommitales ; base tubulaire du calice anguleuse, mais non ailée, atteignant les 2/3 de celle de la corolle ; corolle large de 1,5 cm, bleu éclatant.
Floraison : VI-VIII. Habitat : pelouses ouvertes, surtout celles d'adret ; généralement sur calcaire ; toujours au-dessus de 1 500 m d'altitude. Distribution : des Pyrénées, par les Alpes et le Jura, jusqu'aux Carpates, à la péninsule balkanique et à l'Asie Mineure ; Europe boréale ; régions arctiques de l'Amérique du Nord.

3. Gentiane couchée

Gentiana prostrata
(Gentianacées)

Plante glabre, haute de 5 cm, à pousses toutes florifères ; tiges feuillées, à la fois couchées et dressées. Feuilles inférieures serrées, brièvement soudées à la base, obovales, longues de 1 cm, larges de 5 mm, émoussées. Fleurs solitaires, sommitales, de type 5. Corolle longue de 1 à 2 cm, bleu clair, tubulaire, à lobes écartés en étoile, longs d'environ 5 mm, intercalés avec des dents triangulaires de taille sensiblement égale ; calice tubulaire.
Floraison : VII-VIII. Habitat : pelouses écorchées, éboulis stabilisés ; généralement au-dessus de 2 000 m d'altitude. Distribution : orientale, à partir de l'est des Alpes de Stubai et de la vallée de l'Adige ; plus à l'ouest, très morcelée ; Asie centrale et septentrionale, régions arctiques de l'Amérique du Nord, Andes.

4. Gentiane printanière

Gentiana verna
(Gentianacées)

Plante haute de 15 cm, à pousses florifères très courtes. Feuilles basales largement lancéolées, pointues, atteignant 3 cm de long, bien plus grandes que les caulinaires, qui sont peu nombreuses, et avec les bords généralement papilleux. Calice anguleux, faiblement ailé. Corolle bleu foncé, à base tubulaire relativement large et lobes ouverts à plat.
Floraison : III-VIII. Habitat : éboulis, pelouses lacunaires ; presque toujours sur calcaire. Distribution : Alpes calcaires ; massifs montagneux, de l'Espagne à la Mongolie ; en Europe centrale, également dans les Préalpes et en moyenne montagne.
Remarque : les Alpes hébergent plusieurs autres espèces difficiles à distinguer entre elles.

1. Gentiane naine ⓟ
Gentianella nana
(Gentianacées)

Plante glabre, haute de 5 cm, à tiges ramifiées dès la base. Feuilles basales elliptiques, flétries à la floraison. Généralement, une paire unique de feuilles caulinaires; fleurs à 4 ou 5 lobes; corolle bleu violacé à lilas clair, occasionnellement blanche, à base tubulaire courte et large, longue de 3 à 7 mm, 1 à 2 fois plus longue que large, avec écailles fimbriées à la gorge. Lobes de la corolle ovales et ouverts à plat. Calice court, en clochette évasée, à dents largement ovales.
Floraison: VII-IX. Habitat: sols humides et silicatés; uniquement au-dessus de 2 000 m d'altitude. Distribution: Alpes centrales (Tyrol, Salzbourg, Carinthie).
Espèce voisine: **Gentiane délicate,** *G. tenella* (partie tubulaire de la corolle 2 à 4 fois plus longue que large, lobes largement lancéolés et pointus, dressés et détachés), dans les pelouses écorchées, au-dessus de 2 000 m d'altitude, de l'Espagne aux Carpates et dans les régions arctiques.

2. Gentiane ciliée ⓟ
Gentianella ciliata
(Gentianacées)

Plante glabre atteignant 30 cm de hauteur. Feuilles basales spatulées, émoussées; caulinaires lancéolées et pointues. Fleurs à 4 lobes, longues de 5 cm, à corolle bleue divisée jusqu'à moitié et barbue à la gorge, avec les lobes ovales et frangés sur les bords; calice arrivant à mi-hauteur de la corolle; sépales étroits.
Floraison: VIII-XI. Habitat: pelouses lacunaires, pâturages, broussailles, clairières; sur calcaire; jusqu'à plus de 2 000 m d'altitude.
Distribution: plante répandue dans les Alpes; Europe centrale et méridionale, Caucase, Asie Mineure.

3. Pleurogyne de Carinthie
Lomatogonium carinthiacum
(Gentianacées)

Plante glabre, atteignant 15 cm de hauteur. Feuilles basales spatulées, émoussées; caulinaires supérieures pointues. Fleurs solitaires, sur de longues hampes non feuillées; calice et corolle tous deux profondément divisés en 5 segments; corolle large de 1,5 cm, bleu pâle ou blanchâtre; stigmate sessile, se prolongeant vers le bas le long des sutures de l'ovaire; ce dernier allongé, à une loge.
Floraison: VIII-X. Habitat: pelouses, éboulis stabilisés; plante indifférente à la teneur en calcaire. Distribution: Alpes, des Tauern au Valais; Carpates; du Caucase à la Sibérie; Amérique du Nord.

4. Échelle-de-Jacob ⓟ
Polemonium caeruleum
(Polémoniacées)

Plante pouvant atteindre 1 m de hauteur. Feuilles imparipennées; folioles étroites, elliptiques, entières. Fleurs à symétrie axiale. Pédoncules floraux couverts de poils glanduleux; corolle large de 2 cm, presque rotacée, à courte base infundibuliforme; calice divisé jusqu'à mi-hauteur, campanulé; étamines et style émergeant hors de la corolle.
Floraison: VI-IX. Habitat: berges des ruisseaux, mégaphorbiée, broussailles. Distribution: dans une grande partie de l'Eurasie; çà et là dans les Alpes.

1

2|3

4

1. Myosotis des Alpes
Myosotis alpestris
(Borraginacées)

Plante atteignant 30 cm de hauteur; tiges couvertes de poils rudes, au moins à la base; feuilles caulinaires sessiles, ovales à linéaires. Fleurs sans bractées; calice atteignant 7 mm au moment de la fructification, s'amincissant au pédoncule, non caduc, divisé jusqu'à mi-hauteur, avec ou sans poils crochus, mais toujours densément velu. Corolle largement étalée, de 9 mm de diamètre. Éléments du fruit émoussés, longs de 2,5 mm, noir luisant, à bord lisse, bien individualisé, s'élargissant vers la pointe.
<u>Floraison</u>: V-IX. <u>Habitat</u>: éboulis stabilisés, pelouses lacunaires; au-dessus de 1500 m d'altitude. <u>Distribution</u>: plante commune dans les Alpes; massifs montagneux de l'Europe.

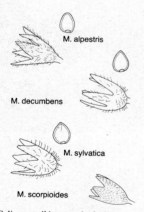

Calices et éléments du fruit

<u>Espèces voisines</u>: **Myosotis des bois**, *M. sylvatica* (éléments du fruit pointus, longs au plus de 1,8 mm; calice arrondi à la base, souvent caduc à la fructification; poils crochus mous et longs de 0,2 mm), prairies, brousses d'Aulnes verts, forêts d'altitude; jusque vers 1500 m d'altitude. **Myosotis rampant**, *M. decumbens* (éléments du fruit pointus; calice arrondi à la base, souvent caduc à la fructification; poils crochus raides, longs de 0,4 mm), sur les berges des ruisseaux; mégaphorbiée et forêts d'altitude. **Myosotis des marais**, *M. scorpioides* (calice couvert de poils raides, dressés, tous resserrés vers l'apex du calice, lui-même divisé tout au plus jusqu'à mi-hauteur), sur les berges des ruisseaux et dans les prairies humides.

2. Mousse-d'azur   Ⓟ
Eritrichium nanum
(Borraginacées)

Eritrichium nanum

Plante atteignant 5 cm de hauteur, couverte de poils soyeux luisants, poussant en coussinet gazonnant, avec de nombreuses rosettes feuillées non florifères. Feuilles lancéolées à spatulées. Chaque fleur est accompagnée d'une bractée; corolle large de 5 à 8 mm, d'un bleu lumineux, ressemblant à celle d'un Myosotis, répandant un parfum délicat. Calice long de 5 mm, à 5 divisions séparées presque jusqu'à la base. Éléments du fruit longs de 2 mm, à bord ailé et denté.
<u>Floraison</u>: VII-VIII. <u>Habitat</u>: fissures des rochers, éboulis et pelouses écorchées; généralement sur silice, occasionnellement sur dolomies; la plupart du temps au-dessus de 2000 m d'altitude. <u>Distribution</u>: des Alpes maritimes aux Karawanken et aux Basses Tauern; rare.

1. Pulmonaire australe
Pulmonaria australis
(Borraginacées)

Pulmonaria australis

Plante à poils mous, atteignant 40 cm de hauteur. Feuilles souples, couvertes en été, comme la tige, de soies de diverses longueurs, de nombreuses très petites glandes et souvent de quelques glandes pédiculées. Feuilles basales longues de 30 cm, presque toujours sans taches, étroitement lancéolées, ovales et se rétrécissant vers le pétiole. Caulinaires étroitement ovales, pointues et sessiles. Inflorescence poilue, avec quelques glandes éparses. Corolle bleu violacé, à lobes glabres intérieurement ou pourvus de courts poils épars; gorge portant un anneau velu. Calice large, en clochette tubulaire.
Floraison: V-VIII. Habitat: pelouses, formations à sous-arbrisseaux, brousses de Pins de montagne, forêts d'altitude. Distribution: Alpes du Sud, des Dolomites au Tessin; nord-ouest de la Yougoslavie; Forêt viennoise.
Remarque: les Alpes hébergent, notamment à basse altitude, de nombreuses autres espèces de Pulmonaires. La pilosité des feuilles estivales permet une identification rapide.

2. Horminelle des Pyrénées
Horminum pyrenaicum
(Labiées)

Plante à pilosité rase, atteignant 50 cm de hauteur. Feuilles presque toutes basales, ovales, émoussées, crénelées et légèrement gaufrées sur le dessus; caulinaires beaucoup plus petites, entières. Fleurs bleu-violet vif, rarement blanches, en inflorescence terminale, unilatérale. Corolle longue de 2 cm, 2 fois plus longue que le calice.

Horminum pyrenaicum

Floraison: VI-IX. Habitat: pelouses sèches, éboulis stabilisés, formations lacunaires de Pins de montagne, forêts claires d'altitude; uniquement sur calcaire; de 1 000 à plus de 2 000 m d'altitude. Distribution: des Pyrénées aux Alpes juliennes; bien représentée dans les Alpes du Sud; rare dans les Alpes du Nord.

3. Mélisse des Alpes
Acinos alpinus
(Labiées)

Plante faiblement velue, haute de 30 cm. Feuilles ovales, brièvement pétiolées et dentées à l'apex. Fleurs réunies en quelques faux verticilles superposés; corolle longue de 1,5 à 2 cm, violet vif, plus rarement violet pâle, bien plus longue que le calice; calice tubulaire, à 13 nervures, étranglé en son milieu et s'élargissant dans sa moitié inférieure.
Floraison: VI-X. Habitat: éboulis, pelouses lacunaires, brousses claires de Pins de montagne; surtout sur calcaire; jusqu'à plus de 2 000 m d'altitude. Distribution: commune dans les Alpes calcaires; de l'Afrique du Nord à l'Asie Mineure.

1. Brunelle commune
Prunella vulgaris
(Labiées)

Plante à pilosité éparse, haute de 40 cm. Feuilles pétiolées, ovales; feuilles basales disposées en rosette; la paire supérieure de caulinaires est située tout contre l'inflorescence. Fleurs de 18 mm, serrées à l'extrémité de la hampe.
<u>Floraison</u> : VI-IX. <u>Habitat</u> : prairies, pâturages, clairs-bois. <u>Distribution</u> : Alpes; Europe; pratiquement cosmopolite par suite d'introductions.
<u>Espèce voisine</u> : **Brunelle à grandes fleurs**, *P. grandiflora* (corolle longue de 2 à 3 cm; paire supérieure de feuilles caulinaires éloignée de l'inflorescence).

2. Toque des Alpes
Scutellaria alpina ssp. *alpina*
(Labiées)

Scutellaria alpina

Plante velue, atteignant 30 cm de hauteur. Feuilles ovales, dentées. Fleurs pédonculées; bractées plus longues que le calice, ovales; corolle longue de 2 à 3 cm, à base tubulaire glanduleuse; calice tubulaire, bilabié, avec une écaille dressée à la partie postérieure.
<u>Floraison</u> : VI-VIII. <u>Habitat</u> : éboulis et pelouses lacunaires; sur calcaire; jusqu'à 2500 m d'altitude. <u>Distribution</u> : ouest et sud des Alpes; montagnes du sud de l'Europe.

3. Bugle pyramidale
Ajuga pyramidalis
(Labiées)

Plante haute de 20 cm, sans stolons. Feuilles basales en rosette, obovales, à bord crénelé. Feuilles caulinaires très rapprochées, à bord presque franc, environ 2 fois plus longues que les fleurs. Fleurs longues de 2 cm, à lèvre supérieure très courte.
<u>Floraison</u> : VI-IX. <u>Habitat</u> : prairies maigres, pâturages; sur sols pauvres en calcaire; jusqu'à plus de 2000 m d'altitude. <u>Distribution</u> : plante commune dans les Alpes; montagnes d'Europe.
<u>Espèces voisines</u> : **Bugle de Genève**, *A. genevensis* (feuilles caulinaires espacées, les supérieures nettement dentées, sensiblement aussi longues que les fleurs). **Bugle rampante**, *A. reptans* (plante stolonifère, feuilles caulinaires supérieures à bord entier).

4. Tête-de-dragon ⓟ
Dracocephalum ruyschiana
(Labiées)

Plante haute de 30 cm. Tige généralement non ramifiée, glabre ou présentant en alternance sur les faces opposées des plages glabres et des plages garnies de poils courts. Feuilles étroites, indivises, entières. Fleurs brièvement pédonculées; corolle longue de 2,5 à 3 cm; lèvre supérieure à bord entier, velue; lèvre inférieure trilobée; calice de 1 à 1,3 cm, à 15 nervures, bilabié, à poils courts.
<u>Floraison</u> : VII-VIII. <u>Habitat</u> : pelouses sèches, pineraies claires; entre 1500 et 2000 m d'altitude. <u>Distribution</u> : Alpes; à l'est, atteint le Vorarlberg et le Val Venosta.
<u>Espèce voisine</u> : **Dracocéphale d'Autriche**, *D. austriacum* (feuilles divisées; corolle de 3,5 à 4,5 cm), sur sols calcaires, à basse altitude dans les vallées sèches du centre et du sud-ouest des Alpes.

1. Linaire alpine

Linaria alpina
(Scrofulariacées)

Plante glabre, haute de 15 cm, à nombreuses pousses rampantes. Feuilles petites, bleu-vert, linéaires, épaisses, verticillées. Fleurs en grappe terminale; corolle bleu violacé, avec une tache palatale jaune ou rouge, plus rarement unicolore, pourvue d'un long éperon.
<u>Floraison</u>: VI-IX. <u>Habitat</u>: éboulis divers; plus rarement, dans les groupements pionniers des pelouses. <u>Distribution</u>: Alpes; des montagnes de l'Espagne à la péninsule balkanique.

2. Wulfénie de Carinthie

Wulfenia carinthiaca
(Scrofulariacées)

Plante atteignant 40 cm de hauteur, couverte de poils épars; tige présentant dans sa moitié supérieure quelques petites feuilles presque écailleuses; feuilles basales disposées en rosette, longues de 15 cm, spatulées, crénelées, à très court pédoncule. Calice profondément découpé en 5 divisions lancéolées, étroites et pointues. Corolle bleu violacé, bilabiée, avec la gorge barbue.
<u>Floraison</u>: VII-VIII. <u>Habitat</u>: pâturages, rhodoraie. <u>Distribution</u>: célèbre plante relicte du tertiaire restreinte à la Carinthie (Gartnerkofel) et au Montenegro.

3. Pédarote bleue

Paederota bonarota
(Scrofulariacées)

Plante pouvant atteindre 20 cm de hauteur, mais souvent pendante, généralement à nombreuses tiges,

Paederota bonarota

et à poils courts et frisés. Feuilles presque rondes à étroitement ovales, très brièvement pétiolées, presque glabres, avec au plus 9 dents de chaque côté du limbe. Inflorescences denses au début, s'allongeant ensuite un peu au moment de la fructification. Calice à 5 lèvres inégales; corolle bleue, longue de 1 à 1,3 cm, bilabiée, à base tubulaire; lèvre supérieure généralement indivise, dressée; lèvre inférieure à trois lobes écartés, 2 étamines émergeant de la corolle. Capsule non comprimée.
<u>Floraison</u> : VI-VIII. <u>Habitat</u>: fissures des rochers; uniquement sur calcaire ou dolomies; jusqu'à 2 500 m d'altitude. <u>Distribution</u>: des Alpes bergamasques aux Alpes juliennes; Tyrol septentrional, Alpes de Salzbourg.

1. Véronique à tige nue

Veronica aphylla
(Scrofulariacées)

Plante haute de 5 cm. Feuilles allongées, imperceptiblement crénelées, disposées en rosette lâche. Fleurs à long pédoncule, groupées en épillets. Corolle large de 8 mm, ouverte à plat; 2 étamines. Capsule rouge bleuâtre à maturité, plus longue que le calice.
<u>Floraison</u>: V-VIII. <u>Habitat</u>: fissures des rochers, éboulis stabilisés, pelouses; sur calcaire; généralement au-dessus de 1 500 m d'altitude. <u>Distribution</u>: Alpes calcaires; montagnes d'Europe.

2. Véronique des rochers

Veronica fruticans
(Scrofulariacées)

Plante haute de 5 à 15 cm, à tige ramifiée et quelque peu ligneuse. Feuilles crénelées. Corolle ouverte à plat; 2 étamines; calice, pédoncules floraux et fruits velus, mais non glanduleux.
<u>Floraison</u>: V-VIII. <u>Habitat</u>: fissures des rochers, pelouses rocailleuses; sur calcaire; jusqu'à plus de 2 500 m d'altitude. <u>Distribution</u>: Alpes; montagnes d'Europe.

3. Véronique d'Allioni

Veronica allionii
(Scrofulariacées)

Plante haute de 10 cm, à tige couchée, glabre. Feuilles longues de 1,5 cm, coriaces, imperceptiblement dentées, glabres. Fleurs groupées en inflorescences pédonculées; corolle large de 7 à 9 mm; 2 étamines; calice divisé en 4 segments. Capsule longue de 2 à 3 mm, plus longue que large.
<u>Floraison</u>: VI-VIII. <u>Habitat</u>: pelouses rocailleuses des versants, bois clairs d'altitude; sur sols pauvres en calcaire; généralement au-dessus de 1 500 m d'altitude. <u>Distribution</u>: Alpes du Sud-Ouest.

4. Véronique des Alpes

Veronica alpina
(Scrofulariacées)

Plante atteignant 20 cm de hauteur; feuilles caulinaires supérieures plus grandes que les inférieures. Fleurs groupées en inflorescences denses, directement au-dessus des dernières feuilles supérieures. Corolle large de 5 à 7 mm; 2 étamines; calice généralement divisé en 5 segments, semé de poils épars, comme les pédoncules floraux. Capsule glabre ou couverte de poils épars.
<u>Floraison</u>: VI-VIII. <u>Habitat</u>: sols pauvres en calcaire, longtemps enneigés, pelouses, combes à neige, éboulis; jusqu'à 3 000 m d'altitude. <u>Distribution</u>: Alpes; montagnes d'Europe, régions arctiques.
<u>Espèce voisine</u>: **Véronique Fausse-Pâquerette**, *Veronica bellidioides* (feuilles inférieures bien plus grandes que les supérieures, calice couvert de poils glanduleux, de même que les pédoncules floraux), surtout dans les Alpes centrales.

5. Véronique Petit-Chêne

Veronica chamaedrys
(Scrofulariacées)

Plante pouvant atteindre 40 cm de hauteur, à tiges redressées présentant 2 lignes distinctes de poils et se terminant par un toupet de feuilles. Feuilles largement lancéolées, crénelées à dentées. Fleurs groupées en épis longuement pédonculés, placés à l'aisselle des feuilles caulinaires supérieures. Corolle large de 1 cm; capsule ciliée.
<u>Floraison</u>: V-IX. <u>Habitat</u>: clairs-bois d'altitude, pelouses, reposoirs, mégaphorbiée. <u>Distribution</u>: à travers presque toute l'Europe; dans les Alpes, jusqu'à 2 000 m.
<u>Espèce voisine</u>: **Véronique des montagnes**, *V. montana* (tiges rampantes; corolle bleu lilas pâle; capsule plus longue et plus large que le calice), dans les forêts de feuillus humides d'altitude.

1. Globulaire à feuilles en cœur
Globularia cordifolia
(Globulariacées)

Plante haute de 10 cm, gazonnante, sempervirente, à port rampant. Feuilles longues de 3 cm, pétiolées, obovales, émoussées ou échancrées à l'apex. Fleurs petites, bleu lilas pâle ; capitules entourés de petites feuilles lancéolées ; corolle de 6 à 8 mm.
Floraison : V-IX. Habitat : fissures des rochers, éboulis, pelouses à groupements pionniers ; sur calcaire ; jusqu'à plus de 2 000 m d'altitude. Distribution : Alpes calcaires, Préalpes ; montagnes du centre et du sud de l'Europe.
Espèces voisines : **Globulaire méridionale**, *G. meridionalis* (feuilles pointues, longues de 2 à 9 cm, larges de 2,5 mm). **Globulaire rampante**, *G. repens* (feuilles pointues, longues de 1 à 2 cm, larges de 1 à 2 mm, repliées vers le haut), dans le sud-ouest des Alpes.

2. Grassette à éperon grêle
Pinguicula leptoceras
(Lentibulariacées)

Plante haute de 15 cm. Feuilles vert jaunâtre, allongées, émoussées, à bords faiblement enroulés, à face supérieure glanduleuse (piège à insectes), disposées en rosette basale. Fleurs solitaires à long pédoncule ; corolle longue de 1,5 à 3 cm, bleu violacé, éperonnée, avec la lèvre inférieure maculée de blanc ; éperon atteignant à peine la demi-longueur du reste de la corolle ; lobes de la lèvre inférieure de la corolle arrondis.
Floraison : V-VI. Habitat : tourbières fontinales, berges des ruisseaux, éboulis humides ; entre 1 500 et 3 000 m d'altitude. Distribution : Alpes ; Apennin septentrional.
Remarque : il existe quelques espèces voisines.

3. Campanule de Scheuchzer
Campanula scheuchzeri
(Campanulacées)

Plante haute de 5 à 30 cm. Tige glabre, généralement uniflore. Feuilles basales arrondies, à base cordiforme ; feuilles caulinaires lancéolées à linéaires, à bord entier, ciliées à la base. Boutons floraux pendants ; fleurs de 2,5 cm ; ovaire glabre ; dents du calice ne dépassant pas la demi-longueur de la corolle, retroussées.
Floraison : VI-IX. Habitat : pelouses, associations arbustives rampantes, forêts d'altitude ; jusqu'à plus de 3 000 m d'altitude. Distribution : Alpes ; Pyrénées, Jura, Forêt-Noire, Apennins et péninsule balkanique.

4. Campanule fluette
Campanula cochlearifolia
(Campanulacées)

Plante haute de 20 cm. Feuilles basales largement ovales, grossièrement dentées, passant brusquement du limbe au pétiole ; feuilles caulinaires allongées. Corolle de 2 cm, pendante, en cloche évasée.
Floraison : VI-IX. Habitat : fissures des rochers, éboulis, pelouses écorchées ; sur calcaire : jusqu'à 3 000 m d'altitude. Distribution : régions alpines ; des Pyrénées à la Bulgarie.

Campanula cespitosa

Espèce voisine : **Campanule gazonnante**, *C. cespitosa* (feuilles se rétrécissant jusqu'au pétiole), dans les Alpes calcaires, à l'est de la Traun et de l'Adige.

1

2|3

4

1. Campanule insubrique

Campanula raineri
(Campanulacées)

Campanula raineri

Plante haute de 10 cm, gazonnante, formant des tapis lâches, à tiges ramifiées, certaines stériles, d'autres florifères ; tiges généralement uniflores, à pilosité rase. Feuilles basales ovales ou obovales, à dents espacées, à pétiole très court et presque indistinct. Dents du calice largement lancéolées, serratées, pointues, venant à mi-hauteur de la corolle ; corolle longue de 3 à 4 cm, bleu clair, en gobelet largement ouvert.
Floraison : VIII-IX. Habitat : fissures des rochers et éboulis ; uniquement sur calcaire ou dolomies ; généralement au-dessus de 1500 m d'altitude. Distribution : endémique des Alpes du Sud, entre les lacs de Garde et de Lugano.

2. Campanule de Zoysius ⓟ

Campanula zoysii
(Campanulacées)

Campanula zoysii

Plante glabre, poussant en coussinets gazonnants ; tige dressée, haute de 10 cm, pauciflore. Feuilles entières, celles de la base ovales ou obovales, émoussées, pétiolées ; feuilles caulinaires ovales, lancéolées à linéaires. Dents du calice linéaires, en alène et écartées. Corolle bleu-violet clair, longue de 1,5 à 2 cm, cylindrique, à base un peu ventrue, presque close à la partie supérieure, les lobes plissés de la corolle se resserrant les uns sur les autres.
Floraison : VII-VIII. Habitat : fissures des blocs calcaires ; presque toujours au-dessus de 1500 m d'altitude. Distribution : espèce endémique des Alpes juliennes, des Karawanken et des Alpes de Sannthal.

3. Campanule des Dolomites

Campanula morettiana
(Campanulacées)

Plante atteignant à peine quelques centimètres de hauteur et croissant en petites touffes gazonnantes lâches ou en coussinets ; tiges courtes, dressées, portant 1 ou 2 fleurs. Feuilles basales largement ovales, dentées, à pilosité rase et à long pétiole ; feuilles caulinaires ovales, s'amincissant à la base et pétiolées, sauf les supérieures, qui sont sessiles. Dents du calice lancéolées, écartées, ne dépassant pas en longueur le 1/5 ou le 1/4 de la longueur de la corolle ; corolle longue de 2 à 3 cm, bleu foncé, en gobelet.
Floraison : VII-IX. Habitat : fissures des rochers calcaires et dolomitiques ; au-dessus de 1500 m d'altitude. Distribution : endémique des Dolomites.

1

2|3

1. Campanule du Mont-Cenis
Campanula cenisia
(Campanulacées)

Plante poussant en petite touffe lâche et gazonnante, avec de nombreuses pousses stériles et des pousses florifères hautes de 3 à 5 cm. Fleurs sommitales, solitaires. Feuilles en ovale allongé, émoussées, entières. Calice velu, à dents linéaires et lancéolées, atteignant la demi-longueur de la corolle ; corolle bleu pâle, large de 1,5 cm, en clochette ouverte.
Floraison : VII-IX. Habitat : éboulis ; surtout sur calcschistes ; généralement au-dessus de 2 000 m d'altitude. Distribution : principalement dans les Alpes centrales, de la France au Tyrol.

2. Campanule en épi ⓟ
Campanula spicata
(Campanulacées)

Plante haute de 70 cm, couverte de poils durs. Feuilles linéaires, lancéolées et pointues. Fleurs disposées en épi allongé, lâche à la base. Dents du calice ovales, pointues, ne dépassant pas en hauteur le tiers de la corolle, cette dernière en gobelet étroit, longue de 1,5 à 2,5 cm.
Floraison : VI-VIII. Habitat : prairies alpestres sèches et rocailleuses. Distribution : Alpes du Sud ; péninsule balkanique.

3. Campanule barbue
Campanula barbata
(Campanulacées)

Plante haute de 10 à 40 cm, à tige couverte de poils raides. Feuilles basales serrées en rosette, velues. Fleurs brièvement pédonculées ; lobes de la corolle portant de longues barbes. Sépales atteignant tout au plus la demi-longueur de la corolle.
Floraison : VII-VIII. Habitat : pelouses, formations à sous-arbrisseaux, forêts d'altitude ; sur sols pauvres en calcaire ; jusqu'à plus de 2 000 m d'altitude. Distribution : Alpes ; Carpates, Sudètes.
Espèce voisine : **Campanule alpine,** *C. alpina* (sépales presque aussi longs que la corolle ; pédoncules floraux généralement plus longs que les fleurs), dans le nord et le centre des Alpes, à l'est du massif du Wendelstein et de la région de Lungau ; en Styrie méridionale.

4. Campanule alpestre ⓟ
Campanula alpestris
(Campanulacées)

Plante haute de 10 cm, semée de poils épars et à tige uniflore. Feuilles basales disposées en rosette, presque entières, ciliées, émoussées. Dents du calice linéaires, pointues, venant à mi-longueur de la corolle, alternant avec des appendices ciliés, ovales et pointus. Corolle longue de 3 à 4,5 cm, campanulée, distinctement étranglée à la base.
Floraison : VII-VIII. Habitat : éboulis, pelouses rocailleuses ; sur sols calcaires. Distribution : endémique des Alpes du Sud-Ouest, en France et en Italie.

1

2|3

4

1. Raiponce chevelue ⓟ

Physoplexis comosa
(Campanulacées)

Plante glabre, haute de 15 cm. Feuilles basales réniformes, profondément dentées ; caulinaires elliptiques, allongées, irrégulièrement dentées. Inflorescence hémisphérique ; fleurs distinctement pédonculées ; corolle longue de 1,5 à 2 cm, à base ventrue et violet pâle, aux bords soudés entre eux et formant un bec noir violacé.
Floraison : VI-VIII. Habitat : fissures des rochers calcaires et dolomitiques ; jusqu'à 2 000 m d'altitude. Distribution : Alpes du Sud, du lac de Côme aux Alpes juliennes.

2. Raiponce hémisphérique

Phyteuma hemisphaericum
(Campanulacées)

Plante glabre, haute de 20 cm. Feuilles basales graminiformes, larges de 1 à 2 mm, généralement entières ; caulinaires linéaires. Inflorescences sphériques ; bractées ovales, effilées, plus courtes que l'inflorescence, à bords entiers ; 3 stigmates.
Floraison : VII-IX. Habitat : sols pauvres en calcaire ; pelouses, formations à sous-arbrisseaux ; jusqu'à plus de 3 000 m d'altitude. Distribution : des Alpes maritimes aux Alpes de Styrie et de Salzbourg ; Espagne, Pyrénées.
Espèces voisines : **Raiponce humble,** *P. humile* (feuilles basales larges de 2 à 4 mm, caulinaires souvent pourvues de quelques dents pointues à la base ; bractées souvent serratées à la base, aussi longues ou plus longues que l'inflorescence), dans les Alpes du Sud-Ouest et l'ouest des Alpes centrales. **Raiponce des Alpes rhétiques,** *P. hedraianthifolium* (feuilles basales élargies à l'apex, à dents espacées ; bractées jusqu'à 2 fois plus longues que l'inflorescence, dentelées), dans les Alpes centrales et méridionales.

3. Raiponce à feuilles de Globulaire

Phyteuma globulariifolium ssp. *globulariifolium*
(Campanulacées)

Plante glabre, haute de 5 cm. Feuilles basales longues de 1,5 cm, obovales ou étroitement elliptiques, s'élargissant à l'apex, émoussées, imperceptiblement crénelées ou à bords entiers. Inflorescences sphériques ; bractées externes arrondies, émoussées, ciliées, plus courtes ou à peine plus longues que l'inflorescence.
Floraison : VII-IX. Habitat : fissures des rochers, éboulis, pelouses écorchées ; sur silice ; au-dessus de 2 000 m d'altitude. Distribution : Alpes orientales ; à l'ouest, approximativement jusqu'au massif de l'Ortler.
Espèces voisines : **Raiponce du Piémont,** *P. globulariifolium* ssp. *pedemontanum* (feuilles pointues, portant souvent 3 dents apicales ; bractées externes lancéolées, à pointe courte), des Pyrénées aux Alpes occidentales jusqu'à l'Adamello. **Raiponce confondue,** *P. confusum* (feuilles longues de 2 à 5 cm, linéaires à étroitement spatulées, dentelées à l'apex ; bractées ovales, à bord entier ou faiblement dentelé), dans les Alpes de Salzbourg, au Tyrol, en Carinthie et en Styrie.

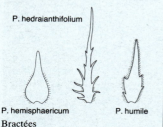

P. hedraianthifolium

P. hemisphaericum   P. humile
Bractées

1

2|3

1. Raiponce à feuilles de Scorsonère

Phyteuma scorzonerifolium
(Campanulacées)

Plante haute de 70 cm. Pas de feuilles basales au moment de la floraison ; caulinaires étroitement lancéolées, glabres. Fleurs regroupées en épis cylindriques ; corolle bleu-violet ; 2 stigmates.
<u>Floraison</u> : VI-IX. <u>Habitat</u> : alpages et clairs-bois d'altitude ; jusqu'à plus de 2 000 m d'altitude. <u>Distribution</u> : Alpes du Sud-Ouest et sud des Alpes centrales ; Apennins.
<u>Remarque</u> : les Alpes abritent plusieurs espèces voisines.

2. Bleuet de montagne ⓟ

Centaurea montana
(Composées tubuliflores)

Plante atteignant 80 cm de hauteur, à tige couverte de poils arachnéens. Feuilles ovales à largement lancéolées. Capitules larges de 5 cm ; involucre long de 1,5 à 3 cm ; bractées à bord noir irrégulièrement frangé ; franges de largeur sensiblement égale à celle du bord noir ; fleurs centrales violettes, celles du pourtour plus grandes, bleues.

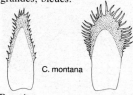

Bractées — C. montana — C. triumfetti

<u>Floraison</u> : V-VIII. <u>Habitat</u> : pelouses, mégaphorbiée, forêts d'altitude ; fréquemment sur calcaire ; jusqu'à plus de 2 000 m d'altitude. <u>Distribution</u> : Alpes septentrionales et centrales ; hautes et moyennes montagnes d'Europe.
<u>Espèce voisine</u> : **Centaurée de Triumfett**, *C. triumfetti* (longueur des franges des bractées supérieure à la largeur du bord noir), dans les Alpes méridionales.

3. Aster des Alpes ⓟ

Aster alpinus
(Composées tubuliflores)

Plante haute de 5 à 20 cm, à tige velue, portant un seul capitule. Feuilles entières, couvertes de poils duveteux, allongées. Capitules larges de 3 à 5 cm, avec plusieurs rangs de bractées ; fleurs ligulées bleu violacé à presque rose ; fleurons jaune d'or.
<u>Floraison</u> : VII-IX. <u>Habitat</u> : pelouses ouvertes ; sur calcaire ; jusqu'à plus de 3 000 m d'altitude. <u>Distribution</u> : Alpes ; des Pyrénées à l'Asie et à l'Amérique du Nord.

4. Saussurée naine

Saussurea pygmaea
(Composées tubuliflores)

Plante atteignant 20 cm de hauteur, souvent subacaule, à tige densément couverte de poils blancs, laineux, et portant un seul capitule. Feuilles linéaires, à bord enroulé. Capitules longs de 4 cm, larges de plus de 3 cm ; involucre ovale ; fleurs toutes tubuleuses.
<u>Floraison</u> : VII-VIII. <u>Habitat</u> : pelouses rocailleuses ; sur calcaire ; jusqu'à 2 500 m d'altitude. <u>Distribution</u> : du Karwendel et des Alpes de Vénétie en allant vers l'est ; Carpates occidentales.

5. Laitue des Alpes

Cicerbita alpina
(Composées liguliflores)

Grande plante atteignant 2,50 m de hauteur, à tige rougeâtre, couverte de poils glanduleux. Feuilles avec un grand lobe terminal triangulaire et les lobes latéraux plus petits ; feuilles supérieures lancéolées. Capitules de 3 cm de diamètre ; involucre à poils glanduleux brun-rouge ; fleurs toutes ligulées.
<u>Floraison</u> : VII-IX. <u>Habitat</u> : mégaphorbiée, brousses d'Aulnes verts, cluses boisées ; sur calcaire ; jusqu'à plus de 2 000 m d'altitude. <u>Distribution</u> : Alpes ; régions montagneuses de l'Europe.

1|2

3

4|5

1. Ail de Cerf ⓟ

Allium victorialis
(Liliacées)

Plante atteignant 80 cm de hauteur; tige portant dans sa moitié inférieure 2 ou 3 feuilles elliptiques, brièvement pétiolées. Fleurs regroupées en fausse ombelle sphérique, pourvues de bractées membraneuses et blanchâtres; tépales longs de 4 à 6 mm, blanchâtres à vert jaunâtre.
Floraison: VI-IX. Habitat: caricaies à Laîche ferrugineuse, alpages, mégaphorbiée; dans les pâturages d'altitude, c'est une « mauvaise herbe » assez fréquente; de préférence sur calcaire; d'environ 1 000 à plus de 2 000 m d'altitude. Distribution: plante commune dans les Alpes; de l'Espagne centrale, à travers toute l'Eurasie, jusqu'en Amérique du Nord, principalement dans les montagnes; en Europe centrale, rare hors du massif alpin.
Espèce voisine: **Ail des Ours**, *A. ursinum* (feuilles basales; tépales longs de 8 à 12 mm, blanc pur; fleurs en fausse ombelle aplatie; floraison: IV-VI), dans les forêts humides de feuillus.

2. Gagée de Liottard

Gagea fistulosa
(Liliacées) ⓟ

Plante atteignant 15 cm de hauteur, avec 1 ou 2 feuilles basales, creuses, de section semi-cylindrique, larges de 2 à 4 mm; généralement 2 feuilles caulinaires lancéolées, glabres, presque opposées. Fleurs à pédoncule généralement un peu pileux; tépales largement lancéolés, émoussés, longs de 1 à 1,5 cm, glabres.
Floraison: III-VI. Habitat: sols pauvres en calcaire, humides, nitrophiles, alentours des bergeries et lieux de pacage du bétail, notamment; jusqu'à 2 500 m d'altitude. Distribution: des Alpes occidentales à la Carinthie et au Frioul; en Allemagne, restreinte à l'Allgäu; Pyrénées, Carpates, Apennins, péninsule balkanique.
Espèces voisines: **Petite Gagée**, *G. minima* (feuille basale plate, large de 1 à 2 mm; tépales aigus, longs de 1 à 2 cm), sur sols secs et calcaires. **Gagée à fleurs jaunes**, *G. lutea* (feuille basale plate, large de 5 à 15 mm, caulinaires ciliées, tépales longs de 1,3 à 2 cm), dans les forêts de feuillus et les forêts mixtes; à basse altitude, dans les associations de reposoirs à bétail.

3. Loïdie tardive

Lloydia serotina
(Liliacées)

Plante délicate, haute de 15 cm, avec généralement 2 feuilles basales graminiformes; tige généralement uniflore. Fleurs dressées, infundibuliformes; tépales longs de 1,5 cm, obovales ou elliptiques, blancs à base jaune, avec 3 veines rougeâtres.
Floraison: VI-VIII. Habitat: endroits rapidement déneigés des pelouses sèches, fissures rocheuses riches en humus, et parmi les coussinets gazonnants de l'Azalée naine; toujours sur sols pauvres en calcaire et de préférence acides.
Distribution: surtout dans les massifs alpins de roches silicatées; rare dans les régions calcaires (en Bavière, restreinte à l'Allgäu et au Hoher Göll; absente en Haute et Basse-Autriche); de la péninsule balkanique et des Carpates à l'Asie centrale et à la Sibérie; Amérique du Nord.

1. Tofieldie boréale ⓟ

Tofieldia pusilla
(Liliacées)

Plante haute de 15 cm, à feuilles graminiformes, brusquement acuminées à l'apex, se rétrécissant au point d'attache sur la tige. Fleurs situées à l'aisselle de bractées trilobées.
<u>Floraison</u> : VI-X. <u>Habitat</u> : pelouses toujours humides, riches en humus, éboulis humides ; toujours au-dessus de 1 800 m d'altitude.

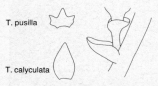

Portion de tige avec calicule involucral de la fleur de Tofieldie caliculée ; bractées florales des 2 espèces de Tofieldies.

<u>Distribution</u> : Alpes ; Tatras, régions arctiques.
<u>Espèce voisine</u> : **Tofieldie caliculée**, *T. calyculata* (feuilles s'allongeant en pointe ; fleurs situées à l'aisselle de bractées florales lancéolées, et portant à leur base un involucre en collerette trilobée).

2. Fritillaire de Moggridge

Fritillaria tubiformis ssp. *moggridgei*
(Liliacées)

Plante glabre, haute de 30 cm. Feuilles alternes, vert-bleu. Fleurs pendantes, en cloche ample, longues de 5 cm ; tépales émoussés ou arrondis, jaunes, avec, souvent, les traces imperceptibles d'un damier brunâtre.
<u>Floraison</u> : IV-VI. <u>Habitat</u> : alpages, pâturages d'altitude ; de 1 400 à 2 000 m d'altitude. <u>Distribution</u> : Alpes du Sud-Ouest.

3. Orchis-Sureau

Dactylorhiza sambucina
(Orchidacées)

Plante haute de 30 cm. Feuilles immaculées. Fleurs jaunes avec petites mouchetures rouges sur le labelle, ou rouges avec un lavis jaunâtre à la base du labelle. 2 des tépales écartés, les autres rapprochés en capuchon ; labelle généralement trilobé ; éperon recourbé vers le bas, épais.
<u>Floraison</u> : IV-VII. <u>Habitat</u> : prairies alpestres, broussailles ; sur sols non calcaires ; jusqu'à plus de 2 000 m d'altitude. <u>Distribution</u> : surtout dans les Alpes centrales et méridionales ; çà et là dans le centre et le sud de l'Europe.

4. Sabot-de-Vénus ⓟ Ⓥ

Cypripedium calceolus
(Orchidacées)

Plante haute de 70 cm. Feuilles elliptiques, amplexicaules, plissées. 4 pièces florales, 2 internes et 2 externes, un peu torsadées, brun-rouge ; labelle (le « sabot ») long de 3 à 4 cm, jaune, gonflé en poche bombée vers l'avant.
<u>Floraison</u> : V-VII. <u>Habitat</u> : bois clairs, broussailles ; toujours sur calcaire ; presque jusqu'à 2 000 m d'altitude. <u>Distribution</u> : Europe centrale et septentrionale ; l'espèce est sévèrement menacée !

5. Saponaire jaune ⓟ

Saponaria lutea
(Caryophyllacées)

Plante à pilosité rase, émettant des pousses stériles et des tiges de 5 à 10 cm de haut. Feuilles linéaires, à bords ciliés. Fleurs brièvement pédonculées ; pétales jaune pâle ; écaille 1 mm ; onglet violet.
<u>Floraison</u> : VI-VIII. <u>Habitat</u> : fissures des rochers, éboulis, pelouses lacunaires ; sur calcaire ou silice. <u>Distribution</u> : centre des Alpes occidentales.

1. Alsine Faux-Orpin
Minuartia sedoides
(Caryophyllacées)

Plante croissant en coussinet dense ; tige abondamment couverte de feuilles mortes accumulées à la base, densément feuillée dans sa partie supérieure. Feuilles li-

M. sedoides

Sépale

néaires, émoussées, glabres. Fleurs isolées, à très court pédoncule ; pétales absents ou filiformes, verdâtres, plus courts que les sépales. Sépales étroitement ovales, émoussés, à 3 nervures, généralement glabres. 3 styles.
<u>Floraison</u> ; VI. <u>Habitat</u> : fissures des rochers, éboulis, associations des pelouses écorchées ; souvent sur sols pauvres en calcaire ; de 1 800 à plus de 3 000 m d'altitude.
<u>Distribution</u> : Alpes ; montagnes d'Europe ; Écosse.

2. Renoncule naine
Ranunculus pygmaeus
(Renonculacées)

Plante haute de 5 cm, à tige uniflore, couverte d'une courte pilosité dans sa partie inférieure. Feuilles basales glabres, trilobées, les lobes eux-mêmes faiblement subdivisés. Fleurs atteignant jusqu'à 1 cm de diamètre ; pétales et sépales sensiblement de même longueur. Akènes mûrs longs d'environ 1,5 mm.
<u>Floraison</u> : dès la fonte des neiges.
<u>Habitat</u> : combes à neige ; toujours sur sols humides, non calcaires.
<u>Distribution</u> : des Grisons aux Hautes Tauern ; régions arctiques ; plus au sud, uniquement en haute montagne.

3. Renoncule hybride
Ranunculus hybridus
(Renonculacées)

Plante haute de 20 cm, glabre, vert bleuâtre. Feuilles basales généralement présentes à la floraison, réniformes, vigoureusement serratées, avec 3 à 5 lobes antérieurs plus marqués ; caulinaires inférieures semblables aux feuilles basales. Fleurs 1,5 cm de diamètre.
<u>Floraison</u> : VI-VIII. <u>Habitat</u> : éboulis, fissures des rochers, pe-

R. thora   R. hybridus

Feuilles caulinaires inférieures

louses lacunaires ; toujours sur calcaire. <u>Distribution</u> : régions calcaires des Alpes orientales.
<u>Espèce voisine</u> : **Renoncule vénéneuse**, *R. thora* (feuilles basales flétries à la floraison ; caulinaires inférieures à denticulation antérieure sensiblement régulière), absente dans les Alpes du Nord.

4. Renoncule des montagnes
Ranunculus montanus
(Renonculacées)

Plante haute de 30 cm, à tige généralement velue. Feuilles basales présentant 3 à 5 divisions elles-mêmes subdivisées en découpures dentées, glabres ou semées de poils épars, luisantes, à limbe plissé et dressé verticalement lorsqu'elles sont jeunes. Caulinaires sessiles, digitées, comportant 3 à 7 lobes. Fleurs atteignant 3 cm de diamètre ; sépales et réceptacle velus ; pédoncule floral non sillonné. Fruit arrondi, creux, avec un bec crochu.
<u>Floraison</u> : V-IX. <u>Habitat</u> : éboulis, pelouses, clairs-bois ; sur calcaire.
<u>Distribution</u> : régions calcaires des Alpes septentrionales et centrales.

1. Anémone soufrée
Pulsatila alpina ssp. *apiifolia*
(Renonculacées)

Plante haute de 40 cm, à tiges uniflores velues ; rhizome généralement dépourvu de touffe filamenteuse ; feuilles basales ne se développant qu'après la floraison, velues, doublement tripartites avec secondes divisions pennées. Généralement 3 caulinaires supérieures, identiques aux feuilles basales. Fleurs comportant le plus souvent 6 pièces florales pétaloïdes, largement écartées, jaunes, lavées extérieurement de bleuâtre ou de violacé, et velues. Akène portant une longue aigrette plumeuse.
Floraison : V-VIII. Habitat : pelouses, formations sous-arbustives ; toujours sur sols acides ; entre 1 500 et 2 500 m d'altitude environ. Distribution : surtout dans les massifs alpins à roches silicatées ; en Allemagne, restreinte à l'Allgäu ; montagnes d'Espagne, Pyrénées.
Biologie : l'Anémone soufrée et l'Anémone des Alpes (p. 190) — cette dernière croissant uniquement sur les sols calcaires — forment un couple illustrant de façon typique le phénomène des lignées vicariantes. Sous cette appellation, on désigne, en botanique, des plantes de parenté très proche, mais croissant sur des sols de nature différente — souvent à quelques mètres de distance seulement. Les deux sous-espèces ci-dessus nommées, par exemple, poussent pratiquement côte à côte sur le Seiser Alm, dans le Tyrol méridional. Les sous-espèces vicariantes peuvent s'exclure mutuellement, non seulement par leur écologie, mais encore géographiquement. Dans le cas présent, cela signifie que l'Anémone soufrée, qui évite le calcaire, manque presque complètement dans les régions calcaires des Alpes, et n'existe que là où le sol dépourvu de calcaire permet sa croissance : c'est la raison pour laquelle on la trouve avant tout dans les Alpes centrales, où le calcaire fait défaut sur de vastes étendues. En revanche, l'Anémone des Alpes, qui croît exclusivement sur le calcaire, présente une aire de distribution concentrée sur les Alpes calcaires septentrionales et méridionales ; dans les Alpes centrales, elle est très rare et n'existe qu'en quelques endroits où les masses de silicate contiennent des traces de calcaire.

2. Trolle d'Europe
Trollius europaeus
(Renonculacées)

Plante atteignant 1 m de hauteur, avec souvent plusieurs tiges glabres, généralement non ramifiées. Feuilles basales pétiolées, à limbe polygonal découpé en 5 lobes, eux-mêmes divisés. Face supérieure du limbe vert foncé, dessous plus clair. Feuilles caulinaires sessiles, trilobées. Fleurs atteignant 3 cm de diamètre, jaune clair à jaune d'or, présentant jusqu'à 15 sépales pétaloïdes imbriqués de manière à former une sphère ; nectaires très étroits, aussi longs que les étamines. Follicules rostrés, atteignant 1 cm de longueur.
Floraison : V-VI. Habitat : prairies humides et souvent même marécageuses, broussailles, mégaphorbiée, cariçaies à Laîche ferrugineuse. Distribution : Alpes ; dans presque toute l'Europe ; au sud, principalement dans les montagnes.

1

2

1. Aconit tue-loup à feuilles de Renoncule

Aconitum lycoctonum ssp. *ranunculifolium*
(Renonculacées) ⓟ ⊞

Plante atteignant 1,50 m de hauteur. Feuilles divisées jusqu'à plus de la moitié en 5 à 7 (voire 9) lobes, chacun d'eux profondément découpé. Inflorescence dense, non ramifiée ; fleurs jaune vif ; sépales pétaloïdes très irréguliers, celui du haut développé en casque enveloppant deux nectaires longuement pédonculés, recourbés en crochet et pourvus d'un éperon arqué.
Floraison : VI-IX. Habitat : mégaphorbiée, groupements des reposoirs, forêts humides de feuillus.
Distribution : ouest et sud des Alpes ; absent en Allemagne ; de l'Espagne à la péninsule balkanique.
Espèce voisine : **Aconit tue-loup**, *A. lycoctonum* ssp. *lycoctonum* (fleurs jaune pâle, inflorescence plus lâche et ramifiée), surtout dans les Alpes du Nord.

2. Corydale jaune

Corydalis lutea
(Fumariacées)

Plante glabre haute de 30 cm, à rhizome horizontal et à tiges ramifiées, densément feuillées. Feuilles divisées 2 ou 3 fois. Fleurs à court éperon, longues d'environ 2 cm.
Floraison : III-VII. Habitat : fissures des rochers, éboulis ; presque toujours sur calcaire. Distribution : Alpes du Sud, du lac Majeur aux Dolomites orientales ; naturalisée dans une grande partie de l'Europe.
Remarque : les forêts d'altitude riches en essences feuillues, jusqu'à plus de 1 500 m, hébergent d'autres espèces de Corydales à fleurs roses ou blanches, à tubercule, et à tige ne portant généralement que 2 feuilles.

3. Pavot orangé ⓟ
Pavot des Alpes rhétiques
Papaver rhaeticum
(Papavéracées)

Papaver rhaeticum

Plante haute de 20 cm, à tiges uniflores, aphylles, couvertes de poils raides. Feuilles basales velues, 1 ou 2 fois divisées en larges découpures souvent lobées.

P. rhaeticum   P. kerneri

Feuilles basales

4 pétales ; 2 sépales densément couverts de poils noirs. Capsule pourvue de 5 à 7 rayons stigmatiques.
Floraison : VI-VIII. Habitat : éboulis calcaires, calcschisteux ou dolomitiques. Distribution : Alpes méridionales, sud des Alpes centrales ; des Pyrénées à la péninsule balkanique.
Espèce voisine : **Pavot de Kerner**, *P. kerneri* (feuilles divisées 2 ou 3 fois, glabres ; capsule avec généralement 5 rayons stigmatiques), Alpes juliennes et Alpes de Sannthal, Karawanken, nord de la péninsule balkanique.

1|2

3

1. Vélar du Dauphiné

Erysimum jugicola
(Brassicacées)

Plante haute de 40 cm, densément couverte de poils branchus. Feuilles étroitement spatulées à linéaires, à bord souvent denté. Pétales arrondis antérieurement, longs de 1,5 à 2 cm ; sépales longs de 6 à 9 mm, inégaux, ceux de l'extérieur échancrés à la base. Silique longue de 4 à 9 cm, large d'environ 1 mm.
Floraison : V-VIII. Habitat : pelouses, éboulis ; sur calcaire et silice ; jusque bien au-dessus de 2 000 m d'altitude. Distribution : sud-ouest des Alpes, des Alpes ligures à la région du Mont-Cenis. Remarque : les Alpes hébergent d'autres espèces très ressemblantes, difficiles à distinguer.

2. Biscutelle à lunettes

Biscutella laevigata
(Brassicacées)

Plante haute de 70 cm, couverte de soies rudes ou glabrescente. Feuilles basales en spatules allongées, entières à vigoureusement dentées ; caulinaires avec 2 petites glandes à l'aisselle (visibles à la loupe). Pétales atteignant 8 mm de longueur. Silicule aplatie, longue de 7 mm et large de 14 mm, en forme de lunettes.
Floraison : III-IX. Habitat :

Silicule à maturité

éboulis, pelouses ; sur calcaire ; de 500 à 2 500 m d'altitude. Distribution : Alpes ; montagnes d'Europe.

3. Sisymbre à feuilles de Tanaisie

Hugueninia tanacetifolia
(Brassicacées)

Plante atteignant 1 m de hauteur, à tige densément feuillée. Feuilles caulinaires couvertes de poils étoilés duveteux, profondément divisées en segments très vigoureusement serratés. Fleurs réunies en inflorescence terminale ; pétales longs d'environ 4 mm ; sépales longs de 2 à 3 mm, 2 d'entre eux écartés, les 2 autres dressés. Silique presque quadrangulaire, en massue, longue de 1,5 cm.

Silicule à maturité

Floraison : VI-VIII. Habitat : mégaphorbiée, reposoirs, bords des ruisseaux ; de 1 000 à 2 500 m d'altitude. Distribution : des Alpes maritimes au Valais et au Val d'Aoste.

4. Érucastre étalé

Brassica repanda ssp. *repanda*
(Brassicacées)

Plante glabre, haute de 15 cm. Feuilles toutes basales, spatulées, légèrement charnues. Tige aphylle. Pétales distinctement onguiculés, longs de 1 à 1,5 cm ; sépales dressés, longs de 5 à 6 mm. Silique longue de 5 cm et large de 3 à 5 mm, à bec bien visible. Valve à nervure médiane très apparente, mais à nervures latérales en réseau confus et indistinct.
Floraison : VI-VIII. Habitat : éboulis, pelouses lacunaires ; toujours sur calcaire ou calcschistes ;

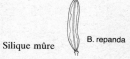

Silique mûre

au-dessus de 1 500 m d'altitude. Distribution : endémique du sud-ouest des Alpes.

1. Alysson des Karawanken

Alyssum ovirense
(Brassicacées)

Plante haute de 15 cm ; tige dressée, densément feuillée, et parsemée de poils étoilés. Feuilles basales presque rondes, s'amincissant brusquement au pétiole, longues de 7 mm, larges de 5 mm ; caulinaires étroitement obovales, s'amincissant en pétiole, parsemées de poils étoilés de 0,5 mm de diamètre, et comptant 10 à 20

Silicule mûre — A. ovirense

rayons. Pétales étroitement cunéiformes, longs de 6 à 7 mm, généralement arrondis antérieurement ; silicule à revers comprimé, longue de 7 à 9 mm, semée de poils étoilés. Valves au bord antérieur émoussé à échancré.
Floraison : IV-VIII. Habitat : fissures des rochers, éboulis, sur calcaire ; au-dessus de 2 000 m. Distribution : Alpes orientales (Styrie : massif du Hochschwab ; Alpes de Vicence et de Vénétie, Alpes carniques orientales, Alpes juliennes, Karawanken), Herzégovine, Montenegro.

2. Drave de Sauter

Draba sauteri
(Brassicacées)

Plante croissant en coussinets gazonnants lâches et ne dépassant pas 5 cm de hauteur. Feuilles spatulées à lancéolées, presque émoussées, à bords ciliés, longues de 1 cm, larges de 2 mm environ. Généralement, accumulation sous les feuilles vertes de très nombreuses feuilles mortes blanchâtres. Pétales longs de 4 à 5 mm, étroitement obovales, souvent légèrement échancrés, blanchissant parfois au flétrissement. Étamines nettement plus courtes que les pétales. Inflorescence allongée. Silicule comprimée, ovale à presque ronde, longue de 4 à 6 mm, large de 2 à 4 mm. Style long de 0,5 à 1 mm.
Floraison : VI-VIII. Habitat : fissures des rochers, éboulis ; tou-

Silicule mûre — D. sauteri

jours sur calcaire ; de 1 800 à presque 3 000 m d'altitude. Distribution : endémique dans le nord-est des Alpes calcaires.

3. Moutarde giroflée

Rhynchosinapis cheiranthos var. *montana*
(Brassicacées)

Plante haute de 30 cm, à tige couverte de soies rudes vers le bas et généralement glabre dans sa partie supérieure. Feuilles profondément pennées, avec 5 à 9 segments de chaque côté ; feuilles basales longues de 10 cm ; caulinaires devenant graduellement plus courtes vers le haut de la tige, celles du haut souvent indivises. Pétales longs de 2 à 2,5 cm, jaunes, veinés de foncé. Silique inclinée presque horizontalement, longue de 5 à 8 cm, large de 2 mm ; valves légèrement cintrées, avec 3 fortes nervures longitudinales, et d'autres, intermédiaires, imperceptibles ; bec atteignant environ la demi-longueur des valves.

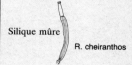

Silique mûre — R. cheiranthos

Floraison : VI-VIII. Habitat : éboulis humides, pelouses lacunaires ; sur sols pauvres en calcaire ; jusqu'à 1 800 m d'altitude. Distribution : des Alpes maritimes aux Alpes bergamasques ; montagnes de l'Europe centrale et méridionale.

1. Moutarde de Richer

Rhynchosinapis richeri
(Brassicacées)

Plante glabre, haute de 60 cm. Feuilles basales disposées en rosette, étroitement ovales, entières ou pourvues de dents irrégulières et sinuées. Pétales allongés, onguiculés, longs de 2 cm ; sépales longs de 1 cm, dressés. Silique inclinée horizontalement, longue de 5 à 8 cm, large de 3 mm, glabre ; valves légèrement cintrées, avec 3 fortes nervures longitudinales, et d'autres intermédiaires, imperceptibles ; bec moitié moins long que les valves.

R. richeri

Silique à maturité

Floraison : VI-IX. Habitat : fissures des rochers, éboulis et pelouses ; sur sols pauvres en calcaire ; de 1 000 à plus de 2 000 m d'altitude. Distribution : endémique du sud-ouest des Alpes, du Monte Viso au Mont-Cenis.

2. Joubarbe d'Allioni Ⓟ

Jovibarba allionii
(Crassulacées)

Plante haute de 20 cm, avec généralement de nombreuses rosettes globulaires et stériles. Feuilles de rosettes pointues et couvertes de poils glanduleux, caulinaires légèrement plus étroites, et, comme la tige, couvertes de poils glanduleux. Fleurs campanulées ; pétales à bord frangé, longs de 1,5 à 2 cm.
Floraison : VII-IX. Habitat : généralement sur les rochers, calcaires ou silicatés, et au-dessus de 1 500 m d'altitude. Distribution : sud-ouest des Alpes.

Espèces voisines : **Joubarbe des sables**, *J. arenaria* (feuilles de la rosette glabres au centre, glanduleuses uniquement sur le pourtour), sur les rochers pauvres en calcaire, dans les régions de basse altitude des Alpes. **Joubarbe hérissée**, *J. hirta* (feuilles de la rosette comme chez la Joubarbe des sables ; rosette en forme d'étoile), souvent sur calcaire ; dans l'est des Alpes.

3. Joubarbe à grandes fleurs Ⓟ

Sempervivum grandiflorum
(Crassulacées)

Sempervivum wulfenii (est des Alpes jusqu'au lac de Côme) et S. grandiflorum (au sud-ouest du Rhône).

Plante haute de 30 cm, à tige dressée, feuillée, couverte de poils glanduleux, avec rosettes de 4 à 15 cm de diamètre ; feuilles des rosettes vertes, à courts poils glanduleux, en pointe courte mais sans épine terminale, brun-rouge à l'apex. Fleurs larges de 2 à 3 cm ; pétales au moins 3 fois plus longs que les sépales, jaunes, souvent maculés de pourpre à la base ; étamines pourpres.
Floraison : VI-VIII. Habitat : éboulis, pelouses lacunaires, fissures des rochers ; sur silice ; au-dessus de 1 500 m. Distribution : Alpes Grées et Pennines ; du Pas de Suse jusqu'au Simplon.
Espèce voisine : **Joubarbe de Wulfen**, *S. wulfenii* (feuilles des rosettes vert bleuâtre, à pointe épaisse, à faces glabres, à bords frangés de poils glanduleux), de Bergell et des Alpes bergamasques aux Hautes et Basses Tauern.

1. Orpin des Alpes
Sedum alpestre
(Crassulacées)

Plante glabre, haute de 8 cm, à pousses stériles densément feuillées au moment de la floraison. Feuilles charnues, arrondies. Fleurs à 5 pétales; sépales longs de 2 à 3 mm. Pétales 1 à 2 fois plus longs que les sépales, émoussés.
Floraison : VI-IX. Habitat : combes à neige, moraines; sols non calcaires; de 1 300 à 2 400 m. Distribution : dans les régions alpines à roches silicatées.

2. Orpin rose
Rhodiola rosea
(Crassulacées)

Plante glabre, haute de 40 cm, dioïque. Feuilles vert bleuâtre, aplaties, charnues, largement lancéolées, souvent dentées antérieurement, longues de 3 à 6 cm. Fleurs à 4 pétales, unisexués. Pétales longs de 3 à 4 mm, étroits; sépales jaunes ou rouges.
Floraison : V-VIII. Habitat : fissures des rochers, éboulis; sur calcaire ou silice; de 1 000 à 3 000 m. Distribution : Alpes, nord de l'Europe; montagnes d'Europe; Asie; région arctique.

3. Saxifrage toile-d'araignée
Saxifraga arachnoidea
(Saxifragacées)

Plante croissant en coussinets gazonnants lâches, couverte de poils visqueux, d'aspect arachnéen. Feuilles inférieures arrondies, avec 3 à 5 dents grossières; caulinaires plus petites. Pétales ovales, à peine plus longs que les sépales.
Floraison : V-VIII. Habitat : sous les surplombs, sur poussier calcaire et humide. Distribution : endémique des Alpes judicariennes, entre les lacs de Garde et d'Idro.

4. Saxifrage Fausse-Mousse ⓟ
Saxifraga mucoides
(Saxifragacées)

Saxifraga muscoides

Plante à senteur de résine, croissant en coussinets. Feuilles basales étroitement lancéolées, longues de 7 mm, larges, gris argent au flétrissement. Tige florifère densément couverte de poils glanduleux, haute de 5 cm. Pétales largement obovales, généralement arrondis antérieurement, 2 fois plus larges et

Feuille basale et pétale — S. muscoides

généralement 2 fois plus longs que les sépales.
Floraison : VI-IX. Habitat : groupements pionniers des pelouses, éboulis; sur calcschiste; de 1 500 à plus de 4 000 m. Distribution : Alpes centrales.

5. Saxifrage Faux-Aïzoon ⓟ
Saxifraga aizoides
(Saxifragacées)

Plante haute de 30 cm. Feuilles linéaires, lancéolées, charnues, à bord cilié. Pétales linéaires, jaune citron à points rouge orangé, orange ou rouge sombre.
Floraison : VI-IX. Habitat : pelouses fontinales, éboulis et pelouses humides. Distribution : Alpes; des Pyrénées à la péninsule balkanique; région arctique.

1. Potentille dorée
Potentilla aurea
(Rosacées)

Plante haute de 5 à 30 (voire 40) cm, à poils apprimés. Tiges dressées, arquées, peu feuillées, pauciflores. Feuilles basales généralement divisées en 5 folioles étroitement elliptiques, vigoureusement serratées dans le 1/3 supérieur, glabres sur le dessus, semées de poils soyeux épars au revers, à bords couverts de poils apprimés argentés. Fleurs larges de 1 à 2,5 cm ; pétales cordiformes, plus longs que le calice.
<u>Floraison</u> : VI-IX. <u>Habitat</u> : pelouses ; généralement sur sols glaiseux acides ; jusqu'à plus de 2 000 m. <u>Distribution</u> : Alpes ; des Pyrénées à l'Asie Mineure.

2. Potentille des neiges
Potentilla nivea
(Rosacées)

Plante haute de 20 cm, couverte d'une pilosité lâche et feutrée, à feuilles basales divisées en 3 folioles longues de 1 à 1,5 cm, vert foncé dessus, semées de poils épars, à revers blanc feutré. Tige dressée, arquée, pauciflore. Fleurs larges de 1 à 1,5 cm ; bractées du calicule étroitement lancéolées, sensiblement aussi longues que les sépales, qui sont plus larges. Étamines s'ouvrant du côté des styles ; styles portant des papilles basales.
<u>Floraison</u> : VII-VIII. <u>Habitat</u> : pelouses écorchées sur sols secs, calcaires ou légèrement acides, au-dessus de 2 000 m d'altitude. <u>Distribution</u> : Alpes, du Dauphiné aux Hautes Tauern ; Scandinavie, Caucase, Asie, domaine arctique.

3. Sanguisorbe des Bergamasques
Sanguisorba dodecandra
(Rosacées)

Plante glabre, haute de 1,50 m. Feuilles divisées en 5 à 10 paires de folioles ovales, à bord grossièrement denté, à dessus vert clair à foncé, à dessous vert bleuâtre. Inflorescences cylindriques, allongées, inlinées. Pas de pétales ; sépales longs de 4 mm, blanc jaunâtre à blanc verdâtre ; 6 à 15 étamines.
<u>Floraison</u> : VII-IX. <u>Habitat</u> : berges des ruisseaux, mégaphorbiée ; sols pauvres en calcaire ; d'environ 1 200 à 1 800 m d'altitude. <u>Distribution</u> : Alpes bergamasques et Valteline.

4. Benoîte rampante Ⓟ
Geum reptans
(Rosacées)

Plante à longs stolons feuillés et tiges uniflores hautes de 20 cm. Feuilles basales à folioles vigoureusement serratées ; folioles terminales un peu plus grandes que les latérales. Fleurs larges de 3 à 4 cm. Fruit garni d'une aigrette plumeuse, longue de 5 cm, brun-rouge.

G. reptans   G. montanum

Feuilles basales

<u>Floraison</u> : VII-IX. <u>Habitat</u> : éboulis humides ; généralement sur silice ; au-dessus de 2 000 m d'altitude. <u>Distribution</u> : large dans les Alpes centrales ; plante rare dans les chaînes calcaires ; Carpates, péninsule balkanique.
<u>Espèce voisine</u> : **Benoîte des montagnes**, *G. montanum* (sans stolons ; feuilles basales avec très grande foliole terminale arrondie).

1. Sibbaldie rampante
Sibbaldia procumbens
(Rosacées)

Plante gazonnante, haute de 10 cm, à pilosité lâche et apprimée. Feuilles basales disposées en rosette, divisées en 3 folioles vert grisâtre dessus, vert pâle dessous. Tiges ne dépassant pas les feuilles. Fleurs petites, peu voyantes. Pétales vert jaunâtre, étroits, plus courts que le calice ; bractées du calicule presque aussi longues que les sépales, mais plus étroites ; généralement 5 étamines.
Floraison : IV-X. Habitat : combes à neige ; généralement au-dessus de 2 000 m d'altitude. Distribution : large dans les Alpes centrales ; plante plus rare dans les Alpes calcaires ; région arctique, du Groenland à la Scandinavie ; massifs montagneux d'Europe ; Caucase ; mont Ararat.

2. Alchémille des neiges
Alchemilla pentaphyllea
(Rosacées)

Plante gazonnante ne dépassant pas 5 cm de hauteur, à tiges couchées s'enracinant aux nœuds. Feuilles disposées en rosette, à poils épars, découpées en 3 folioles jusqu'au point d'attache du pétiole, toutes les folioles étant elles-mêmes divisées en lobes pointus et lancéolés. Fleurs quadripartites, mais sans pétales ; sépales ovales, vert jaunâtre, se redressant après la floraison ; bractées du calicule minuscules, parfois absentes ; un seul style.
Floraison : VI-X. Habitat : combes à neige ; au-dessus de 2 000 m d'altitude. Distribution : des Alpes maritimes au massif de l'Ortler ; plante rare dans les Alpes du Nord.

3. Alchémille de Scheuchzer
Alchemilla subsericea
(Rosacées)

Plante haute de 20 cm, à pousses stériles rampantes. Feuilles basales à 5, 6 ou 7 folioles découpées jusqu'au point d'attache du pétiole, plus large dans leur moitié terminale, glabres dessus, avec le dessous semé de poils épars, vertes sur les deux faces, pourvues de petites dents apicales presque droites et longues de 2 à 3 mm. Tige atteignant 2 fois la longueur des feuilles basales. Fleurs quadripartites, sans pétales, mais pourvues de bractées caliculaires. Pédoncules floraux tout au plus aussi longs que les sépales. Pédoncules floraux, intérieur du calice et face externe des sépales densément couverts de poils apprimés ; 1 seul style.
Floraison : VII-IX. Habitat : éboulis, pelouses écorchées, broussailles ; toujours sur silice ; généralement au-dessus de 2 000 m d'altitude. Distribution : des Alpes maritimes au Tyrol ; montagnes du nord de l'Espagne et Pyrénées.
Remarque : le genre *Alchemilla* comprend environ une centaine d'espèces dans les Alpes. Bon nombre d'entre elles sont encore mal connues tant sur le plan de leur répartition que sur celui de leurs exigences écologiques.

1. Cytise des Alpes ⊞

Laburnum alpinum
(Papilionacées)

Arbuste pouvant atteindre 5 m de hauteur, à feuilles trifoliées; folioles glabres ou faiblement semées de poils dressés. Fleurs en grappes pendantes longues de 30 cm; pédoncules floraux et calice semés de poils dressés, épars. Fruit glabre, long de 5 cm.
Floraison: IV-VII. Habitat: versants rocheux, clairs-bois d'altitude; surtout sur silice; jusqu'à 1 500 m d'altitude environ.
Distribution: Alpes du Sud; Jura méridional, Apennins, Carpates.
Espèce voisine: **Cytise aubour,** *L. anagyroides* (jeunes rameaux, revers des feuilles, pédoncules floraux, calices et fruits couverts de poils apprimés), surtout sur calcaire.

2. Trèfle bai

Trifolium badium
(Papilionacées)

Plante haute de 25 cm. Feuilles trifoliées, presque glabres; feuilles caulinaires supérieures presque opposées. Inflorescences larges de 1 à 2 cm; corolle longue de 6 à 9 mm, devenant brun sombre au flétrissement.
Floraison: VI-VIII. Habitat: pâturages, pelouses; presque toujours sur calcaire; de 1 000 à 3 000 m d'altitude. Distribution: Alpes; du nord de l'Espagne à la péninsule balkanique, uniquement en montagne.
Espèce voisine: **Trèfle jaune,** *T. aureum* (feuilles caulinaires supérieures alternes; corolle brun pâle au flétrissement), principalement à basse altitude dans les Alpes.

3. Gesse jaune

Lathyrus occidentalis
(Papilionacées)

Plante haute de 80 cm. Feuilles divisées en 6 à 10 folioles, avec l'apex généralement pointu, barbu; folioles glabres dessus, au revers souvent semé de poils épars. Corolle large de 1,5 à 2,5 cm, jaune pâle, brun orangé au flétrissement; calice pourvu de dents distinctes et de longueur inégale.
Floraison: VI-VIII. Habitat: prairies, mégaphorbiée, broussailles; presque exclusivement sur calcaire; d'environ 1 000 à plus de 2 000 m d'altitude. Distribution: des Alpes occidentales à la Styrie et à la Carinthie; Pyrénées, Apennins.
Espèce voisine: **Gesse glabre,** *L. laevigatus* (dents du calice très petites, les supérieures souvent à peine visibles), Styrie et régions situées à l'est de celle-ci.

4. Astragale à fleurs pendantes

Astragalus pendiflorus
(Papilionacées)

Plante haute de 50 cm. Feuilles divisées en 9 à 30 folioles semées de poils courts et épars. Fleurs pendantes, longues d'environ 1 cm; étendard sensiblement aussi long que les ailes et la carène. Gousse pendante, renflée, à long pédicule apparaissant hors du calice, densément couverte de poils courts et sombres au début, plus tard membraneuse, glabre, vert pâle.
Floraison: VII-VIII. Habitat: pelouses luxuriantes, éboulis, clairs-bois d'altitude; principalement sur calcaire; de 1 300 à 2 500 m d'altitude. Distribution: très éparse dans les Alpes; des Pyrénées aux Carpates; centre de la Suède.

1

2

3|4

1. Astragale déprimé

Astragalus depressus
(Papilionacées)

Plante haute de 10 cm, à tige longue au plus de quelques centimètres, non ramifiée et semée de poils apprimés. Feuilles et inflorescences de ce fait pratiquement basales. Feuilles divisées en 17 à 25 folioles longues de 1,2 cm, à apex arrondi ou émarginé, glabres dessus, avec le dessous couvert de poils simples, apprimés ; fleurs dressées ou légèrement penchées. Pédoncule de l'inflorescence atteignant à peine le 1/3 de la hauteur des fleurs voisines. Calice semé de poils apprimés, clairs ou sombres, et pourvu de dents atteignant au moins la demi-longueur de sa base tubulaire. Corolle longue de 9 à 12 mm, jaunâtre. Gousse pendante, sans pédicule la rattachant au calice, longue de 2 cm, épaisse de 4 mm, glabre à maturité.
Floraison : V-VII. Habitat : versants rocailleux, pelouses sèches ; toujours sur calcaire. Distribution : nord-ouest des Alpes calcaires, de la Savoie à la vallée de la Simme ; Val d'Aoste, Engadine, Valteline, région du lac de Côme, Monte Baldo, Alpes de Vérone ; montagnes du sud de l'Europe ; Asie Mineure.
Espèces voisines : **Astragale subacaule**, *A. exscapus* (feuilles découpées en 25 à 39 folioles densément couvertes de poils dressés sur les deux faces ; corolle longue de 2 à 2,6 cm, jaune ; pédoncule de l'inflorescence très court ; gousses dressées), dans les régions sèches des Alpes centrales (Valais, Val d'Aoste, Val Venosta) ; de la Russie méridionale au sud de l'Espagne. **Astragale de Montpellier**, *A. monspessulanus* (pédoncule de l'inflorescence aussi long ou plus long que les feuilles adjacentes ; corolle longue de 2,2 à 2,8 cm, rouge pourpré à rose, rarement blanche ; folioles à dessus glabre, avec des poils branchus au revers ; gousses dressées), sur calcaire, du fond des vallées alpines jusqu'à 1 500 m d'altitude, à l'ouest du lac de Garde et de la portion de la vallée du Rhin arrosant Coire.

2. Astragale centralpin

Astragalus alopecurus
(= *Astragalus centralpinus*)
(Papilionacées)

Plante haute de 1,50 m, avec généralement plusieurs tiges ramifiées, épaisses de 1 cm et densément velues. Feuilles longues de 30 cm, comprenant jusqu'à 25 paires de folioles larges, ovales, à dessus glabre, semées de poils épars sur le revers. Inflorescences ovales à cylindriques, presque acaules. Fleurs jaune pâle ; étendard long d'environ 2 cm ; ailes de longueur sensiblement égale à la carène. Calice densément couvert de poils laineux. Gousse ovale, densément couverte de poils courts.

Astragalus alopecurus

Floraison : VII-VIII. Habitat : groupements des pelouses sèches, clairs-bois d'altitude ; jusqu'à environ 1 600 m. Distribution : dans le sud-ouest des Alpes françaises et italiennes (Dauphiné, région du Monte Viso, Barcelonnette, Queyras, Val d'Aoste, Alpes Grées et piémontaises) ; Bulgarie ; du Caucase à la Chine.

1. Oxytropide champêtre

Oxytropis campestris
(Papilionacées)

Plante haute de 20 cm, acaule et semée de poils épars. Feuilles divisées en 21 à 31 folioles pointues et lancéolées. Pétales jaune clair à blanchâtres, occasionnellement lavés de violet; étendard long de 1,5 à 2 cm; carène à petite dent pointue; gousse renflée, velue.
Floraison: VI-VIII. Habitat: pelouses; sur calcaire; au-dessus de 1 500 m. Distribution: Alpes; montagnes du sud et du centre de l'Europe; Suède méridionale.

2. Cytise velu

Chamaecytisus polytrichus
(Papilionacées)

Buisson haut de 25 cm, inerme; rameaux décombants. Feuilles trifoliées; folioles elliptiques, longues de 1,5 cm, couvertes de poils dressés; calice couvert de longs poils dressés, tubulaire, bilabié; entailles séparant les lèvres supérieure et inférieure beaucoup plus profondes que celle divisant la lèvre supérieure; étendard plus long que les ailes et la carène.

Calice   C. polytrichus

Floraison: V-VII. Habitat: pelouses lacunaires, éboulis; sur calcaire; jusqu'à 1 500 m d'altitude. Distribution: sud et sud-ouest des Alpes; Balkans, Crimée.

3. Cytise rampant

Cytisus decumbens
(Papilionacées)

Buisson haut de 30 cm. Feuilles ovales, longues de 2 cm, à dessus presque glabre, à revers couvert de poils dressés. Calice pourvu de poils dressés, en clochette largement ouverte, bilabié. Entaille séparant les lèvres plus profonde que celle incisant la lèvre supérieure. Corolle longue de 1,2 à 1,6 cm; étendard et ailes aussi longs que la carène.
Floraison: VI-VII. Habitat: versants rocailleux, pelouses lacunaires; sur calcaire; jusqu'à 1 500 m d'altitude environ. Distribution: sud des Alpes, Jura; des Pyrénées aux Balkans.

4. Genêt radié

Genista radiata
(Papilionacées)

Buisson haut de 1 m, inerme. Feuilles opposées, trifoliées; folioles longues de 2 cm, larges de 5 mm. Fleurs réunies en têtes terminales à l'extrémité des rameaux; calice densément velu, campanulé,

Calice   G. radiata

profondément incisé en 2 lèvres; entaille interlabiale moins profonde que celle divisant la lèvre supérieure. Corolle longue de 1,5 cm.
Floraison: VI-IX. Habitat: versants rocailleux secs, broussailles; sur calcaire; jusqu'à 2 000 m d'altitude environ. Distribution: sud des Alpes; atteint la Grèce et les Carpates.

5. Vulnéraire des Alpes

Anthyllis vulneraria ssp. *alpestris*
(Papilionacées)

Plante haute de 20 cm, à tige couverte de poils apprimés. Feuilles glabres; feuilles basales elliptiques, indivises; caulinaires pennées, généralement situées dans la partie inférieure de la tige. Calice long de 1,3 à 1,8 cm, velu, blanc feutré (gris en se desséchant).
Floraison: VI-IX. Habitat: sols riches en calcaire; pelouses lacunaires. Distribution: Alpes, monts Cantabriques, Carpates, montagnes de la péninsule balkanique.

1. Lotier des Alpes

Lotus alpinus
(Papilionacées)

Plante haute de 10 cm. Feuilles à 5 folioles, les 3 supérieures brièvement pédonculées, celles de la paire inférieure directement fixées au pétiole de la feuille. Stipules minuscules. Fleurs longues de 1,8 cm ; pétales virant souvent au rouge orangé au flétrissement ; pointe de la carène pourprée.

L. alpinus

Gousse

Fruits longs de 2 cm, droits, cylindriques, châtains.
Floraison : VII-X. Habitat : éboulis, pelouses de tous types ; généralement au-dessus de 2000 m d'altitude. Distribution : dans les Alpes, partout à altitude élevée.
Espèce voisine : **Lotier corniculé**, *L. corniculatus* (pointe de la carène claire ; pétales restant généralement jaunes au flétrissement).

2. Coronille engainante

Coronilla vaginalis
(Papilionacées)

Plante glabre, haute de 20 cm, à tiges ligneuses à la base. Feuilles divisées en 5 à 13 folioles vert bleuâtre, longues de 1 cm, presque sans nervures, à bord clair. Stipules

C. vaginalis

Gousse

presque aussi grandes que les folioles, pâles et soudées en gaine. Fleurs longues de 1 cm, odorantes. Gousse pendante, à 6 arêtes, droite.

Floraison : VI-VIII. Habitat : éboulis, pelouses lacunaires, clairs-bois d'altitude ; toujours sur calcaire ; jusqu'à plus de 2000 m.
Distribution : Alpes, à l'exception des zones à roches silicatées ; Jura, Thuringe, Harz, Apennins, péninsule balkanique.
Espèce voisine : **Hippocrépide-à-toupet**, *Hippocrepis comosa* (folioles plus petites, à bord concolore ; fruit plat, sinué, formé d'une suite de segments en fer à cheval).

3. Polygale Faux-Buis

Polygala chamaebuxus
(Polygalacées)

Sous-arbrisseau haut de 30 cm, à rameaux ligneux. Feuilles coriaces, toujours vertes, étroitement ovales. Fleurs longues de 1,5 cm : sépales très inégaux, les 3 externes petits, dont un en forme d'éperon, les 2 internes grands, en ailes pétaloïdes, blanc jaunâtre au début. Pétales inégaux, les 2 supérieurs blancs à jaunes ou rougeâtres, celui du bas jaune vif, devenant brun-rouge au flétrissement.
Floraison : III-VII. Habitat : versants rocailleux, pelouses sèches, broussailles claires, forêts ; généralement sur calcaire ; depuis la plaine jusqu'à plus de 2000 m d'altitude. Distribution : Alpes ; plante largement répandue en Europe.
Remarque : il existe une forme à ailes rose pourpré répandue notamment dans les Alpes méridionales.

1. Violette tricolore subalpine

Viola tricolor ssp. *subalpina*
(Violacées)

Plante vivace pouvant atteindre 30 cm de hauteur, à tige généralement ramifiée et pousses latérales

V. tricolor ssp. subalpina

Fleur et portion de tige avec stipule et pétiole

stériles. Feuilles inférieures arrondies, à base cordiforme et bord crénelé; feuilles supérieures lancéolées, à base étranglée; stipules palmilobées avec segment central en forme de foliole. Fleurs hautes de 3 cm; pétales jaunes, multicolores ou plus rarement entièrement bleus. Éperon long de 5 à 6 mm; sépales lancéolés, pointus.
Floraison : V-IX. Habitat : prairies de fauche, éboulis; généralement au-dessus de 1 000 m d'altitude.
Distribution : Alpes; du nord de l'Espagne à la Crimée et jusqu'aux Carpates; uniquement en montagne.
Remarque : espèce particulièrement riche en formes; dans le nord-est des Alpes, l'espèce est souvent multicolore, tandis que, dans les Alpes méridionales et centrales, elle est plus communément jaune et blanche.

2. Violette à deux fleurs

Viola biflora
(Violacées)

Plante haute de 20 cm. Tige glabre, portant 1 ou 2 fleurs. Feuilles basales réniformes, larges de 5 cm, à bord crénelé, semées de poils épars; caulinaires plus petites. Fleurs longues de 1,5 cm, inodores, à court éperon; pétales latéraux et inférieur veinés de brun à la base.
Floraison : V-VIII. Habitat : fissures de rochers, éboulis, cuvettes glaciaires; avant tout sur calcaire; du fond des vallées jusqu'à près de 3 000 m d'altitude.
Distribution : Alpes; du sud de l'Espagne, par les massifs montagneux de l'Europe, jusqu'à la Bulgarie; Scandinavie, Asie, Amérique du Nord.

3. Hélianthème vulgaire

Helianthemum nummularium
(Cistacées)

Buisson nain, velu, pouvant atteindre 30 cm de hauteur, à tiges dressées et incurvées. Feuilles opposées, ovales-lancéolées, glabres sur les deux faces ou grises et duveteuses au revers; stipules toujours présentes. Fleurs larges de 3 cm; sépales vert blanchâtre, ovales, à fortes nervures, glabres ou pourvus de soies raides et de poils étoilés.
Floraison : V-IX. Habitat : pelouses de tous types, éboulis; jusqu'à plus de 2 500 m d'altitude.
Distribution : Alpes; de l'Afrique du Nord, à travers toute l'Europe, jusqu'en Asie Mineure. Les Alpes maritimes hébergent des formes à fleurs roses.
Espèce voisine : **Hélianthème alpestre**, *H. alpestre* (fleurs petites, feuilles dépourvues de stipules).

1

2

3

1. Millepertuis de Richer

Hypericum richeri ssp. *richeri*
(Hypéricacées)

Plante haute de 60 cm. Feuilles opposées, étroitement ovales, longues de 1 à 5 cm, à revers pourvu sur les bords de glandes noires sans pédicelle. Pétales longs de 2 cm, à bord frangé et glanduleux, à surface striée et ponctuée de petites glandes noires ; sépales présentant les mêmes particularités. Capsule largement ovale, semée de nombreuses glandes noires.
Floraison : VI-VIII. Habitat : pelouses, mégaphorbiée ; généralement sur calcaire ; de 1 000 à plus de 2 000 m d'altitude. Distribution : ouest et sud-ouest des Alpes, jusqu'aux Alpes bergamasques ; Jura, Apennins.
Remarque : les Alpes abritent de nombreuses espèces voisines.

2. Buplèvre Fausse-Renoncule

Bupleurum ranunculoides
(Ombellifères)

Plante glabre, haute de 60 cm, pratiquement dépourvue de gaines foliaires mortes à la base. Feuilles graminiformes, longues de 20 cm, larges de 5 mm, présentant 5 nervures longitudinales ou plus dans la moitié supérieure. Caulinaires petites. Ombelles de 3 à 10 rayons ; bractées semblables aux caulinaires supérieures ; généralement 5 bractéoles, lancéolées à ovales, pourvues de 3 à 7 nervures.
Floraison : VII-VIII. Habitat : pelouses lacunaires ; sur calcaire ; généralement au-dessus de 1 500 m d'altitude. Distribution : des Alpes maritimes au massif de l'Allgäu au nord, jusqu'au Trentin-Haut-Adige au sud ; Pyrénées, Massif central.
Remarque : les Alpes hébergent quelques espèces voisines.

3. Livèche Fausse-Férule

Ligusticum ferulaceum
(Ombellifères)

Plante glabre, haute de 1,20 m. Feuilles plusieurs fois pennées, à lobes linéaires et effilés. Ombelles de 15 à 25 rayons ; bractées pennilobées, plus courtes que les rayons de l'ombelle, réfléchies ; bractéoles sensiblement aussi longues que les pédoncules des fleurs ; pétales blanc jaunâtre. Fruit ovale, long de 4 à 5 mm, glabre, brunâtre, à côtes longitudinales claires.

Fruit   L. ferulaceum

Floraison : VII-VIII. Habitat : éboulis et pelouses ; sur calcaire ; au-dessus de 1 500 m d'altitude. Distribution : des Alpes maritimes aux Hautes-Alpes ; Jura.

4. Sésélie du Péloponnèse

Molopospermum peloponnesiacum
(Ombellifères)

Plante glabre, haute de 1,50 m. Feuilles basales atteignant 1 m de longueur, plusieurs fois divisées. Ombelles nombreuses, rassemblées à l'extrémité des tiges en grande ombelle terminale verticillée ; bractées souvent identiques aux feuilles caulinaires supérieures ; pétales blanc jaunâtre. Fruit long de 1 cm, avec quelques côtes aliformes, les autres moins marquées.
Floraison : V-VII. Habitat : sols pauvres en calcaire, alpages, versants rocailleux ; de 800 à 2 000 m d'altitude. Distribution : Alpes du Sud ; de la France au nord de la Yougoslavie ; Pyrénées.

Fruit   M. peloponnesiacum

1. Primevère auriculée

Primula auricula
(Primulacées)

Plante haute de 30 cm, d'apparence généralement farineuse. Feuilles toutes basales, charnues, à bord cartilagineux. Fleurs odorantes, larges de 2,5 cm. Corolle jaune d'or à gorge blanche, infundibuliforme ; lobes des pétales peu échancrés ; calice long de 7 mm, campanulé.

Floraison : IV-VI. Habitat : fissures des rochers, éboulis et groupements des pelouses ouvertes ; toujours sur calcaire ; du fond des vallées jusqu'à plus de 2 500 m d'altitude. Distribution : Alpes, surtout dans les endroits calcaires ; Forêt-Noire, Jura, Apennins, Carpates ; rare hors des Alpes.

2. Primevère dorée ⓟ

Vitaliana primuliflora
(Primulacées)

Vitaliana primuliflora

Plante gazonnante ne dépassant pas 5 cm de hauteur. Feuilles toutes basales, entières, linéaires, aplaties, longues de 1,2 cm, glabrescentes à densément couvertes de poils gris. Fleurs solitaires, à l'aisselle des feuilles. Calice long de 1 cm ; corolle large de 2,2 cm, jaune d'or, à long tube soudé à la base ; lobes des pétales triangulaires, tronqués.

Floraison : V-VII. Habitat : fissures des rochers, éboulis stabilisés et pelouses ouvertes ; toujours sur sols pauvres en calcaire ou acides ; de 1 700 à 3 100 m d'altitude. Distribution : Alpes maritimes, Tessin ; du Trentin-Haut-Adige à la Haute-Autriche ; Pyrénées, Apennins.

3. Gentiane des frimas ⓟ

Gentiana frigida
(Gentianacées)

Plante glabre, à courte tige, haute de 10 cm. Feuilles basales lancéolées, brièvement pétiolées, émoussées ; caulinaires semblables, mais sessiles et à base légèrement engainante. Fleurs solitaires ou par 2 ou 3 sur la même tige, à 5 pétales. Corolle longue de 2 à 4 cm, en clochette étroite, blanc jaunâtre, striée et mouchetée de sombre, à lobes en ovale court ; plis séparant les lobes pourvus d'une petite dent. Style à longs stigmates enroulés en spirale ; calice campanulé, membraneux ; dents du calice larges, lancéolées, vertes.

Floraison : VII-IX. Habitat : pelouses rocailleuses ; sur sols pauvres en calcaire. Distribution : endémique de Styrie répandue dans le sud-est des Basses Tauern et dans les Alpes d'Eisenerz.

1

2|3

1. Gentiane jaune ⓟ

Gentiana lutea
(Gentianacées)

Plante haute de 1,50 m. Feuilles opposées en croix, elliptiques, parcourues de fortes nervures longitudinales. Fleurs situées au sommet des tiges ou à l'aisselle des feuilles. Corolle divisée presque jusqu'à la base en 5 ou 6 lobes, étalée.
Floraison : VII-VIII. Habitat : éboulis, pelouses, mégaphorbiée, brousses de Pins de montagne et d'Aulnes verts ; généralement sur calcaire ; jusqu'à plus de 2 000 m d'altitude. Distribution : large dans les Alpes ; Préalpes ; régions montagneuses du centre et du sud-est de l'Europe.

2. Gentiane ponctuée ⓟ

Gentiana punctata
(Gentianacées)

Plante haute de 20 à 60 cm. Feuilles opposées en croix, en ovale allongé. Corolle jaune pâle, généralement ponctuée de noir ; calice portant 5 à 8 dents vertes, lancéolées, très inégales.
Floraison : VII-IX. Habitat : associations à sous-arbrisseaux et groupements de pelouses ; sur sols acides ; au-dessus de 1 500 m d'altitude. Distribution : Alpes (absente dans les Alpes du Nord, à l'est du massif de Tennen) ; Carpates, péninsule balkanique.
Espèce voisine : **Gentiane de Villars**, *G. burseri* ssp. *villarsii* (calice bilobé, entaillé d'un seul côté jusqu'à la base ; corolle jaune d'or), dans le sud-ouest des Alpes.

3. Sauge glutineuse

Salvia glutinosa
(Labiées)

Plante haute de 1 m ; tige à 4 arêtes, glanduleuse et visqueuse dans sa partie supérieure. Feuilles pétiolées, ovales, à base cordiforme ou hastée, à bord serraté. Fleurs par groupes de 2 à 6, situées à l'aisselle de petites bractées ; corolle longue de 4 cm ; lèvre supérieure falquée ; lèvre inférieure striée et maculée de brun-rouge, trilobée.
Floraison : VII-IX. Habitat : forêts d'altitude, mégaphorbiée, broussailles. Distribution : régions montagneuses du centre et du sud de l'Europe ; à l'est, atteint l'Himalaya.

4. Orcanette helvétique

Onosma pseudarenarium ssp. *helveticum*
(Borraginacées)

Plante haute de 50 cm, à rosettes stériles et tiges florifères, portant à la fois une pilosité courte et de longues soies fragiles de 2 à 3 mm entourées à la base de courtes soies disposées en étoile. Fleurs longues de 2 à 2,5 cm, à poils courts.
Floraison : VI-IX. Habitat : éboulis, pelouses lacunaires. Distribution : existe sous quelques formes très ressemblantes, très difficiles à distinguer, et de ce fait à répartition mal connue ; principalement dans le sud et le sud-ouest des Alpes.

5. Lamier des montagnes

Lamium montanum
(Labiées)

Plante haute de 60 cm, généralement non ramifiée, à tige portant à la base des poils dressés, émettant des stolons pendant ou peu après la floraison. Feuilles largement lancéolées, grossièrement dentées, semées de poils épars. Fleurs situées à l'aisselle des paires de feuilles supérieures ; corolle longue de 1,7 à 2,5 cm, jaune à taches brunâtres ; étamines jaunes.
Floraison : IV-VIII. Habitat : forêts mixtes d'essences feuillues, broussailles. Distribution : Alpes, surtout à basse altitude ; dans presque toute l'Europe.

1. Épiaire jaunâtre

Stachys alopecuros
(Labiées)

Stachys alopecuros

Plante haute de 50 cm, à pilosité dressée. Feuilles basales disposées en rosette, ovales à cordiformes, grossièrement dentées, longuement pétiolées. Caulinaires plus brièvement pétiolées, les supérieures sessiles, bien plus petites. Fleurs regroupées en inflorescences denses et spiciformes; corolle jaune blanchâtre, extérieurement velue, longue de 1,5 cm, à lèvre supérieure aplatie, étroite, et lèvre inférieure réfléchie et trilobée. Calice long de 8 à 10 mm, velu, portant 5 dents presque semblables, triangulaires.
Floraison : VI-IX. Habitat : éboulis, pelouses, formations à sous-arbrisseaux, brousses de Pins de montagne; sur calcaire ou dolomies; généralement entre 1 000 et 2 000 m d'altitude. Distribution : des Alpes du Dauphiné à la Basse-Autriche et au sud-est des Alpes; du nord de l'Espagne au nord de la Grèce; Apennins.

2. Scrofulaire printanière

Scrophularia vernalis
(Scrofulariacées)

Plante haute de 60 cm, semée de poils laineux épars; inflorescence glanduleuse; tige quadrangulaire. Feuilles opposées, pétiolées et cordiformes. Fleurs réunies en inflorescences partielles situées à l'extrémité de longs pédoncules, nichées à l'aisselle des feuilles supérieures. Corolle longue de 6 à 8 mm, vert-jaune, à tube basal ventru se divisant en 2 courtes lèvres; lèvre supérieure bilobée, légèrement retroussée en arrière; lèvre inférieure trilobée, avec le lobe médian réfléchi.
Floraison : V-VII. Habitat : broussailles, forêts d'altitude, coupes forestières; jusqu'à environ 1 800 m. Distribution : Alpes (de la Savoie à la Carinthie et à la Carniole); dans une grande partie de l'Europe.
Remarque : les Alpes hébergent quelques autres espèces à corolle brune, certaines à feuilles pennées; la forme caractéristique de leur corolle permet de les rattacher au genre *Scrophularia* sans risque d'erreur.

3. Linaire bergamasque

Linaria tonzigii
(Scrofulariacées)

Plante haute de 15 cm, glabre à l'exception de l'inflorescence. Feuilles lancéolées, longues de 8 à 20 mm, larges de 5 à 8 mm, jusqu'à 3 fois plus longues que larges, un peu charnues. Pédoncules floraux et calice couverts de poils feutrés. Corolle à base tubulaire se prolongeant par un éperon de 2 à 2,5 cm, à bord bilabié.
Floraison : VI-VII. Habitat : éboulis non stabilisés; uniquement sur calcaire; de 1 600 à 2 500 m d'altitude. Distribution : endémique des Alpes bergamasques.
Espèce voisine : **Linaire couchée,** *L. supina* (feuilles linéaires, 6 à 15 fois plus longues que larges; pilosité de l'inflorescence très courte; éperon souvent strié), dans les Alpes occidentales.

1. Véronique jaune
Paederota lutea
(Scrofulariacées)

Paederota lutea

Plante haute de 25 cm, souvent pendante, à pilosité lâche. Feuilles étroitement ovales à lancéolées, à dents aiguës. Corolle longue de 1 à 1,5 cm, bilabiée, à base tubulaire; lèvre supérieure généralement indivise, dressée; lèvre inférieure trilobée, séparée; 2 étamines émergeant de la corolle.
Floraison : VI-VIII. Habitat: fissures rocheuses; sur calcaire et dolomies; jusqu'à 2 500 m d'altitude. Distribution : Alpes du sud, du Val Sugana (Trentin) à la Carniole; dans les Alpes calcaires septentrionales, sur le Hochkönig.

2. Molène de mai
Molène printanière
Verbascum boerhavii
(Scrofulariacées)

Plante haute de 1,20 m, couverte d'une pilosité blanche et feutrée. Feuilles basales larges et elliptiques, longues de 30 cm, à indentations sinuées. Inflorescence non ramifiée; au moins plusieurs fleurs à l'aisselle des bractées inférieures. Corolle de 2 à 3,5 cm de diamètre; 5 étamines à filets couverts de poils violets; anthères des étamines inférieures décurrentes.
Floraison: V-VII. Habitat: versants rocailleux, pelouses lacunaires; jusqu'à 1 500 m d'altitude. Distribution : sud-ouest des Alpes; domaine méditerranéen occidental.

3. Euphraise de Christ
Euphrasia christii
(Scrofulariacées)

Plante haute de 20 cm, souvent ramifiée dès la base, sans poils glanduleux. Feuilles ovales, glabres ou semées de poils épars, celles situées à mi-hauteur à bords pourvus de dents souvent aiguës, mais peu nombreuses. Corolle longue de 7 à 15 mm, jaune d'or; base tubulaire de la corolle des vieilles fleurs longue de 6 à 10 mm. Anthères brun clair.
Floraison : VIII-IX. Habitat: pentes sèches, pelouses lacunaires; jusqu'à 2 500 m d'altitude. Distribution : Alpes du Sud-Ouest.
Remarque : les Alpes abritent d'autres Euphraises à fleurs jaunes, toujours bariolées de violet ou de blanc.

4. Digitale à grandes fleurs
Digitalis grandiflora
(Scrofulariacées)

Plante haute de 1 m, à feuilles basales disposées en rosette et à tige non ramifiée. Feuilles ovales à lancéolées, à bord finement serraté, glabres et brillantes dessus, semées de poils épars au revers. Corolle longue de 4 à 5 cm, intérieurement ponctuée de brun, glabre, à embouchure bilabiée.
Floraison : VI-IX. Habitat: éboulis, pelouses lacunaires, broussailles, orées forestières; presque toujours au-dessous de la limite de la forêt. Distribution : Alpes; de la Belgique et du centre de la France à l'Estonie, au nord de la Grèce et à l'Asie Mineure.
Espèce voisine : **Digitale jaune**, *D. lutea* (corolle longue de 2,5 cm, cylindrique, pourvue de barbes à l'intérieur; feuilles glabres).

1

2|3

4

1. Tozzie des Alpes

Tozzia alpina
(Scrofulariacées)

Plante haute de 50 cm, à tige quadrangulaire. Feuilles longues de 3 cm, ovales, légèrement charnues, généralement crénelées ou faiblement dentées à la base. Corolle longue de 1 cm, avec des taches rougeâtres au niveau de la gorge.

Floraison : VI-VIII. Habitat : mégaphorbiée, brousses d'Aulnes verts, forêts d'altitude ; jusqu'à plus de 2 000 m. Distribution : Alpes ; des Pyrénées au nord de l'Italie et à l'ouest de la Yougoslavie.

Remarque : cette plante vit en semi-parasite, notamment sur les Adénostyles et les Pétasites.

2. Pédiculaire allongée

Pedicularis elongata
(Scrofulariacées)

Plante haute de 40 cm, presque glabre ; tige garnie uniquement de 2 fines bandes de poils frisés, glabre par ailleurs. Feuilles 2 fois pennées en segments à bords presque entiers. Fleurs en grappes denses au début, très lâches ensuite ; bractées glabres ; tube du calibre glabre ; dents du calice foliacées, dentées, ciliées, couvertes intérieurement de poils courts ; corolle longue de 1,6 cm ; bec allongé.

Floraison : VI-VIII. Habitat : pelouses sèches et éboulis ; sur calcaire et dolomies ; de 1 000 à 2 500 m d'altitude. Distribution : Alpes du Sud-Est, à partir des Alpes carniques.

Espèces voisines : **Pédiculaire des Alpes juliennes**, *P. julica* (bractées et calice à poils laineux), dans le sud-est des Alpes. **Pédiculaire ascendante**, *P. ascendens* (tige souvent glabre ; dents du calice lancéolées, effilées), des Alpes occidentales aux Alpes bergamasques. **Pédiculaire tubéreuse**, *P. tuberosa* (tige régulièrement couverte de poils laineux ; segments du calice glabres à l'intérieur et sur les bords ; inflorescence d'abord globuleuse, s'allongeant ensuite), sur sols pauvres en calcaire, des Alpes occidentales aux Hautes Tauern.

3. Pédiculaire feuillée

Pedicularis foliosa
(Scrofulariacées)

Plante haute de 70 cm. Feuilles doublement pennées ; fleurs situées à l'aisselle de bractées pennées, ces dernières plus longues que les fleurs ; corolle longue de 2 à 2,8 cm, à lèvre supérieure arrondie antérieurement, non dentée, à lèvre inférieure pendante. Calice long de 8 à 10 mm, avec 5 dents courtes à bord entier.

Floraison : VI-VIII. Habitat : cariçaies à Laîche ferrugineuse, mégaphorbiée, brousse d'Aulnes verts ; sur calcaire ; généralement au-dessus de 1 500 m d'altitude. Distribution : surtout dans les Alpes

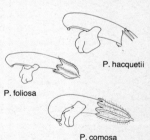

Fleurs

calcaires septentrionales ; plante rare dans les Alpes centrales et méridionales ; du nord de l'Espagne à la péninsule balkanique.

Espèces voisines : **Pédiculaire de Hacquet**, *P. hacquetii* (bractées plus courtes, tube du calice fendu jusqu'à moitié de la face inférieure), dans les Alpes du Sud, du lac de Garde en allant vers l'est. **Pédiculaire à toupet**, *P. comosa* (corolle à bec court, bifide), dans l'ouest et le sud des Alpes.

1. Rhinanthe aristé

Rhinanthus aristatus
(Scrofulariacées)

Plante haute de 50 cm, presque glabre, à tige dressée, simple ou ramifiée dans sa partie supérieure. Feuilles caulinaires lancéolées à linéaires, à dents crénelées. Bractées étroitement triangulaires, effilées, profondément dentées ; dents du bas longues de 4 à 8 mm, pourvues d'une soie raide, longue de 1 à 3 mm ; dents supérieures bien plus courtes, dépourvues de soie. Calice glabre ou glabrescent. Corolle jaune, longue de 1,5 à 2 cm, avec partie tubulaire arquée vers le haut ; lèvre supérieure avec une dent bleuâtre longue de 1 à 2 mm, écartée obliquement ; lèvre inférieure pendante, laissant voir l'ouverture de la gorge.

Floraison : VI-IX. Habitat : pelouses de tous types, éboulis stabilisés ; généralement au-dessus de 1 000 m d'altitude. Distribution : plante commune dans toutes les Alpes.

Remarque : les Alpes hébergent d'autres espèces de Rhinanthes, qui, comme celle décrite ici, sont très riches en formes. Toutes les espèces se comportent en semi-parasites. Parmi celles-ci, les plus aisément reconnaissables sont le **Rhinanthe crête-de-coq**, *R. alectorolophus* (calice, bractées et tiges tomenteux), et le **Petit Rhinanthe**, *R. minor* (tube de la corolle rectiligne, dents des bractées dépourvues de soie raide).

2. Pédiculaire d'Oeder

Pedicularis oederi
(Scrofulariacées)

Pedicularis oederi

Plante haute de 20 cm, glabre dans sa partie inférieure, pubescente dans sa partie supérieure. Feuilles basales glabres, plus courtes que la tige, lancéolées, pennées, à segments profondément découpés en dents crénelées. Feuilles caulinaires peu nombreuses ou absentes. Fleurs réunies en une grappe d'abord compacte, devenant lâche ensuite. Bractées poilues, profondément découpées en dents crénelées, plus courtes que les fleurs ; calice couvert de poils dressés à laineux, divisé en dents inégales, lancéolées et ciliées. Corolle longue de 2 cm, à base tubulaire plus longue que le calice ; lèvre supérieure droite, à pointe émoussée, recourbée, mais n'épousant pas la forme d'un bec.

Floraison : VI-VIII. Habitat : pelouses ; surtout sur calcaire de 1 500 à 2 500 m d'altitude. Distribution : montagnes d'Europe, de la Scandinavie au sud-ouest des Alpes et à la péninsule balkanique ; régions arctiques de la Russie.

1

2

1. Chèvrefeuille bleu

Lonicera caerulea
(Caprifoliacées)

Buisson haut de 1,50 m, à feuilles ovales, vert foncé sur le dessus, vert bleuâtre dessous. Fleurs réunies par groupes de 2 sur le même pédoncule, pendantes, leurs ovaires presque complètement fusionnés ; calice très petit ; corolle longue de 1,2 à 2 cm ; fruits bleus, fusionnés.
Floraison : V-VII. Habitat : forêts de Conifères, formations de sous-arbrisseaux ; sols pauvres en calcaire. Distribution : Alpes ; montagnes d'Europe.

2. Salvince

Valeriana celtica ssp. *celtica*
(Valérianacées)

Plante glabre, haute de 15 cm. Feuilles basales étroitement ovales, à 3 nervures parallèles. Corolle longue de 2 à 3 mm, à base jaunâtre, brunâtre dans sa partie antérieure.
Floraison : VII-VIII. Habitat : pelouses pauvres en calcaire, légèrement humides ; généralement au-dessus de 2 000 m d'altitude. Distribution : sud-ouest des Alpes.
Espèce voisine : **Valériane norique**, *V. celtica* ssp. *norica* (feuilles à 5 nervures parallèles ; corolle longue de 3 à 4 mm), dans les Alpes autrichiennes, depuis le massif du Dachstein et le sud des Hautes Tauern, en allant vers l'est.

3. Campanule thyrsoïde ⓟ

Campanula thyrsoides
(Campanulacées)

Plante haute de 40 cm, couverte de poils raides. Feuilles entières, à bord assez vigoureusement ondulé, longuement lancéolées. Fleurs nombreuses ; corolle longue de 1,5 à 2,5 cm, couverte de poils laineux. Floraison : VI-VIII. Habitat : alpages ; généralement au-dessus de 1 500 m d'altitude. Distribution : Alpes ; Jura et montagnes de la péninsule balkanique.

4. Verge-d'or des Alpes

Solidago virgaurea ssp. *minuta*
(Composées tubuliflores)

Plante généralement glabre, haute d'environ 20 cm. Feuilles serratées, obovales à lancéolées. Capitules peu nombreux, réunis en inflorescences spiciformes denses. Bractées longues de 6 à 8 mm.
Floraison : VII-X. Habitat : pelouses, formations à sous-arbrisseaux, forêts d'altitude. Distribution : Alpes ; domaine arctique, montagnes d'Europe.
Espèce voisine : **Verge-d'or commune**, *S. virgaurea* ssp. *virgaurea* (plante atteignant 1 m de hauteur ; nombreux capitules regroupés en inflorescences souvent ramifiées ; bractées légèrement plus petites), à plus basse altitude.

5. Tussilage pas-d'âne

Tussilago farfara
(Composées tubuliflores)

Plante haute de 25 cm. Tiges florifères, couvertes de poils arachnéens, portant des écailles foliacées et apparaissant avant les feuilles. Capitules floraux de 3 à 4 cm de diamètre. Feuilles toutes basales, pétiolées, arrondies, avec une échancrure cordiforme, presque glabres sur le dessus, un peu luisantes, couvertes au revers de poils feutrés, à bords pourvus de dents à pointe brune.
Floraison : III-VI. Habitat : berges, talus, pâturages lacunaires ; jusqu'à plus de 2 000 m d'altitude. Distribution : dans presque toute l'Europe ; Asie septentrionale, Afrique du Nord.
Remarque : lorsqu'il n'est pas fleuri, le Pas-d'âne peut éventuellement être confondu avec diverses espèces de Pétasites (p. 228).

1. Génépi mutellin ⓟ

Artemisia mutellina
(= *A. laxa* = *A. umbelliformis*)
(Composées tubuliflores)

Artemisia mutellina

Plante haute de 20 cm, feutrée de poils gris et riche en essences aromatiques. Feuilles inférieures pétiolées, palmiséquées en 3 à 5 divisions, elles-mêmes découpées en segments pointus larges de 1 mm. Feuilles caulinaires identiques, plus petites, les supérieures sessiles, souvent indivises. Capitules spiciformes, groupés à la partie supérieure des pousses, unilatéraux, dressés, larges de 3 à 5 mm, ceux du bas nettement pédonculés. Bractées bordées de brun foncé. Fleurs toutes tubuleuses; corolle semée de poils épars; réceptacle densément couvert de poils longs de 1 mm.
Floraison: VI-IX. Habitat: fissures des rochers, éboulis; sur roches silicatées ou calcschisteuses; généralement au-dessus de 2 000 m d'altitude. Distribution: des Alpes maritimes à la Styrie; espèce jamais commune; Pyrénées, Sierra Nevada.
Espèces voisines: **Armoise luisante,** *A. nitida* (capitules regroupés en une inflorescence unilatérale, large de 6 à 8 mm, pendante), sur dolomies et calcaire, dans les Alpes du Sud. **Armoise laineuse,** *A. lanata* [= *A. pedemontana*] (bractées à bords clairs; capitules unilatéraux, pendants, à réceptacle couvert de poils longs de 1,5 à 2,5 mm), sur calcaire, dans les Alpes du Sud-Ouest. **Armoise des rochers,** *A. eriantha* [= *A. petrosa*] (réceptacle glabre; capitule unilatéral, pendant; bractées à bord clair), dans les Alpes du Sud-Ouest. **Génépi vrai,** *A. genipi* (réceptacle glabre; capitules sessiles; corolle glabre), presque exclusivement sur calcschistes; des Alpes maritimes à la Styrie.

2. Génépi des Savoyards ⓟ
Armoise glaciale

Artemisia glacialis
(Composées tubuliflores)

Artemisia glacialis

Plante haute de 20 cm, feutrée de poils gris et riche en essences aromatiques. Feuilles inférieures pétiolées, longues d'environ 5 cm, palmiséquées en 3 à 5 divisions, elles-mêmes en segments larges de 1 mm. Caulinaires semblables, plus petites, les supérieures souvent indivises, sessiles. Capitules larges de 4 à 6 mm, dressés, regroupés en inflorescences terminales, comprenant 30 à 40 fleurs glabres, toutes tubuleuses. Bractées à bordure membraneuse brune; réceptacle densément couvert de poils courts.
Floraison: VI-VIII. Habitat: fissures des rochers, éboulis, groupements pionniers des pelouses. Sur sols silicatés et calcschisteux; de 2 000 à plus de 3 000 m d'altitude. Distribution: espèce endémique du sud-ouest des Alpes, depuis les Alpes maritimes jusqu'aux Alpes du Valais.

1. Arnica des montagnes ⓟ

Arnica montana
(Composées tubuliflores)

Plante velue et glanduleuse atteignant 60 cm de hauteur. Tige portant 1 à 3 paires de feuilles opposées; autres feuilles entières, à 5 nervures, disposées en rosette basale. Capitules larges de 8 cm; fleurs ligulées et fleurons jaune orangé à jaune d'œuf.
<u>Floraison</u>: VI-IX. <u>Habitat</u>: prairies sèches, marais; fuit le calcaire; depuis le niveau des plaines jusqu'à plus de 2 500 m d'altitude. <u>Distribution</u>: large dans les Alpes; à travers une grande partie de l'Europe.

2. Télékie superbe

Telekia speciosissima
(Composées tubuliflores)

Plante légèrement velue, haute de 50 cm. Feuilles largement ovales, coriaces, à bord pourvu de fines dents espacées, presque glabres sur le dessus, semées de poils épars au revers. Capitules atteignant 6 cm de diamètre; fleurs ligulées jaune d'or à jaune orangé; fleurons jaune brunâtre. Akènes portant des poils courts, ceux des bords présentent souvent 3 faibles arêtes. Aigrette en forme de couronne scarieuse faiblement dentée. Réceptacle pourvu d'écailles.
<u>Floraison</u>: VI-VII. <u>Habitat</u>: versants secs et rocailleux; toujours sur calcaire et dolomies; jusqu'à environ 1 800 m d'altitude. <u>Distribution</u>: Alpes du Sud, entre les lacs de Côme et de Garde.

3. Doronic à grandes fleurs

Doronicum grandiflorum
(Composées tubuliflores)

Plante haute de 50 cm, à tige semée de poils glanduleux. Feuilles basales vaguement cordiformes ou tronquées à la base, pétiolées; caulinaires sessiles; toutes les feuilles pourvues sur les bords et la surface de courts poils glanduleux et de poils plus longs, non glanduleux et feutrants. Capitules de 4 à 6 cm de diamètre; réceptacle velu. Akènes semés de quelques poils épars, pourvus de 10 nervures côtelées et d'une aigrette blanc jaunâtre.
<u>Floraison</u>: VII-VIII. <u>Habitat</u>: éboulis, pelouses ouvertes et cuvettes glaciaires; toujours sur calcaire; jusqu'à plus de 2 000 m d'altitude. <u>Distribution</u>: Alpes (rare ou absente dans les régions siliceuses); Pyrénées, Corse.
<u>Remarque</u>: les Alpes hébergent quelques espèces voisines.

4. Doronic des cataractes ⓟ

Doronicum cataractarum
(Composées tubuliflores)

Plante atteignant 1,50 m de hauteur. Tiges surmontées de capitules regroupés en inflorescences ombelliformes. Feuilles basales longuement pétiolées, cordiformes, présentes au moment de la floraison. Feuilles caulinaires médianes en forme de violon; caulinaires supérieures largement lancéolées, sessiles. Capitules de 5 à 10 cm de diamètre. Languette des fleurs ligulées couverte de poils glanduleux presque jusqu'à l'apex, en particulier à l'extérieur. Akènes des fleurons densément couverts de poils glanduleux.
<u>Floraison</u>: VII-IX. <u>Habitat</u>: berges des ruisseaux et des torrents; sur silice; au-dessus de 1 500 m d'altitude. <u>Distribution</u>: endémique du massif de la Koralpe.
<u>Espèce voisine</u> : **Doronic d'Autriche**, *D. austriacum* (feuilles basales ovales, généralement flétries au moment de la floraison; fleurs ligulées glabres; akènes dépourvus de poils glanduleux), sur calcaire et silice; espèce largement répandue à travers les Alpes.

1. Séneçon à feuilles d'Aurone

Senecio abrotanifolius
(Composées tubuliflores)

Plante haute de 15 à 40 cm. Feuilles raides, luisantes, vert sombre, divisées en étroits segments, celles du bas 2 fois, celles du haut 1 fois. Capitules larges de 2,5 à 4 cm, généralement par groupes de 2 à 5, terminaux. Involucre brièvement campanulé, à bractées brunâtres, disposées sur un seul rang à l'intérieur, moins nombreuses et plus courtes à l'extérieur. Akènes longs de 3 à 4 mm, glabres.
Floraison : VII-IX. Habitat : éboulis, pelouses sèches et rocailleuses, brousses de Pins de montagne ; généralement au-dessus de 1 500 m d'altitude. Distribution : Alpes du Mont-Rose, par l'est de la Suisse, la Bavière (restreinte à Berchtesgaden) et l'Autriche, jusqu'au nord de la péninsule balkanique.

2. Séneçon de Gaudin

Tephroseris gaudinii
(= *Senecio gaudinii*)
(Composées tubuliflores)

Plante haute de 80 cm, glabrescente à feutrée de poils blancs. Tige dressée, non ramifiée avant les pédoncules des capitules. Feuilles basales étroitement ovales, s'amincissant brusquement en un long pétiole, dressées ; caulinaires sessiles. Capitules de 3 à 4 cm de diamètre, disposés en groupes ombelliformes de 3 à 15 unités ; fleurs périphériques étroitement elliptiques, à languette à peu près aussi longue que l'involucre ; bractées disposées sur un seul rang, couvertes de poils feutrés. Akènes longs de 2,5 à 3,5 mm, garnis de poils courts.
Floraison : VI-VIII. Habitat : pelouses, reposoirs, forêts d'altitude ; généralement au-dessus de 1 500 m. Distribution : en colonies isolées dans les Alpes, depuis la Carinthie jusque dans la région du lac de Côme.

3. Séneçon blanchâtre

Senecio incanus ssp. *incanus*
(Composées tubuliflores)

Senecio incanus ssp. incanus (à gauche) et ssp. carniolicus (à droite)

Plante haute de 15 cm, feutrée de poils blancs, à tige surmontée de plusieurs capitules. Feuilles obovales, découpées presque jusqu'à la nervure centrale. Capitules de 1 à 3 cm de diamètre, comptant 3 à 6 fleurs ligulées. Akènes longs de 2 à 3 mm, presque glabres. Involucre couvert de poils feutrés, portant un seul rang de bractées internes et de bractées externes plus courtes.
Floraison : VII-IX. Habitat : pe-

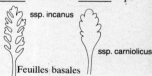

louses, éboulis, fissures des rochers ; toujours sur sols non calcaires ; généralement au-dessus de 2 000 m d'altitude. Distribution : dans les Alpes, au sud et à l'ouest du Saint-Gothard.
Espèces voisines : **Séneçon de Carniole,** *S. incanus* ssp. *carniolicus* (plante vert bleuâtre ; feuilles légèrement divisées ou crénelées), dans les Alpes, à l'est des Grisons et de l'Allgäu. **Séneçon de Haller,** *S. halleri* [= *S. uniflorus*] (tiges portant un seul capitule), uniquement dans les Alpes Grées et le sud des Alpes valaisannes.

1. Séneçon de Fuchs

Senecio nemorensis ssp. *fuchsii*
(Composées tubuliflores)

Plante haute de 2 m. Tige densément feuillée, souvent rouge. Feuilles étroitement elliptiques à lancéolées, pointues, bordées de dents fines et aiguës, rétrécies à la base ou courtement pétiolées. Capitules regroupés en corymbes ; chaque capitule compte 4 à 8 fleurs ligulées.

Floraison : VI-IX. Habitat : forêts d'altitude, mégaphorbiée, reposoirs, brousses d'Aulnes verts, coupes forestières ; jusqu'à 2 000 m d'altitude. Distribution : Alpes ; centre et sud de l'Europe.

Espèces voisines : **Séneçon de fontaine,** *S. nemorensis* ssp. *nemorensis* (feuilles plus larges, velues en dessous, les supérieures embrassantes ; tige souvent verte). **Séneçon de Croatie,** *S. cacaliaster* (capitules sans fleurs ligulées, à 1 ou 2 ligules jaunâtres).

2. Séneçon des Alpes

Senecio cordatus
(= *S. alpinus*)
(Composées tubuliflores)

Plante haute de 1 m. Feuilles basales et caulinaires inférieures ovales, dentées, pétiolées, plus longues que larges, glabres sur le dessus ; caulinaires supérieures en ovale lancéolé, se rétrécissant à la base, parfois presque découpées à la base. Pétiole sans appendices ni auricules basales. Capitules larges de 4 cm ; involucre couvert de poils arachnéens et laineux.

Floraison : VII-IX. Habitat : mégaphorbiée, brousses d'Aulnes verts ; jusqu'à 2 000 m d'altitude. Distribution : Alpes, de la Suisse en allant vers l'est ; Préalpes, Apennins.

Espèce voisine : **Séneçon subalpin,** *S. subalpinus* (feuilles presque glabres au revers ; caulinaires aussi longues que larges ; caulinaires supérieures très divisées à déchiquetées ; pétioles avec petites lèvres découpées à la base, souvent pourvus d'auricules embrassantes, dans l'est des Alpes (en Allemagne, restreinte à la Forêt bavaroise).

3. Séneçon têtard

Tephroseris capitata
(= *Senecio capitatus*)
(Composées tubuliflores)

Plante haute de 40 cm, feutrée de poils gris à blancs. Tige portant 2 à 10 capitules serrés en grosse tête. Feuilles basales étroitement ovales, se rétrécissant en un court pétiole. Caulinaires sessiles, rétrécies à la base. Têtes larges de 2 à 3 cm ; bractées disposées sur 1 rang, partiellement ou totalement brunrouge. Languettes des fleurs périphériques orange, larges de 2 à 3 mm, au moins aussi longues que l'involucre.

Floraison : VII-VIII. Habitat : pelouses sur calcaire ou silice ; jusqu'à environ 2 500 m d'altitude. Distribution : des Alpes maritimes à la Styrie et à la Carinthie ; très morcelée ; espèce absente de maintes régions des Alpes ; Pyrénées, Apennins, péninsule balkanique, Carpates.

Espèce voisine : **Séneçon orangé,** *T. aurantiaca* (plante semée de poils très épars ; caulinaires médianes embrassantes ; languettes des fleurs périphériques larges de 1,5 à 2 mm, pas plus longues que l'involucre, rouge brunâtre), à faible altitude, dans l'est des Alpes.

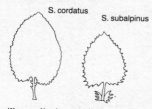

Feuilles caulinaires médianes

2|3

1. Séneçon doronic

Senecio doronicum
(Composées tubuliflores)

Plante haute de 60 cm, couverte de poils laineux et arachnéens, au moins à la base. Feuilles basales ovales à lancéolées, légèrement coriaces. Capitules larges de 6 cm ; involucre long de 1 à 1,5 cm ; bractées internes d'égale longueur ; 10 à 20 bractées externes, moitié moins longues.
<u>Floraison</u> : VII-VIII. <u>Habitat</u> : éboulis, pelouses rocailleuses ; sur calcaire ; jusqu'à 3 000 m d'altitude. <u>Distribution</u> : régions calcaires des Alpes ; montagnes du centre et du sud de l'Europe.

2. Cirse très-épineux

Cirsium spinosissimum
(Composées tubuliflores)

Plante vert jaunâtre, haute de 1,20 m. Feuilles semées de poils épars, découpées en lobes dentés et épineux. Capitules entourés de nombreuses feuilles jaune verdâtre pâle à dents épineuses. Involucre long de 2 à 3 cm ; fleurs toutes tubuleuses.
<u>Floraison</u> : VII-IX. <u>Habitat</u> : cuvettes glaciaires, pâturages, reposoirs ; jusqu'à plus de 3 000 m d'altitude. <u>Distribution</u> : restreinte aux Alpes.

3. Bérardie à tige courte ⓟ

Berardia subacaulis
(Composées tubuliflores)

Plante haute de 15 cm, à capitule volumineux, terminal. Feuilles arrondies, coriaces, couvertes de poils arachnéens sur le dessus, densément feutrées de poils blancs au revers. Capitules larges de 5 à 7 cm ; fleurs toutes tubuleuses. Akènes cylindriques ; aigrette longue de 2 cm, torsadée.

<u>Floraison</u> : VII-VIII. <u>Habitat</u> : éboulis ; souvent sur calcschistes ; au-dessus de 1 500 m d'altitude. <u>Distribution</u> : endémique du sud-ouest des Alpes.

4. Cirse glutineux

Cirsium erisithales
(Composées tubuliflores)

Plante haute de 1,50 m. Tige glutineuse dans sa partie supérieure, sans piquants. Feuilles profondément divisées, à lobes dentés et épineux. Capitules pendants, non entourés de feuilles ; bractées glutineuses ; fleurs toutes tubuleuses ; aigrette plumeuse.
<u>Floraison</u> : VII-IX. <u>Habitat</u> : mégaphorbiée ; forêts d'altitude ; sur calcaire ; jusqu'à 2 000 m. <u>Distribution</u> : est et sud-ouest des Alpes ; régions montagneuses d'Europe.

5. Cérondrille paniculée

Chondrilla chondrilloides
(Composées liguliflores)

Plante haute de 30 cm, glabre, pruinée de bleu. Feuilles oblongues, entières ou portant quelques dents. Capitules à involucre cylindrique ; bractées bordées de blanc ; réceptacle glabre. Fleurs toutes ligulées. Akènes s'amincissant en long bec, ce dernier portant à la base de petites écailles dressées. Soies de l'aigrette blanc de neige.
<u>Floraison</u> : V-VIII. <u>Habitat</u> : bancs alluvionnaires des cours d'eau ; sur calcaire ; jusqu'à 1 500 m d'altitude environ. <u>Distribution</u> : à partir des Grisons, du Vorarlberg et du Trentin-Haut-Adige en allant vers l'est.

1. Aposéride fétide

Aposeris foetida
(Composées liguliflores)

Plante haute de 25 cm, dégageant une odeur nauséabonde de farine corrompue. Feuilles toutes basales, pennatifides, à lobes anguleux. Capitules floraux solitaires, situés à l'extrémité de longues tiges non feuillées ; fleurs toutes ligulées. Fruit dépourvu d'aigrette.
<u>Floraison</u> : V-VII. <u>Habitat</u> : brousses de Pins de montagne et d'Aulnes verts ; du fond des vallées jusqu'à 2 000 m d'altitude. <u>Distribution</u> : Alpes ; montagnes d'Europe centrale ; Préalpes.

2. Porcelle helvétique

Hypochoeris uniflora
(Composées liguliflores)

Plante haute de 50 cm, à poils raides. Tiges s'enflant progressivement sous le capitule. Feuilles longuement lancéolées, dentées. Capitules de 4 cm de diamètre (ouverts). Involucre généralement densément couvert de poils noirs, comme le haut de la tige. Fleurs toutes ligulées. Réceptacle pourvu d'écailles scarieuses, lancéolées. Akènes cylindriques, longs de 1,8 à 2 cm, bec compris ; soies de l'aigrette plumeuses, blanc jaunâtre.
<u>Floraison</u> : VII-IX. <u>Habitat</u> : pelouses sèches, landes à sous-arbrisseaux ; sur sols acides ; de 1 500 à plus de 2 500 m d'altitude. <u>Distribution</u> : surtout dans le centre et le sud des Alpes, les Sudètes et les Carpates.
<u>Espèce voisine</u> : **Crépide des montagnes,** *Crepis bocconii* (réceptacle sans écailles ; akènes longs de 8 à 12 mm, s'effilant en pointe à l'apex).

3. Liondent helvétique

Leontodon pyrenaicus ssp. *helveticus*
(Composées liguliflores)

Plante haute de 30 cm. Feuilles basales, oblancéolées, glabres ou pourvues de poils simples. Tige à peine renflée sous le capitule, portant des feuilles en forme d'écaille. Capitules dressés avant la floraison ; involucre s'amincissant à la base, portant des poils simples. Fleurs toutes ligulées. Soies internes de l'aigrette plumeuses, blanc sale.
<u>Floraison</u> : VII-IX. <u>Habitat</u> : pâturages, forêts d'altitude ; sur sols acides ; de 1 500 à 2 800 m d'altitude. <u>Distribution</u> : dans les régions siliceuses des Alpes.
<u>Espèces voisines</u> : **Liondent d'automne,** *L. autumnalis* (tige portant plusieurs capitules ; feuilles profondément découpées). **Liondent hispide,** *L. hispidus* (plante glabre ou pourvue de poils fourchus ; capitules pendants avant la floraison ; base de l'involucre s'étranglant au niveau du pédoncule ; tige sans écailles, ou en portant au plus 3), surtout sur calcaire. **Liondent blanchâtre,** *L. incanus* (feuilles à pilosité grise ; poils étoilés, à court pédicelle portant 3 rayons ou plus), sur sols secs et calcaires.

4. Liondent des montagnes

Leontodon montanus
(Composées liguliflores)

Plante haute de 10 cm. Tige à peine plus longue que les feuilles basales, épaissie sous le capitule et couverte de poils dressés. Feuilles basales, dentées à découpées, glabres ou pourvues de poils simples au revers. Capitules dressés dès avant la floraison. Involucre long de 1 à 1,5 cm, étroitement campanulé, densément couvert de poils noirs dressés. Fleurs toutes ligulées. Soies de l'aigrette blanc de neige, plumeuses.
<u>Floraison</u> : VII-IX. <u>Habitat</u> : éboulis stabilisés ; toujours sur calcaire ; de 1 800 à plus de 2 500 m d'altitude. <u>Distribution</u> : Alpes.

1

2|3

4

1. Pissenlit des Apennins

Groupe de *Taraxacum apenninum* (Composées liguliflores)

Plante haute de 10 cm, souvent à plusieurs tiges. Tiges creuses, à parois minces, ne dépassant pas 1 à 2 mm de diamètre, avec tout au plus quelques poils arachnéens dans leur partie supérieure, aphylles, ressemblant à des hampes florales et portant chacune un seul capitule. Feuilles toutes basales, disposées en rosette, lancéolées, presque entières ou profondément découpées. Capitules à nombreuses fleurs, présentant un involucre tubulaire dès avant la floraison. Bractées sans protubérance apicale ni bordure claire. Bractées extérieures appliquées avant la floraison, ne se redressant ou ne prenant une position réfléchie qu'au moment de la fructification. Réceptacle glabre, sans écailles. Fleurs toutes ligulées, jaune foncé, celles de la périphérie souvent rayées de pourpre ou de gris bleuâtre au revers. Akènes étroitement elliptiques, à 10 côtes, à fin bec distinct et entouré d'écailles bien nettes à la base ; soies de l'aigrette rudes, blanches. Floraison : VII-X. Habitat : éboulis, pelouses écorchées, combes à neige ; de 1 800 à plus de 3 000 m d'altitude. Distribution : Alpes, montagnes d'Europe.

Espèces voisines : le groupe de *Taraxacum apenninum* renferme de nombreuses espèces variables et difficiles à différencier, répandues en altitude dans les Alpes. Les Alpes hébergent d'autres espèces ou groupes d'espèces appartenant au genre *Taraxacum*.

2. Crépide de Kerner

Crepis jacquinii ssp. *kerneri* (Composées liguliflores)

Crepis jacquinii ssp. jacquinii (îlot oriental des vallées de l'Enns et de la Mur) et ssp. kerneri (tous les autres îlots de répartition).

Plante haute de 30 cm, à tige feuillée, souvent divisée en plusieurs rameaux (2 à 6) portant chacun un seul capitule. Feuilles généralement glabres, parfois semées de poils épars, celles du bas habituellement entières, les autres vigoureusement dentées à profondément découpées en longs segments étroitement lancéolés et dressés, s'amincissant en pétiole ailé ; les plus hautes peuvent être sessiles. Involucre étroitement campanulé, long de 1 à 1,2 cm, légèrement feutré et portant des poils noirs dressés ; bractées étroitement lancéolées, disposées sur deux rangées, celles de l'intérieur environ 2 fois plus longues que celles de l'extérieur. Réceptacle glabre, sans écailles. Fleurs toutes ligulées, jaunes. Akènes longs de 4 à 5 mm, marqués de 10 à 15 côtes longitudinales, s'amincissant vaguement vers l'apex. Soies de l'aigrette blanc sale, cassantes et disposées sur 1 ou 2 rangs.

Floraison : VI-IX. Habitat : éboulis, groupements pionniers des pelouses ; sur calcaire ou dolomies ; de 1 500 à 3 000 m d'altitude, mais aussi bien plus bas, disséminée par les cours d'eau. Distribution : Alpes à l'est de la vallée du Rhin et du lac de Côme.

Espèce voisine : **Crépide de Jacquin**, *C. jacquinii* ssp. *jacquinii* (involucre et pédoncule du capitule sans poils noirs), dans le nord-est des Alpes et les Carpates.

1

2

1. Crépide naine
Crepis pygmaea
(Composées liguliflores)

Plante haute de 15 cm, glabrescente à feutrée de poils blancs. Feuilles souvent lavées de violet au revers, étirées en une sorte de pétiole ailé, souvent denté. Involucre feutré de poils gris; bractées disposées sur 2 rangées, celles de l'intérieur au moins 2 fois plus longues que celles de l'extérieur; fleurs toutes ligulées, celles de la périphérie souvent rougeâtres au revers; akènes portant une aigrette de poils blancs.
Floraison : VI-VIII. Habitat : éboulis; toujours sur calcaire; jusqu'à près de 3 000 m d'altitude. Distribution : Alpes du Sud; montagnes d'Espagne, Pyrénées, Abruzzes.

2. Crépide des Pyrénées
Crepis pyrenaica
(= *C. blattarioides*)
(Composées liguliflores)

Plante haute de 80 cm. Tige couverte de poils raides, dressés. Feuilles en ovale lancéolé, à poils courts, dentées; caulinaires sessiles, hastées à la base. Involucre long de 1,2 à 1,8 cm, couvert de longs poils vert brunâtre et de poils étoilés, clairs; fleurs toutes ligulées; akènes portant une aigrette blanche.
Floraison: VI-IX. Habitat : mégaphorbiées, brousses d'Aulnes verts, alpages; sur calcaire; jusqu'à plus de 2 000 m d'altitude. Distribution : Alpes, surtout dans le nord; de l'Espagne à la péninsule balkanique; Vosges, Forêt-Noire.

3. Crépide du Terglou
Crepis terglouensis
(Composées liguliflores)

Plante haute de 10 cm. Feuilles découpées en segments triangulaires courts et séparés par des sinus ondulés, vert luisant, glabres ou semées de poils épars. Capitules atteignant 5 cm de diamètre; involucre hémisphérique, densément couvert de poils noirs hirsutes. Fleurs toutes ligulées; akènes portant une aigrette blanche.
Floraison : VII-IX. Habitat: fissures des rochers, éboulis, groupements pionniers des pelouses; toujours sur calcaire ou dolomies; généralement au-dessus de 2 000 m d'altitude. Distribution : régions calcaires des Alpes.

4. Crépide orangée
Crepis aurea
(Composées liguliflores)

Plante haute de 30 cm. Tige non ramifiée, aphylle. Feuilles basales, oblancéolées, dentées, glabres. Partie supérieure de la tige et involucre densément couverts de poils noirs. Fleurs toutes ligulées. Akènes portant une aigrette blanche.
Floraison : V-IX. Habitat : prairies, pâturages, groupements de buissons nains; jusqu'à 2 500 m d'altitude. Distribution: Alpes; nord de la péninsule balkanique; Asie Mineure.

5. Épervière Fausse-Chicorée
Hieracium intybaceum
(Composées liguliflores)

Plante haute de 40 cm, densément couverte de poils glanduleux jaunâtres, glutineuse et malodorante. Feuilles étroitement lancéolées, celles du haut ressemblant à des écailles et entourant l'involucre, long de 2 cm. Fleurs ligulées, blanc jaunâtre. Akènes portant une aigrette de soies blanc sale.
Floraison : VII-IX. Habitat : éboulis, pelouses lacunaires; toujours sur sols pauvres en calcaire; jusqu'à près de 3 000 m d'altitude. Distribution : régions siliceuses des Alpes; assez rare dans les zones calcaires.

1. Épervière velue

Hieracium villosum
(Composées liguliflores)

Plante haute de 40 cm, à tige feuillée, non glanduleuse et couverte de longs poils clairs. Feuilles vert bleuâtre à vert prairie, entières, non glanduleuses, portant de longs poils clairs au moins au revers et sur les bords ; feuilles basales pétiolées ; caulinaires semi-embrassantes, ovales, celles du haut plus petites. Involucre haut de 1,5 à 2 cm, densément couvert de poils laineux et blancs, non glanduleux. Bractées externes ressemblant à des feuilles, vertes, légèrement décollées. Fleurs toutes ligulées. Akènes portant une aigrette de soies blanc sale et cassantes.

Floraison : VII-VIII. Habitat : fissures des rochers, éboulis, pelouses ouvertes ; toujours sur calcaire ; généralement au-dessus de 1 500 m d'altitude. Distribution : régions calcaires des Alpes ; Jura, Carpates, Apennins, péninsule balkanique.

Remarque : le genre *Hieracium* est particulièrement riche en espèces dans l'arc alpin. Ce guide ne cite que quelques-unes des espèces les plus facilement reconnaissables.

2. Épervière humble

Hieracium humile
(Composées liguliflores)

Plante haute de 30 cm, pourvue de poils simples et de poils glanduleux. Tige portant de 1 à quelques capitules, et 1 à 6 feuilles caulinaires. Feuilles profondément crénelées, presque découpées à la base. Involucre long de 1,2 à 1,5 cm ; bractées étroitement lancéolées. Fleurs toutes ligulées. Akènes portant une aigrette de soies blanc sale et cassantes.

Floraison : VI-IX. Habitat : fissures des rochers ; toujours sur calcaire ou dolomies ; du fond des vallées jusqu'à 2 500 m d'altitude environ. Distribution : régions calcaires des Alpes ; montagnes du sud et du centre de l'Europe, des Pyrénées au Montenegro.

3. Épervière laineuse

Hieracium lanatum
(Composées liguliflores)

Plante haute de 50 cm, à pilosité plumeuse blanche ou grise, à tige fourchue ne portant que quelques capitules. Feuilles basales généralement flétries au moment de la floraison ; 2 à 5 caulinaires, généralement grandes, principalement situées sur la partie inférieure de la tige, devenant progressivement plus petites vers le haut, se rétrécissant graduellement en forme de pétiole à la base. Involucre long de 12 à 18 mm, large et cylindrique ; bractées lancéolées, pointues. Fleurs toutes ligulées. Akènes portant une aigrette de soies blanc sale et cassantes.

Floraison : V-VIII. Habitat : versants rocailleux secs, éboulis, pelouses ; du fond des vallées jusqu'à plus de 2 000 m d'altitude. Distribution : des Alpes ligures au Valais et au Jura ; Apennins.

1. Épervière des Alpes

Hieracium alpinum
(Composées liguliflores)

Plante haute de 30 cm. Tige portant généralement un seul capitule, couverte de poils simples et de poils glanduleux. Feuilles basales larges et lancéolées, entières ou pourvues de petites dents, couvertes de poils simples et présentant en outre de nombreux poils glanduleux courts, surtout sur les bords ; feuilles caulinaires petites ou absentes. Involucre long de 1 à 2 cm, couvert de poils simples, sombres, et de poils glanduleux. Fleurs toutes ligulées ; style jaune. Akènes portant une aigrette de soies blanc sale, cassantes.
Floraison : VII-IX. Habitat : pelouses, groupements de sous-arbrisseaux ; toujours sur sols acides ; d'environ 1 500 à plus de 3 000 m d'altitude. Distribution : Alpes, surtout dans les régions siliceuses ; nord de l'Europe ; domaine arctique ; Vosges, Harz, Carpates.

2. Épervière auriculée

Hieracium auricula
(Composées liguliflores)

Plante haute de 40 cm. Tige portant généralement plusieurs capitules. Stolons grêles, feuillés ; feuilles s'agrandissant graduellement vers la partie terminale du stolon. Feuilles vert bleuâtre, spatulées ou oblancéolées, portant de longs poils simples habituellement concentrés sur les bords, vers la base. Involucre long de 5 à 10 mm, semé de quelques poils simples, de poils étoilés épars, et souvent couvert de nombreux poils glanduleux. Fleurs toutes ligulées, généralement sans stries rouges. Akènes portant une aigrette de poils blanc sale, cassants.
Floraison : V-IX. Habitat : pâturages, prairies, clairs-bois d'altitude ; du fond des vallées jusqu'à 3 000 m d'altitude environ. Distribution : plante commune dans toutes les Alpes et largement distribuée en Europe ; plus rare au sud.

3. Épervière piloselle

Hieracium pilosella
(Composées liguliflores)

Plante haute de 30 cm. Tige portant un seul capitule, aphylle, feutrée de poils étoilés. Stolons grêles, feuillés. Feuilles diminuant de taille vers la partie terminale du stolon, allongées, couvertes de soies sur le dessus et de poils blancs étoilés au revers. Involucre couvert de poils étoilés blanc grisâtre, portant en outre des poils simples et des poils glanduleux ; bractées larges de 0,5 à 2 mm, étroitement lancéolées, s'effilant progressivement. Fleurs toutes ligulées. Akènes portant une aigrette de soies blanc sale, cassantes.
Floraison : V-IX. Habitat : sur sols secs ; du fond des vallées jusqu'à 3 000 m d'altitude environ. Distribution : plante commune dans toutes les Alpes, dans presque toute l'Europe et dans certaines parties de l'Asie.
Espèce voisine : **Épervière de Hoppe,** *H. hoppéanum* (bractées émoussées, larges de 2 à 4 mm ; stolons courts, couverts de feuilles serrées ; feuilles s'agrandissant graduellement vers l'extrémité des stolons).

1. Ail des Insubres ⓟ

Allium insubricum
(Liliacées)

Allium insubricum (à l'est du lac de Côme) et A. narcissiflorum (Alpes du Sud-Ouest)

Plante haute de 30 cm, à feuilles graminiformes, larges de 5 mm. Inflorescences pendantes, avec involucres membraneux, blanchâtres ; fleurs campanulées, longues de 2 cm.
Floraison : VII-VIII. Habitat : cônes d'éboulis, pelouses lacunaires ; uniquement sur calcaire ou dolomies. Distribution : endémique des Alpes du Sud, du lac de Côme à Brescia.
Espèce voisine : **Ail à fleurs de Narcisse,** *A. narcissiflorum* (inflorescences pendantes au début seulement, se redressant à la floraison), endémique dans les Alpes du Sud-Ouest.

2. Ciboulette sauvage

Allium schoenoprasum
(Liliacées)

Plante haute de 50 cm, à tige cylindrique et feuilles presque aussi longues que la tige. Feuilles basales cylindriques, grêles. Fleurs réunies en fausses ombelles sphériques ; involucre généralement rouge, divisé en 2 ou 3 lobes ; tépales pointus.
Floraison : V-VIII. Habitat : prairies marécageuses, pelouses fontinales. Distribution : Alpes ; montagnes d'Europe ; Asie et Amérique du Nord.

3. Érythrone dent-de-chien

Erythronium dens-canis
(Liliacées)

Plante haute de 30 cm, présentant 2 feuilles presque opposées, larges et lancéolées, vert foncé ou brunes, maculées de clair, donnant une seule fleur. Sépales réfléchis, lavés de jaune à la base, avec une petite dent de chaque côté.
Floraison : II-IV. Habitat : forêts de feuillus, broussailles, prairies ; jusqu'à 1 700 m d'altitude environ. Distribution : Alpes du Sud ; dans certaines régions du sud de l'Europe ; Caucase, Sibérie, Japon.

4. Lis martagon ⓟ

Lilium martagon
(Liliacées)

Plante haute de 1,50 m. Feuilles allongées, les inférieures et les supérieures alternes, les médianes verticillées. Fleurs dégageant une odeur forte et désagréable ; tépales longs de 7 cm, réfléchis.
Floraison : (VI) VII-VIII. Habitat : forêts de feuillus, mégaphorbiée, alpages, brousses de Pins ; jusqu'à plus de 2 000 m d'altitude. Distribution : Alpes ; dans presque toute l'Europe ; en Asie, atteint à l'est la région du lac Baïkal.

5. Lis orangé ⓟ

Lilium bulbiferum
(Liliacées)

Plante atteignant 1 m de hauteur. Feuilles linéaires à étroitement lancéolées, alternes, avec ou sans bulbilles à l'aisselle. Fleurs inodores, infundibuliformes ; tépales atteignant 6 cm.
Floraison : V-VII. Habitat : broussailles, prairies, fissures des rochers ; du niveau des plaines jusqu'à plus de 2 000 m d'altitude. Distribution : des Alpes maritimes à la Basse-Autriche ; plante rare dans les Alpes du Nord.

1. Fritillaire pintade ⓟ

Fritillaria meleagris ssp. *burnatii*
(Liliacées)

Plante haute de 30 cm, vert grisâtre, sans feuilles basales. Tige feuillée uniquement dans sa partie supérieure. Feuilles linéaires, longues de 10 cm, assez épaisses, celles du bas émoussées. Fleurs généralement solitaires, campanulées ; tépales brun pourpré, marqués d'un damier souvent imperceptible, longs de 5 cm, ceux de l'extérieur pointus ou émoussés, ceux de l'intérieur toujours émoussés.

Floraison : IV-VII. Habitat : alpages ; en général sur calcaire ; d'environ 1 000 à plus de 2 000 m d'altitude. Distribution : sud et sud-ouest des Alpes, des Alpes maritimes jusqu'à la région du lac de Garde.

Espèce voisine : **Fritillaire du Dauphiné,** *F. tubiformis* ssp. *tubiformi* (feuilles lancéolées ; tépales pourprés à reflet bleuâtre à l'extérieur, maculés de pourpre vif à l'intérieur, tous émoussés).

2. Colchique des Alpes ✠

Colchicum alpinum
(Liliacées)

Plante haute de 10 cm, à feuilles toutes basales et linéaires, absentes au moment de la floraison. Fleurs rose lilas, longues de 1 cm ; tépales formant à la base un long tube cylindrique surmonté de pièces florales libres, allongées, longues de 2 à 3 cm. 3 styles non soudés, avec stigmates globuleux. Ovaires souterrains, n'émergeant au-dessus du sol qu'à maturité, au printemps, en même temps que les feuilles.

Floraison : VIII-XI. Habitat : prairies sur sols dépourvus de calcaire ; jusqu'à 2 000 m d'altitude. Distribution : des Alpes maritimes, à travers les Alpes du Sud, jusqu'aux Alpes vénitiennes ; Corse, Sardaigne, Sicile, Apennins.

Espèces voisines : **Colchique d'automne,** *C. autumnale* (fleurs plus grandes, pièces florales libres, longues de 4 à 6 cm ; style à stigmates décurrents ; commun dans les prairies humides. **Colchique de printemps,** *Bulbocodium vernum* ⓟ (feuilles et fleurs apparaissant simultanément au printemps, tépales entièrement libres ; style se divisant en trois éléments spatulés vers son sommet).

Remarque : les Colchiques appartiennent à la famille des Liliacées, dont les représentants se distinguent par leur ovaire supère et la présence de 6 étamines. Tandis que l'ovaire des Colchiques est dissimulé sous terre au sommet de la floraison, leurs 6 étamines, en revanche, sont très visibles. La présence de 6 étamines permet de distinguer facilement les Colchiques des sujets violets du Crocus printanier, qui appartient à la famille des Iridacées, possède un ovaire infère et ne présente que 3 étamines.

1

2

1. Orchis globuleux ⓟ ⱽ

Traunsteinera globosa
(Orchidacées)

Plante haute de 50 cm. Feuilles sans macules, lancéolées. Fleurs réunies en une inflorescence presque sphérique ; sépales épaissis à l'apex ; labelle trilobé, ponctué de foncé ; éperon grêle.
Floraison : V-VIII. Habitat : pelouses ; sur calcaire ; jusqu'à plus de 2 000 m d'altitude. Distribution : Alpes et Préalpes ; montagnes d'Europe.

2. Orchis vanillé

Nigritella nigra ssp. *nigra*
(Orchidacées)

Plante haute de 15 cm, à feuilles graminiformes. Inflorescence ovoïde ; fleurs rouge noirâtre, dégageant une forte odeur de vanille. Sépales lancéolés ; labelle trilobé, à pointe rectiligne, allongée, dressée. Éperon très court.
Floraison : VI-IX. Habitat : prairies sèches ; généralement au-dessus de 1 500 m d'altitude. Distribution : espèce commune dans les Alpes ; montagnes d'Europe.

3. Elléborine grenat ⓟ

Epipactis atrorubens
(Orchidacées)

Plante haute de 20 à 60 cm. Feuilles dressées, s'écartant de la tige. Fleurs brun-rouge ; pièces florales élargies ; labelle étranglé dans sa partie médiane, avec la partie antérieure cordiforme et 2 renflements plissés à la base. Ovaire nettement pédonculé, couvert d'un duvet dense.
Floraison : V-VIII. Habitat : clairs-bois, prairies, broussailles ; sur calcaire ou dolomies ; jusqu'à plus de 2 000 m d'altitude. Distribution : Alpes ; dans une grande partie de l'Europe ; Syrie ; Caucase.

4. Orchis de Fuchs ⓟ

Dactylorhiza fuchsii
(Orchidacées)

Plante haute de 80 cm, à tige feuillée. Feuilles maculées de brun-noir. Sépales maculés ou striolés ; labelle nettement trilobé, veiné de rouge vif ; lobe médian sensiblement aussi large que les lobes latéraux, et généralement plus long.

Fleur

Floraison : VI-VIII. Habitat : prairies, tourbières plates, forêts d'altitude. Distribution : toute l'Europe ; au sud, avant tout dans les montagnes.

5. Orchis moucheron ⓟ

Gymnadenia conopsea
(Orchidacées)

Plante haute de 30 cm, à feuilles non maculées, linéaires-lancéolées. Fleurs presque inodores, sans dessin ; pièces florales externes écartées, les 2 internes inclinées l'une vers l'autre ; labelle à 3 lobes émoussés, celui du milieu plus long que les 2 autres ; éperon très grêle, bien plus long que l'ovaire, recourbé vers le bas.
Floraison : V-VIII. Habitat : prairies, bois clairs ; jusqu'à plus de 2 000 m d'altitude. Distribution : Alpes ; presque toute l'Europe ; à l'est, jusqu'au Japon et à la Chine septentrionale.
Espèce voisine : **Orchis odorant**, *G. odoratissima* (très odorant, éperon atteignant au maximum la demi-longueur de l'ovaire ; lobes du labelle sensiblement de même longueur).

1. Orchis brûlé ⓟ

Orchis ustulata
(Orchidacées)

Plante haute de 10 à 30 cm. Feuilles allongées, lancéolées, non maculées. Fleurs petites, odorantes. Pièces florales recourbées les unes sur les autres et formant une sorte de casque arrondi, celles de l'extérieur pourpre noirâtre, celles de l'intérieur roses ; labelle blanc, ponctué de rose, trilobé, avec le lobe médian émarginé ou incisé ; éperon court.
Floraison : V-VIII. Habitat : prairies, pelouses alpines ; jusqu'à plus de 2 000 m d'altitude ; généralement sur calcaire. Distribution : presque toute l'Europe.

2. Oseille glaciaire

Oxyria digyna
(Polygonacées)

Plante haute de 50 cm, glabre. Feuilles basales plus larges que longues, à base cordiforme, souvent légèrement émarginées à l'apex, à saveur acidulée. Fleurs pendantes, à pédoncule nettement segmenté ; périgone quadripartite, les 2 sépales externes demeurant accolés contre l'aile du fruit, les 2 de l'intérieur appliqués sur ses faces aplaties. Ovaire à 2 styles ; stigmates en pinceau. Fruit lenticulaire, de 5 mm de diamètre, à large membrane périphérique rouge (aile).
Floraison : VI-VIII. Habitat : éboulis pauvres en calcaire et très humides. Distribution : Alpes ; montagnes d'Europe ; domaine arctique.
Espèces voisines : **Oseille écussonnée, *Rumex scutatus*** (feuilles arrondies, hastées ; périgone à 6 pièces, les 3 externes petites et non appliquées, les 3 internes longues de 5 à 6 mm, formant la valve), indifférente au degré d'acidité du sol. **Oseille des neiges,** *R. nivalis* (feuilles basales hastées, émoussées ; valves longues de 3 mm, pièces externes du périgone appliquées sur le pédoncule floral), dans les combes à neige ; uniquement dans les régions calcaires des Alpes.

3. Œillet des Chartreux

Dianthus carthusianorum
(Caryophyllacées) ⓟ

Plante glabre à pousses stériles et tiges florales dressées, hautes de 50 cm. Feuilles étroitement lancéolées, opposées ; caulinaires soudées à la base en gaines longues de 1 à 2 cm. Fleurs solitaires ou réunies en inflorescences ressemblant à des capitules (regroupant jusqu'à 30 fleurs), entourées de feuilles lancéolées. Palette des pétales longue de 5 à 15 mm, rouge pourpré ; calice long de 1,4 à 1,8 cm ; écailles brunâtres, coriaces, longues de 0,7 à 1,8 cm.
Floraison : VI-IX. Habitat : pelouses sèches. Distribution : Alpes ; espèce largement répandue en Europe.
Espèce voisine : **Œillet de Séguier,** *D. seguieri* (feuilles caulinaires soudées sur 3 à 5 mm ; écailles du calice jaunâtres à vertes), dans l'ouest et le sud des Alpes.

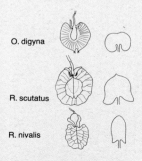

O. digyna

R. scutatus

R. nivalis

Périgones et feuilles basales

1. Œillet subacaule

Dianthus subacaulis ssp. *subacaulis*
(Caryophyllacées)

Plante croissant en coussinets denses, à tiges uniflores, hautes de 5 à 20 cm. Feuilles longues d'environ 1 cm, larges de 1 mm. Palette des pétales à bord légèrement ondulé, glabre. Calice long de 6 à 10 mm, large de 3 à 4 mm; dents du calice ovales, à bord membraneux; calicule à 4 écailles larges, ovales, presque émoussées.
Floraison: V-VII. Habitat: versants rocailleux secs. Distribution: sud-ouest des Alpes; Pyrénées.

2. Œillet des Alpes

Dianthus alpinus
(Caryophyllacées)

Dianthus alpinus (nord-est des Alpes)

Plante glabre, haute de 20 cm. Feuilles linéaires, émoussées. Fleurs de 3 cm de diamètre; base des pétales rouge pourpré, mouchetée de blanc sur le dessus; calice long de 1,5 à 1,8 mm; écailles du calice s'étirant en longue pointe.
Floraison: VI-IX. Habitat: pelouses lacunaires; sur calcaire; d'environ 1 000 à plus de 2 000 m d'altitude. Distribution: nord-est des Alpes, du massif du Totes Gebirge jusqu'au col du Semmering.

3. Œillet sylvestre

Dianthus sylvestris
(Caryophyllacées)

Plante glabre, haute de 30 cm. Feuilles linéaires, longues de 10 cm. Fleurs larges de 3 cm; pétales glabres, à bord externe denté. Calice long de 1,5 à 2 cm; calicule comptant 2 à 4 écailles larges, ovales, atteignant le 1/4 de la longueur du calice.
Floraison: V-IX. Habitat: éboulis, pelouses lacunaires; généralement sur calcaire; du fond des vallées à environ 2 500 m d'altitude. Distribution: Alpes; de l'Espagne à la Grèce.

4. Œillet négligé

Dianthus pavonius
(= *D. neglectus*)
(Caryophyllacées)

Plante glabre, haute de 20 cm. Feuilles linéaires, effilées. Fleurs généralement solitaires. Calice long de 1,2 à 1,6 mm. Calicule comptant 2 à 4 écailles ovales, s'effilant progressivement. Pétales non maculés, à bord externe denté, jaune verdâtre au revers.
Floraison: VII-VIII. Habitat: pelouses lacunaires, versants rocailleux; jusqu'à 2 500 m d'altitude. Distribution: sud et ouest des Alpes; Pyrénées.

5. Œillet de Sternberg

Dianthus monspessulanus ssp. *sternbergii*
(Caryophyllacées)

Plante haute de 20 cm. Feuilles linéaires, effilées. Fleurs odorantes; palette des pétales divisée en lanières jusqu'à la moitié; calice long de 1,8 à 2 cm; dents du calice lancéolées, se terminant en pointe acérée, à bord étroit, membraneux; écailles au nombre de 4, larges et lancéolées, étirées en pointe verte.
Floraison: VI-IX. Habitat: pelouses lacunaires; sur calcaire; d'environ 1 500 à 2 500 m d'altitude. Distribution: sud-est des Alpes, massif du Dachstein.

1. Saponaire naine ⓟ

Saponaria pumilio
(Caryophyllacées)

Plante croissant en coussinets denses, à tiges courtes, uniflores. Fleurs larges de 2 à 2,5 cm. Calice long de 1,5 à 2 cm, renflé, hirsute, souvent rougeâtre, à dents émoussées. Pétales avec écailles de 4 mm. 3 styles.
Floraison: VII-IX. Habitat: pelouses lacunaires, peuplements de sous-arbrisseaux; sur sols pauvres en calcaire; de 1 500 à 2 700 m d'altitude environ. Distribution: dans le centre des Alpes orientales, en allant vers l'est, à partir des Hautes Tauern et du massif du Defereggen; dans les Alpes du Sud, uniquement dans les Dolomites et les Alpes de Sarentino; Carpates méridionales.

2. Saponaire Faux-Basilic

Saponaria ocymoides
(Caryophyllacées)

Plante haute de 40 cm, à tiges rampantes, très ramifiées, couvertes d'une pubescence rase. Feuilles caulinaires obovales, s'amincissant en pétiole, glabres, à bord cilié au niveau de la base. Inflorescence lâche, visqueuse. Calice long de 7 à 12 mm, rougeâtre, densément couvert de poils glanduleux. Fleurs atteignant 1 cm de diamètre; pétales avec une écaille de 1 mm de hauteur environ; onglet plus long que le calice. 2 styles.
Floraison: V-X. Habitat: éboulis, pelouses, clairs-bois de résineux; généralement sur calcaire; du fond des vallées jusqu'à plus de 1 500 m d'altitude. Distribution: massifs montagneux méridionaux, de l'Espagne à la Yougoslavie; dans le nord des Alpes, restreinte aux régions chaudes.

3. Silène acaule ⓟ

Silene acaulis ssp. *acaulis*
(Caryophyllacées)

Plante presque glabre, croissant en coussinets denses à l'apparence moussue. Feuilles longues de 5 à 12 mm, linéaires, à bords ciliés. Fleurs solitaires, à pédoncule long de 3 cm. Pétales à peine émarginés, roses, souvent sans écailles à la gorge. Calice cylindrique, brusquement aminci à la base; capsule jusqu'à 2 fois plus longue que le calice.
Floraison: VI-IX. Habitat: fissures des rochers, éboulis, pelouses; généralement sur calcaire. Distribution: Alpes; des Pyrénées à la péninsule balkanique et à l'Oural; domaine arctique.
Espèces voisines: **Silène sans tige,** *S. acaulis* ssp. *exscapa* (feuilles longues de 3 à 6 mm; tiges florales atteignant à peine 5 mm de longueur; calice s'amincissant à la base; capsule à peine plus longue que le calice), sur sols pauvres en calcaire; dans les Alpes centrales et les Pyrénées. **Silène du Mont-Cenis,** *S. acaulis* ssp. *cenisia* (fleurs à long pédoncule; pétales rouges, profondément bilobés), souvent sur calcschiste, dans le sud-ouest des Alpes.

1

2

3

1. Compagnon rouge

Silene dioica
(Caryophyllacées)

Plante haute de 80 cm, couverte de poils dressés, à tige dichotomique. Feuilles ovales à spatulées. Calice rougeâtre, couvert de poils glanduleux, portant 10 nervures chez les fleurs mâles, et 20 nervures chez les fleurs femelles. Pétales portant à la gorge une écaille bilobée. 5 styles.
<u>Floraison</u>: V-IX. <u>Habitat</u>: prairies de fauche, mégaphorbiée, reposoirs ; jusqu'à 2 500 m d'altitude environ. <u>Distribution</u>: Europe, sauf sa partie boréale ; au sud, presque uniquement dans les montagnes ; Asie ; Afrique du Nord.

2. Silène à grandes fleurs

Silene elisabethae
(Caryophyllacées)

Plante haute de 25 cm, à tige légèrement visqueuse. Feuilles basales lancéolées, glabres, ciliées uniquement sur les bords ; caulinaires couvertes de poils glanduleux, visqueuses. Fleurs de 4 cm de diamètre ; calice long de 2,5 cm, densément couvert de poils glanduleux ; pétales portant à la gorge une écaille entaillée, longue de 6 mm.
<u>Floraison</u> : VI-IX. <u>Habitat</u> : éboulis, fissures des rochers, pelouses lacunaires. Distribution : régions calcaires comprises entre les lacs de Côme et de Garde.

3. Lychnide des Alpes

Lychnis alpina
(Caryophyllacées)

Plante glabre à tiges non ramifiées, hautes de 15 cm ; quelques feuilles basales disposées en rosette. Feuilles lancéolées, occasionnellement ciliées à la base. Fleurs disposées en inflorescences globuleuses ; pétales à 2 entailles, portant à la gorge une écaille bilobée, haute de 1 mm ; calice long de 5 mm environ, campanulé, à nervures imprécises.

Lychnis alpina

<u>Floraison</u> : VII-VIII. <u>Habitat</u> : éboulis, pelouses lacunaires ; sur sols secs et pauvres en calcaire. <u>Distribution</u> : Alpes occidentales et centrales, jusque dans les Hautes Tauern ; Pyrénées, Apennins, domaine arctique.

4. Coquelourde

Lychnis flos-jovis
(Caryophyllacées)

Plante haute de 90 cm, couverte de poils laineux blancs. Feuilles ovales à lancéolées, pointues. Fleurs atteignant 3 cm de diamètre, réunies en inflorescences denses ; pétales portant à la gorge une écaille bilobée, haute de 3 mm. Calice long de 1,5 cm, feutré de poils blancs.
<u>Floraison</u> : VI-VIII. <u>Habitat</u> : pelouses lacunaires, broussailles ; souvent sur calcaire. <u>Distribution</u> : sud-ouest et ouest des Alpes, jusqu'à l'Engadine et Poschiavo au nord, et jusqu'à Trente au sud.

1. Pivoine officinale ⓟ
Paeonia officinalis
(Renonculacées)

Plante haute de 1 m, présentant souvent de nombreuses tiges glabres, feuillées et uniflores. Fleurs plusieurs fois divisées en 3, semées de quelques poils et vert pâle au revers, glabres et vert sombre dessus. Sépales généralement dissemblables, verts et pétaloïdes, persistants au flétrissement ; 5 à 10 pétales, longs de 5 cm, obovales, rouge sombre. 2 ou 3 ovaires; follicules dressés, non soudés, généralement couverts de poils denses et feutrés au début.
Floraison : IV-VI. Habitat : versants montagneux rocailleux, broussailles claires, mégaphorbiée riche en Graminées. Distribution : très rare dans les Alpes (Ligurie, Tessin, Trentin-Haut-Adige, Carniole, Trentin-Haut-Adige, Carniole) ; cultivée, parfois redevenue sauvage ; du Portugal à l'Albanie et à l'Asie Mineure.
Espèce voisine : **Pivoine coralline**, *P. mascula* (feuilles simples ou 2 fois découpées en 3 ; généralement 5 ovaires), occasionnelle dans les Alpes et naturalisée par suite de son introduction dans les jardins.

2. Pigamon à feuilles d'Ancolie
Thalictrum aquilegifolium
(Renonculacées)

Plante glabre, haute de 1,50 m. Feuilles plusieurs fois divisées, avec larges stipules d'apparence cartilagineuse à la base des pétioles et des pétiolules des folioles. Folioles à pruine bleuâtre, obovales, à bord antérieur lobé ou incisé en créneau. Fleurs généralement nombreuses, dressées. Sépales longs de 6 mm, verdâtres, rapidement caducs. Pétales absents ; étamines nombreuses, à filets épaissis antérieurement en massue, lilas à blanchâtres. Fruit long de 7 mm, à trois arêtes, ailé, pendant à l'extrémité d'un long pédoncule.
Floraison : VI-VIII. Habitat : forêts humides d'altitude riches en essences feuillues, mégaphorbiée, brousses d'Aulnes verts, berges des ruisseaux ; du fond des vallées jusqu'à 2 000 m d'altitude environ. Distribution : Alpes ; du nord de l'Espagne et de l'Italie, par la France centrale, jusqu'au bassin de la Volga.
Espèces voisines : **Petit Pigamon**, *T. minus* (filets des étamines jaunâtres, non épaissis ; fruits non pédonculés), prairies sèches et broussailles ; dans toutes les Alpes, sous quelques formes encore mal définies. **Pigamon des Alpes**, *T. alpinum* (tige ne dépassant pas 20 cm de hauteur ; filets des étamines non épaissis, violets ; pas plus de 3 fruits élémentaires par fleur), dans les pelouses humides, les stations fontinales et les marais, des Alpes maritimes à la Carniole, mais très éparse ; des Pyrénées au Japon ; Europe septentrionale et boréale ; Asie, Amérique du Nord.

1

2

1. Ancolie noir-violâtre

Aquilegia atrata
(Renonculacées)

Plante haute de 1 m, à tige non glanduleuse. Feuilles 2 fois divisées en 3 lobes émoussés, les supérieures souvent simplement trilobées. Fleurs larges de 3 cm, noir violacé ; pétales nectarifères pourvus d'un long éperon recourbé vers l'intérieur. Étamines dépassant la corolle d'au moins 5 mm.
Floraison : V-VIII. Habitat : alpages, mégaphorbiée, brousses de Pins de montagne et d'Aulnes verts, forêts d'altitude. Distribution : Alpes, Préalpes ; Apennins.
Espèces voisines : **Ancolie commune**, *A. vulgaris* (fleurs larges de 5 cm, bleues ; étamines ne dépassant pas le haut de la corolle), à plus basse altitude. **Ancolie bleu-violet**, *A. nigricans* (tige couverte dans sa partie supérieure de poils glanduleux ; fleurs bleu-violet ; étamines dépassant à peine l'extrémité de la corolle), dans le sud-est des Alpes. **Ancolie d'Einsele**, *A. einseleana* (plante haute de 40 cm ; fleurs larges de 2 cm ; éperon presque rectiligne, long de 1 cm au maximum), dans les Alpes du Nord (rare) et dans les Alpes du Sud, du lac de Côme à la Carinthie. **Ancolie à feuilles de Pigamon**, *A. thalictrifolia* (comme la précédente, mais couverte de poils glanduleux), endémique entre les lacs de Garde et d'Iseo. **Ancolie de Bertoloni**, *A. bertolonii* (fleurs larges de 3 cm, bleues ; éperon rectiligne, long de plus de 1 cm), dans les Alpes du Sud. **Ancolie des Alpes**, *A. alpina* (fleurs atteignant 8 cm de diamètre ; éperon rectiligne, long de 1,8 à 2,5 cm), des Alpes maritimes au Vorarlberg.

2. Épimède des Alpes

Epimedium alpinum
(Berberidacées)

Plante haute de 40 cm, à tige unifoliée. Feuille caulinaire 3 fois divisée en 3 lobes, surplombant l'inflorescence lâche ; folioles pourvues de cils piquants. Hampe florale et pédoncules des fleurs couverts de poils glanduleux. 8 sépales pétaloïdes, les 4 externes rassemblés en une sorte de calice rose verdâtre rapidement caduc, les 4 internes formant une corolle rouge sombre, persistants, environ 2 fois plus longs que ceux de l'extérieur. Pétales (nectaires) jaunâtres, distinctement éperonnés.
Floraison : V-VII. Habitat : forêts de feuillus. Distribution : Alpes du Sud, du Piémont en allant vers l'est ; péninsule balkanique.

3. Cardamine digitée

Cardamine pentaphyllos
(Brassicacées)

Plante haute de 60 cm, presque complètement glabre. Feuilles caulinaires alternes, à 5 lobes. Inflorescence pendante avant la floraison ; pétales longs de 1,5 à

C. pentaphyllos

Feuille caulinaire

2,5 cm. Fruits longs de 4 à 7 cm, larges de 2,5 à 5 mm. Style long de 7 à 10 mm.
Floraison : V-VII. Habitat : forêts d'altitude, bords des ruisseaux ; jusqu'à 1 500 m. Distribution : Alpes (surtout Alpes du Nord) et Préalpes ; Pyrénées, Massif central, Jura, Vosges, Forêt-Noire, Balkans.

1. Tabouret à feuilles rondes

Thlaspi rotundifolium
(Brassicacées)

Plante glabre, haute de 15 cm. Feuilles basales massées les unes contre les autres, presque disposées en rosette, arrondies, s'amincissant brusquement au niveau du pétiole. Feuilles caulinaires sessiles, amplexicaules. Fleurs odorantes, en grappes denses au début. Silicules obovales, longues de 1 cm, comprimées latéralement ; style long de 1 à 5 mm.

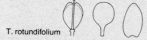

T. rotundifolium

Silicule, feuille basale et feuille caulinaire

<u>Floraison</u> : VI-IX. <u>Habitat</u> : éboulis non stabilisés, calcaires ; au-dessus de 1 500 m d'altitude. <u>Distribution</u> : Alpes, en particulier dans les Alpes calcaires.

2. Arabette du Hoch Obir

Cardaminopsis halleri ssp. *ovirensis*
(Brassicacées)

Plante haute de 25 cm, émettant des pousses se terminant par une rosette feuillée ou des pousses florifères. Tige non ramifiée. Feuilles basales ovales, indivises ; caulinaires supérieures dentées. Siliques sans nervures, longues de 1 à 2 cm, larges d'environ 1 mm.
<u>Floraison</u> : IV-VII. <u>Habitat</u> : alpages, éboulis. <u>Distribution</u> : nord de l'Albanie ; des Carpates aux Alpes de Sannthal et aux Karawanken (massif du Hoch Obir).
<u>Espèce voisine</u> : **Arabette de Haller,** *C. halleri* ssp. *halleri* (stolons sans pousses florifères ; feuilles basales lobées, caulinaires supérieures entières ; tige ramifiée ; fleurs blanches ; siliques à nervure médiane).

3. Pétrocalle des Pyrénées Ⓟ

Petrocallis pyrenaica
(Brassicacées)

Plante haute de 2 à 8 cm, croissant en coussinets lâches. Feuilles à bord antérieur divisé en 3 à 5 lobes, ciliées de poils simples. Fleurs odorantes ; pétales longs de 4 à 5 mm, onguiculés ; silicules elliptiques, glabres, longues de 4 à 5 mm, à revers comprimé ; valves à nervure médiane bien visible, laissant apparaître une réticulation en se desséchant.

P. pyrenaica

Silicule mûre et feuille basale

<u>Floraison</u> : VI-VII. <u>Habitat</u> : fissures des rochers, éboulis, groupements pionniers des pelouses ; sur calcaire ; d'environ 1 500 à plus de 3 000 m d'altitude. <u>Distribution</u> : régions calcaires des Alpes ; des Pyrénées au Snežnik (Carniole) ; Carpates.

4. Giroflée du Valais

Matthiola fruticulosa ssp. *valesiaca*
(Brassicacées)

Plante haute de 30 cm, feutrée de nombreux poils gris, les uns étoilés, les autres courts et glanduleux. Feuilles toutes basales, linéaires-lancéolées, généralement entières, aux bords souvent enroulés. Pétales longs de 2,5 cm. Siliques longues de 10 cm, épaisses de 2 mm, couvertes de poils glanduleux jaunes. Valves sans nervure médiane ; style absent ; stigmate court, biparti.
<u>Floraison</u> : V-VII. <u>Habitat</u> : éboulis, pelouses ouvertes ; sur calcaire ; jusqu'à plus de 2 000 m d'altitude. <u>Distribution</u> : Alpes du Sud ; du nord de l'Espagne à la péninsule balkanique.

1. Æthionème des rochers

Aethionema saxatile
(Brassicacées)

Plante glabre, haute de 20 cm, vert bleuâtre, souvent teintée de rougeâtre. Feuilles caulinaires ovales, entières. Fleurs en grappes ; pétales roses, longs de 4 mm. Silicule de 7 mm, plus longue que large, ailée, avec une échancrure étroite et profonde à l'apex.
<u>Floraison</u> : IV-VII. <u>Habitat</u> : éboulis, pelouses lacunaires ; jusqu'à 1 900 m d'altitude ; généralement sur calcaire. <u>Distribution</u> : Alpes ; de l'Afrique du Nord, par l'Espagne, jusqu'à la péninsule balkanique et l'Asie Mineure.

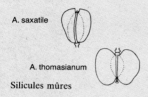

A. saxatile

A. thomasianum

Silicules mûres

<u>Espèce voisine</u> : **Æthionème de Thomas**, *A. thomasianum* (infrutescence très dense ; fruits plus larges que longs, à ailes larges), dans le sud-ouest des Alpes.

2. Orpin des infidèles

Sedum anacampseros
(Crassulacées)

Plante complètement glabre, haute de 30 cm ; rejets stériles densément feuillés vers l'extrémité. Feuilles alternes, charnues, aplaties. Inflorescences hémisphériques ou ombelliformes ; 5 pétales, de 4 à 5 mm, à revers bleuâtre pourvu d'une carène verte, rose pourpré dessus avec des taches rouges ou des stries longitudinales. 10 étamines à filet rouge violacé.
<u>Floraison</u> : VI-VIII. <u>Habitat</u> : éboulis ; sur sols pauvres en calcaire ; de 1 500 à 2 500 m d'altitude. <u>Distribution</u> : Alpes du Sud ; Pyrénées, Apennins.

3. Orpin noirâtre

Sedum atratum ssp. *atratum*
(Crassulacées)

Plante haute de 10 cm, glabre, verte, lavée de brun-rouge, sans pousses stériles. Feuilles en forme de massue, arrondies, à face supérieure à peine aplatie, émoussées, charnues. Fleurs de type 5, massées les unes contre les autres ; pétales blanchâtres à rougeâtres, étroitement ovales, longs de 3 à 4 mm ; sépales ovales et pointus, longs de 2 mm ; 10 étamines.
<u>Floraison</u> : VI-VIII. <u>Habitat</u> : fissures des rochers, éboulis, groupements pionniers des pelouses ; toujours sur calcaire ; de 1 000 à 3 000 m d'altitude. <u>Distribution</u> : Alpes ; des Pyrénées à la péninsule balkanique.
<u>Espèce voisine</u> : **Orpin de Carinthie**, *S. atratum* ssp. *carinthiacum* (plante vert jaunâtre ; sépales émoussés, pétales blanc verdâtre), dans les Alpes orientales.

4. Joubarbe à toile-d'araignée ⓟ

Sempervivum arachnoideum
(Crassulacées)

Plante haute de 15 cm, à rosettes larges de 3 cm. Feuilles des rosettes lancéolées, densément couvertes de glandes, pourvues de longs poils laineux blancs, entremêlés et donnant l'impression qu'elles sont couvertes d'une toile d'araignée. Fleurs étoilées, larges de 1 à 2 cm, de types 8 à 12, rassemblées par groupes de 2 à 10 à l'extrémité des tiges ; pétales rose vif avec une veine médiane pourprée ; filets des étamines pourpres.
<u>Floraison</u> : VI-IX. <u>Habitat</u> : fissures des rochers, pelouses rocailleuses ; surtout sur sols pauvres en calcaire. <u>Distribution</u> : Alpes (à l'exception des Alpes du Nord à l'est de l'Allgäu) ; Pyrénées, Apennins.

1. Joubarbe des toits ⓟ
Sempervivum tectorum
(Crassulacées)

Plante haute de 50 cm, à tige glanduleuse et poilue, formant des rosettes largement ouvertes de 2 à 5 cm de diamètre. Feuilles des rosettes progressivement effilées en pointe, à limbe d'ordinaire entièrement glabre, mais à bord nettement cilié, vert bleuâtre, occasionnellement rougeâtre ; apex de feuilles dépourvu de tache foncée marquée. Base des feuilles caulinaires étroite. Inflorescence de plus de 30 fleurs ; 12 à 16 pétales, longs de 9 à 11 mm, rose pourpré ; filets des étamines pourpres.
Floraison : VI-IX. Habitat : fissures des rochers, pelouses lacunaires ; du fond des vallées à plus de 2 500 m. Distribution : Alpes, à l'est jusqu'au col du Brenner et au massif de l'Allgäu ; à travers les Alpes du Sud jusqu'au Frioul ; des Pyrénées aux Balkans.

2. Groseillier des rochers
Ribes petraeum
(Grossulariacées)

Buisson haut de 2 m. Feuilles larges de 5 à 9 cm, découpées en 3 à 5 lobes pointus, pourvus de dents aiguës. Pétiole plus long que la demi-largeur de la feuille. Fleurs rose verdâtre, en grappes pendantes. Fruits rouges, acides.
Floraison : IV-VI. Habitat : mégaphorbiée, forêts d'altitude, éboulis ; sur sols pauvres en cal-

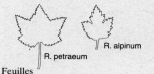
Feuilles

caire ; de 800 à 2 000 m d'altitude. Distribution : Alpes ; montagnes d'Europe, Afrique du Nord, Asie.

Espèce voisine : **Groseillier des Alpes**, *R. alpinum* (fleurs dressées : fruits insipides), sur calcaire.

3. Saxifrage à feuilles opposées ⓟ
Saxifraga oppositifolia
(Saxifragacées)

Saxifraga oppositifolia

Plante poussant en coussinets aplatis ; hampes florales courtes, densément feuillées, uniflores. Feuilles opposées, vert bleuâtre, ovales, épaisses, longues de plus de 2 mm, à bords ciliés, les cils se raccourcissant progressivement vers la pointe du limbe. Pétales 2 à 3 fois plus longs que les sépales, d'abord rouge vineux éclatant, ensuite violet bleuté ; sépales ciliés, non glanduleux.
Floraison : IV-IX. Habitat : fissures des rochers, éboulis et pelouses ouvertes ; indifférente à la nature du sol ; de 580 à 3 500 m d'altitude. Distribution : Alpes ; domaine arctique ; montagnes d'Europe, d'Amérique et d'Asie ; Balkans ; à l'est, atteint l'Himalaya.
Espèces voisines : **Saxifrage de Murith**, *S. murithiana* (calice glanduleux). **Saxifrage à feuilles ciliées**, *S. blepharophylla* (cils des bords des feuilles s'allongeant progressivement vers la pointe du limbe ; bord antérieur des feuilles arrondi). **Saxifrage de Rudolph**, *S. rudolphiana* (feuilles ne dépassant pas 2 mm de longueur ; plante poussant en coussinets denses et fermes), sur calcschistes, à partir de la vallée de l'Ötz, dans les chaînes alpines situées à l'est de cette dernière.

1. Saxifrage rétuse ⓟ
Saxifraga retusa
(Saxifragacées)

Plante poussant en coussinets denses. Feuilles opposées, longues de 2 à 4 mm, pourvues de 3 à 5 fossettes, réfléchies à partir du milieu ; bord de la feuille cilié uniquement dans sa moitié inférieure. Hampe florale glanduleuse tout au plus à la base, glabre ailleurs, portant 2 à 4 fleurs. Pétales uninervés. Calice glabre.
Floraison : V-VIII. Habitat : fissures des rochers, éboulis ; sur silice ; au-dessus de 2 000 m d'altitude. Distribution : Alpes du Sud-Ouest (des Alpes maritimes au Tessin occidental) et du Nord (Haute-Styrie et région salzbourgeoise limitrophe).
Remarque : les Alpes abritent quelques espèces voisines.

2. Saxifrage du Mercantour ⓟ
Saxifraga florulenta
(Saxifragacées)

Plante haute de 50 cm, donnant une unique rosette se desséchant après la floraison. Feuilles longues de 6 cm, larges de 1 cm, s'élargissant progressivement vers l'apex, pointues, coriaces, à bord cartilagineux et cilié. Fleurs à pédoncules courts, groupées en une longue panicule couverte de poils glanduleux. Pétales longs de 5 à 7 mm, rose pâle. Ovaire comptant souvent 3 styles, et même 5 styles au niveau des fleurs terminales.
Floraison : VII-VIII. Habitat : fentes des rochers silicatés ; de 2 000 à 3 000 m d'altitude. Distribution : endémique de la région centrale des Alpes maritimes.

3. Alisier nain
Sorbus chamaemespilus
(Rosacées)

Buisson haut de 3 m. Feuilles ovales, longues de 10 cm, indivises, coriaces, glabres, dentées, regroupées en touffes denses à l'extrémité des rameaux. Fleurs en panicules ombelliformes ; pétales longs de 4 à 5 mm, arrondis à ovales. Calice blanc, feutré. 2 styles. Fruit ovale, rouge éclatant puis brun-noir.
Floraison : VI-VIII. Habitat : brousses de Pins de montagne, pineraies claires, groupements de sous-arbrisseaux ; sur calcaire ; jusqu'à 2 500 m d'altitude. Distribution : Alpes ; montagnes d'Europe centrale et méridionale.

4. Églantier des Alpes
Rosa pendulina
(Rosacées)

Buisson haut de 1,50 m. Épines aciculaires, généralement disséminées, souvent absentes sur les rameaux supérieurs. Feuilles découpées en folioles à dents doubles et aiguës, occasionnellement pourvues de glandes pédonculées sur les nervures, glabres ailleurs. Pédoncules floraux généralement pourvus de glandes pédonculées ; pétales longs de 3 cm ; sépales entiers, dressés, demeurant en place jusqu'à la fructification, pourvus de glandes pédonculées. Cynorrhodon orangé, lagéniforme, pourvu de glandes pédonculées et de soies piquantes.
Floraison : V-VIII. Habitat : brousses de Pins de montagne, mégaphorbiée, clairs-bois d'altitude ; jusqu'à plus de 2 500 m. Distribution : Alpes ; montagnes du centre et du sud de l'Europe.

1

2|3

4

1. Potentille argentée ⓟ

Potentilla nitida
(Rosacées)

Plante croissant en coussinets, couverte de poils argentés, brillants. Feuilles basales brièvement pétiolées, généralement divisées en 3 folioles. Tiges portant 1 ou 2 fleurs. Fleurs atteignant 3 cm de diamètre; pétales arrondis, à bord antérieur émarginé; sépales largement lancéolés, rouge sombre à l'intérieur; filets des étamines rouge pourpré. Style long de 4 à 5 mm, filiforme, rouge pourpré.
Floraison: VI-VIII. Habitat: fissures des rochers, éboulis; uniquement sur calcaire et dolomies.
Distribution: Alpes calcaires méridionales, du lac de Côme en allant vers l'est, jusqu'à la Carniole, la Carinthie et la Styrie.

2. Bugrane du Mont-Cenis

Ononis cristata
(Papilionacées)

Plante haute de 15 cm, rampante, semée de poils glanduleux épars et sans épines. Fleurs solitaires, situées à l'extrémité d'un long pédoncule articulé partant de l'aisselle des feuilles. Étendard rose vif; ailes et carène blanchâtres. Fruit pendant, faiblement boursouflé, plus long que le calice, et densément couvert comme ce dernier de poils glanduleux.
Floraison: V-IX. Habitat: éboulis secs, versants rocailleux, bois clairs d'altitude; toujours sur calcaire; jusqu'à près de 2 000 m. Distribution: sud-ouest des Alpes; des montagnes de l'Espagne, à travers les Pyrénées, jusqu'aux Abruzzes.

3. Sainfoin de montagne

Onobrychis montana
(Papilionacées)

Plante haute de 50 cm, glabrescente à semée de poils épars. Feuilles divisées en 11 à 17 folioles allongées, glabres dessus, couvertes d'une pubescence rase au revers. Fleurs longues de 1 à 1,5 cm, roses, veinées de rouge sombre, regroupées en inflores-

Gousse O. montana

cences longuement pédonculées. Longueur de la carène dépassant de 2 mm celle de l'étendard; ailes aussi longues que le calice. Fruit long de 6 à 8 mm, semé de poils courts, portant 4 à 8 dents apicales longues de 0,5 à 2 mm.
Floraison: VI-VIII. Habitat: pelouses; sur calcaire; généralement au-dessus de 1 500 m d'altitude.
Distribution: Alpes; Apennins, Carpates, nord-ouest de la Yougoslavie.

4. Sainfoin crête-de-coq

Hedysarum hedysaroides
(Papilionacées)

Gousse

H. hedysaroides

Plante haute de 30 cm, à tige richement feuillée. Feuilles imparipennées, à folioles largement lancéolées, entières. Fleurs longues d'environ 2 cm, pendantes, rassemblées en grappes longuement pédonculées, unilatérales. Fruit plat, étranglé entre les graines.
Floraison: VII-VIII. Habitat: pelouses, peuplements de sous-arbrisseaux, mégaphorbiée; toujours sur calcaire; généralement au-dessus de 1 500 m d'altitude.
Distribution: Alpes; de l'Espagne centrale jusqu'aux Carpates et aux Sudètes.
Espèce voisine: **Sainfoin de Boutigny,** *H. boutignyanum* (folioles à bord antérieur émarginé; fleurs blanc jaunâtre ou blanches, veinées de violet pâle), dans le sud-ouest des Alpes.

1. Astragale de Lenzbourg ⓟ

Astragalus leontinus
(Papilionacées)

Plante haute de 20 cm, semée de poils épars, branchus. Stipules soudées à la base. Feuilles imparipennées, découpées en 11 à 21 folioles elliptiques, émoussées. Fleurs longues de 1,5 cm, dressées, presque sessiles, groupées en grappes denses à l'extrémité de pédoncules robustes, couverts de poils sombres dans leur partie supérieure, surplombant les feuilles. Pétales roses à bleu violacé; étendard étroitement ovale, légèrement émarginé au sommet, à peine plus long que les ailes, mais beaucoup plus long que la carène. Calice tubulaire, densément couvert de poils noirs apprimés, à peine renflé au flétrissement. Fruits longs de 1 cm, larges de 5 mm, à peine renflés, couverts de poils apprimés noirs et blancs.
Floraison : VI-VIII. Habitat: éboulis, pelouses lacunaires; clairs-bois de résineux ; toujours sur calcaire ; jusqu'à 2 500 m d'altitude environ. Distribution: Alpes, du Dauphiné au Val di Fassa, au Tyrol septentrional et oriental, et jusque dans les Alpes de Belluno.

2. Oxytropide de Jacquin

Oxytropis jacquinii
(Papilionacées)

Plante haute de 20 cm, semée de poils épars, à tiges d'ordinaire nettement développées. Feuilles imparipennées, vert bleuâtre, divisées en 25 à 41 folioles largement lancéolées, pointues. Stipules libres ou soudées par la base au pétiole. Inflorescence longuement pédonculée, à nombreuses fleurs; pétales violet pourpré, virant au bleu en se fanant; étendard long de 1 à 1,4 cm ; carène à pointe apicale en forme de dent. Dents du calice très courtes. Gousses dressées, en ovale allongé, légèrement velues, gla-

brescentes à maturité, émergeant du calice au bout d'un long pédicule.
Floraison : VII-VIII. Habitat: éboulis, pelouses lacunaires; sur calcaire; au-dessus de 1 500 m d'altitude. Distribution: Alpes.
Espèces voisines : **Oxytropide de Laponie,** *O. lapponica* (stipules soudées entre elles jusqu'au milieu, mais non avec le pétiole; gousse pendante, à poils sombres). **Oxytropide des Pyrénées,** *O. pyrenaica* (plante acaule; hampe florale couverte de poils dressés; gousses pendantes), à travers les Alpes du Sud jusqu'à la Raxalpe. **Oxytropide pauciflore,** *O. triflora* (plante acaule; hampe florale couverte de poils apprimés; 3 à 5 fleurs), sur calcschistes dans les Tauern. **Oxytropide helvétique,** *O. helvetica* (corolle bleu pâle à violet bleuâtre; plante acaule, couverte de poils gris et soyeux; hampe florale grêle, couchée), sur calcschistes dans le sud-ouest des Alpes. **Oxytropide améthyste,** *O. amethystea* (corolle pourpre clair, devenant gris violacé pâle en se fanant; plante acaule, couverte de poils laineux; hampe florale dressée), sur calcaire dans le sud-ouest des Alpes.

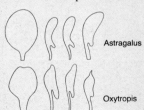

Étendard, ailes et carène

Remarque: les Alpes hébergent encore quelques autres espèces d'**Astragales** et d'**Oxytropides** malaisées à différencier. Chez les Astragales, la carène est émoussée, tandis qu'elle se termine par une petite pointe en forme de dent chez les Oxytropides.

1. Trèfle pâle

Trifolium pallescens
(Papilionacées)

Plante à tiges rampantes, glabres, ne s'enracinant pas au niveau des nœuds. Feuilles trifoliées, glabres. Inflorescences larges de 2 cm, à l'extrémité de longs pédoncules s'insérant à l'aisselle des feuilles. Fleurs pédonculées; pédoncule floral plus long que la base tubulaire du calice. Calice à 10 nervures. Corolle longue de 5 à 10 mm, blanc jaunâtre à rose.
<u>Floraison</u> : VI-VIII. <u>Habitat</u>: éboulis, pelouses lacunaires; sur sols pauvres en calcaire; de 1 800 à 3 000 m d'altitude. <u>Distribution</u> : surtout dans le centre et le sud des Alpes; des Pyrénées et du Massif central jusqu'à la péninsule balkanique.
<u>Espèces voisines</u> : **Trèfle bâtard,** *T. hybridum* (calice à 5 nervures; tige dressée; corolle blanche à rose). **Trèfle rampant,** *T. repens* (tiges rampantes et s'enracinant au niveau des nœuds; calice à 5 nervures; corolle blanche). **Trèfle gazonnant,** *T. thalii* (plante acaule; pédoncules des inflorescences émergeant de petites touffes de feuilles basales; hampes florales plus courtes que la base tubulaire du calice). **Trèfle des neiges,** *T. pratense* var. *frigidum* (plante dressée, couverte de poils apprimés; folioles couvertes de poils au moins au revers; inflorescences larges de 4 cm). **Trèfle norique,** *T. noricum* (tige couverte de poils dressés; corolle jaune pâle).

2. Trèfle des Alpes

Trifolium alpinum
(Papilionacées)

Plante haute de 20 cm, glabre, acaule. Feuilles toutes basales, pétiolées, trifoliées, à folioles étroites et longues de 10 cm. Fleurs pédonculées, longues de 2 cm, odorantes, réunies en gloméruleles lâches et longuement pédonculés.

<u>Floraison</u>: VI-VIII. <u>Habitat</u> : pelouses à végétation dense; sur sols profonds et acides; de 1 500 à 3 100 m d'altitude. <u>Distribution</u> : par vastes zones dans les Alpes; manque dans les Alpes calcaires septentrionales de l'Autriche à la Bavière, ainsi que dans les Alpes calcaires méridionales, à l'est de Sesto; du nord de l'Espagne jusqu'à la Transylvanie.

3. Cytise pourpré

Chamaecytisus purpureus
(Papilionacées)

Petit buisson haut de 50 cm, glabre à semé de poils épars. Rameaux couchés à la base, puis redressés. Feuilles trifoliées, pétiolées; folioles elliptiques. Fleurs solitaires ou regroupées (jusqu'à 4) à l'aisselle des feuilles. Calice cylindrique, beaucoup plus long que large, bilabié, à lèvre supérieure bilobée et lèvre inférieure pourvue de 3 courtes dents. Corolle longue de 1,5 à 2,5 cm; carène, ailes et étendard à bords ciliés dans leur partie inférieure. Gousse longue de 2 à 4 cm, large d'environ 5 mm, glabre.

C. purpureus

Calice

<u>Floraison</u> : IV-VI. <u>Habitat</u> : versants rocailleux, forêts claires; sur calcaire; jusqu'à 1 500 m d'altitude. <u>Distribution</u> : Alpes du Sud, du lac de Côme en allant vers l'est; Croatie, Istrie.

1. Géranium des bois

Geranium sylvaticum
(Géraniacées)

Plante haute de 70 cm, pourvue de poils glanduleux dans sa partie supérieure. Feuilles basales longuement pétiolées, larges de 15 cm, découpées en 5 à 7 lobes grossièrement et irrégulièrement dentés ; caulinaires supérieures petites, opposées. Fleurs réunies par paires au sommet d'inflorescences disposées en bouquets. Pétales violet rougeâtre, étalés, longs de 2 cm, à bord antérieur arrondi. Pédoncules floraux toujours dressés ; filets des étamines s'épaississant graduellement vers la base.
Floraison : VI-VIII. Habitat : mégaphorbiée, prairies, forêts d'altitude, brousses de Pins de montagne. Distribution : Alpes ; dans une grande partie de l'Eurasie.
Espèce voisine : **Géranium des prés,** *G. pratense* (pédoncules floraux s'incurvant vers le bas au flétrissement pour se redresser à nouveau à la fructification ; pétales violet bleuté, veinés de foncé ; filets des étamines s'épaississant brusquement à la base), dans les prairies humides et sur les berges des ruisseaux, à basse altitude.

2. Géranium à long rhizome

Geranium macrorrhizum
(Géraniacées)

Plante haute de 40 cm, à poils glanduleux très courts (0,05 mm), également pourvue de poils simples, longs et dressés. Rhizome épais, souvent partiellement aérien. Tige dressée, portant une seule paire de caulinaires situées à la base de l'inflorescence ; les autres feuilles toutes basales, larges de 10 cm, profondément divisées en 5 à 7 lobes, eux-mêmes faiblement découpés. Pétales obovales, longs de 2 cm, à bord antérieur arrondi ; sépales longs de 8 à 10 mm, portant une barbule apicale dressée.
Floraison : VI-VIII. Habitat : éboulis, pelouses, broussailles claires ; toujours sur calcaire ; d'environ 200 m à plus de 1 500 m d'altitude. Distribution : Alpes maritimes et sud-est des Alpes calcaires (à partir de la région du lac de Garde, en allant vers l'est) ; Apennins, péninsule balkanique.

3. Géranium argenté ⓟ

Geranium argenteum
(Géraniacées)

Plante haute de 15 cm, couverte de poils brillants, blanc d'argent. Feuilles basales disposées en rosette, longuement pétiolées, de 2 à 3 cm de diamètre, profondément divisées jusqu'à la base en 5 à 7 lobes. Fleurs pendantes lorsqu'elles sont en bouton, se redressant en s'épanouissant, émergeant à peine au-dessus des feuilles basales. Pétales obovales, longs d'environ 1,5 cm, d'ordinaire faiblement émarginés, rose pâle, veinulés de rouge vineux.
Floraison : VII-IX. Habitat : éboulis, fissures de rochers ; toujours sur calcaire ; d'environ 1 600 à plus de 2 000 m d'altitude. Distribution : Alpes calcaires méridionales, Dauphiné ; Apennins, Alpes apuanes.

1. Violette de l'Orobie
Viola comollia
(Violacées)

Plante haute de 5 cm, à tige courte et couchée. Feuilles entières, presque rondes, pétiolées. Stipules identiques, mais plus petites. Fleurs hautes de 2 à 3 cm ; pétales rose vif dessus, jaune pâle au revers. Éperon long de 2 à 4 mm. <u>Floraison</u> : VII-VIII. <u>Habitat</u> : éboulis silicatés ; au-dessus de 1 500 m d'altitude. <u>Distribution</u> :

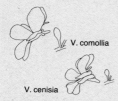

Fleurs et portion de tige avec stipule et pétiole

endémique des Alpes orobiennes (nord des Alpes bergamasques).
<u>Espèce voisine</u> : **Violette du Mont-Cenis**, *V. cenisia* (pétales rose violacé des deux côtés ; éperon long de 5 à 10 mm), sur calcaire ; des Alpes maritimes aux Grisons et jusqu'au massif du Säntis.

2. Épilobe en épi
Nériette, Épilobe à feuilles étroites
Epilobium angustifolium
(Onagrariées)

Plante haute de 1,80 m, à tige feuillée. Feuilles alternes, lancéolées, longues de 15 cm, larges de 2 cm, vert foncé dessus, vert bleuâtre au revers. Sépales étroits, presque aussi longs que les pétales, rougeâtres ; pétales inégaux, arrondis, étalés. <u>Floraison</u> : VI-IX. <u>Habitat</u> : coupes forestières, bords des chemins, éboulis, broussailles ; jusqu'à plus de 2 000 m. <u>Distribution</u> : Alpes ; Eurasie ; Amérique du Nord.

3. Épilobe des moraines
Epilobium fleischeri
(Onagrariées)

Plante haute de 50 cm. Feuilles alternes, à une seule nervure, longues de 4 cm, larges de 5 mm, étroitement lancéolées, glabres, à bord denté et glanduleux. Fleurs larges de 4 cm, de type 4 ; sépales étroits, presque aussi longs que les pétales, pourprés à brun-rouge ; pétales rose vif.
<u>Floraison</u> : VI-IX. <u>Habitat</u> : bords des ruisseaux, éboulis ; sur silice ; jusqu'à plus de 2 500 m d'altitude.
<u>Distribution</u> : des Alpes maritimes en allant vers l'est, et surtout dans les Alpes centales.
<u>Espèce voisine</u> : **Épilobe à feuilles de Romarin**, *E. dodonaei* (feuilles entières ; pétales rose tendre), sur calcaire, à basse altitude.

4. Daphné strié
Daphne striata
(Thyméléacées)

Sous-arbrisseau haut de 40 cm, toujours vert. Feuilles regroupées à l'extrémité des rameaux, étroitement cunéiformes, émoussées, coriaces. Fleurs rassemblées en bouquets à l'extrémité des rameaux, glabres à l'extérieur, délicatement striées, odorantes.
<u>Floraison</u> : V-VIII. <u>Habitat</u> : pelouses lacunaires, brousses claires de Pins de montagne ; généralement sur calcaire ; jusqu'à plus de 2 500 m d'altitude. <u>Distribution</u> : Alpes, à partir du lac des Quatre-Cantons en allant vers l'est.
<u>Espèces voisines</u> : **Fausse-Camélée**, *D. cneorum* (fleurs unicolores, velues à l'extérieur). **Daphné rupestre**, *D. petraea* (sous-arbrisseau rampant à rameaux noueux ; fleurs couvertes à l'extérieur d'une pilosité dense), dans les fissures des rochers dolomitiques des Alpes du Sud.

1. Livèche mutelline

Ligusticum mutellina
(Ombellifères)

Plante haute de 50 cm, glabre. Feuilles plusieurs fois pennées, à segments terminaux linéaires. Ombelles généralement dépourvues de bractées; bractéoles lancéolées, à peu près aussi longues que les pédoncules floraux. Pétales rose blanchâtre à rouges. Fruit ovale, long de 4 à 6 mm, large de 3 mm,

L. mutellina
L. mutellinoides
Fruits

brunâtre, glabre, à côtes longitudinales claires.
Floraison : VI-IX. Habitat : alpages, brousses d'Aulnes verts et groupements de sous-arbrisseaux, forêts d'altitude; généralement au-dessus de 1 500 m. Distribution : Alpes; montagnes du centre et du sud de l'Europe.
Espèce voisine : **Livèche naine,** *L. mutellinoides* (ombelles pourvues de nombreuses bractées aussi longues que les rayons externes de l'ombelle, sur lesquels elles sont plaquées).

2. Grand Boucage

Pimpinella major
(Ombellifères)

Plante haute de 1 m, d'ordinaire entièrement glabre. Tige creuse et fortement cannelée. Feuilles imparipennées, divisées une seule fois. Feuilles basales pourvues de 4 à 8 segments latéraux ovales, irrégulièrement dentés, et d'un segment terminal souvent trilobé; caulinaires identiques, devenant plus petites vers le haut de la tige. Ombelles comptant 10 à 15 rayons; ni bractées ni bractéoles; pétales blancs à basse altitude, rose à rouge vineux à plus haute altitude.

Style plus long que l'ensemble fruit + coussinet discoïde après la chute des pétales. Fruit mûr largement ovale, glabre, brun, avec des côtes longitudinales claires.

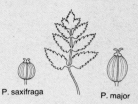

P. saxifraga
P. major

Feuille basale et fruits

Floraison : VI-IX. Habitat : pelouses, broussailles, forêts d'altitude, mégaphorbiée, reposoirs; jusqu'à plus de 2 000 m d'altitude. Distribution : Alpes; dans presque toute l'Europe.
Espèce voisine : **Boucage saxifrage,** *P. saxifraga* (tige finement ridulée ou parfaitement lisse, pleine; feuille caulinaire inférieure semblable aux feuilles basales; autres caulinaires très petites, à segments profondément divisés).

3. Azalée naine

Loiseleuria procumbens
(Éricacées)

Buisson nain à port prostré, à rameaux densément feuillés. Feuilles coriaces, toujours vertes, étroitement elliptiques, longues d'environ 5 mm et larges de 2 mm, à bord entier et retroussé vers le bas. Corolle en clochette largement ouverte, profondément découpée en 5 lobes. Sépales non soudés, rouge sombre.
Floraison : VI-VII. Habitat : blocs rocheux, arêtes protégées de l'enneigement, landes à sous-arbrisseaux, cariçaies à Laîche courbée; toujours sur silice ou sur humus grossier; jusqu'à 3 000 m d'altitude. Distribution : hautes montagnes d'Europe; domaine arctique.

1. Rhododendron nain

Rhodothamnus chamaecistus
(Éricacées)

Buisson nain de 10 à 30 cm de hauteur, à ramifications lâches. Feuilles allongées, serratées, ciliées, toujours vertes, plus nombreuses à l'extrémité des rameaux. Fleurs situées sur de longues hampes couvertes de poils glanduleux ; corolle large de 3 cm, découpée en 5 lobes presque jusqu'à la base. Calice profondément divisé en 5 lobes ; sépales glanduleux sur les bords. Anthères brun-noir.

Floraison : V-VII. Habitat : fissures des rochers et éboulis ; plus rarement dans les brousses de Pins de montagne ; sur calcaire ou dolomies ; jusqu'à plus de 2 000 m d'altitude. Distribution : Alpes, à partir du lac de Côme, dans les massifs de la Brenta et de l'Allgäu, en allant vers l'est.

2. Rhododendron hirsute

Rhododendron hirsutum
(Éricacées)

Sous-arbrisseau très abondamment ramifié, à rameaux régulièrement feuillés. Feuilles plates, vertes sur les 2 faces, à bords pourvus de larges dents et de cils dressés. Pétales soudés sur une bonne longueur ; corolle campanulée, rouge clair.

Floraison : VI-VIII. Habitat : des éboulis jusque dans les clairs-bois d'altitude ; sur calcaire ; jusqu'à plus de 2 500 m. Distribution : zones calcaires des Alpes centrales et orientales ; Tatras, Balkans.

Espèce voisine : **Rhododendron ferrugineux,** *R. ferrugineum* (feuilles à bords retroussés vers le bas, à revers densément couvert d'écailles brun rouille, regroupées à l'extrémité des rameaux ; corolle rouge éclatant), sur sols acides (photographie p. 2 et 3).

3. Bruyère des neiges

Erica herbacea (= *E. carnea*)
(Éricacées)

Buisson nain atteignant 30 cm de hauteur. Feuilles en aiguille, toujours vertes, disposées en verticilles de 4. Fleurs groupées en grappes unilatérales ; corolle en clochette étroite, longue de 5 mm ; sépales rougeâtres, atteignant la demi-longueur de la corolle. Anthères brun sombre, émergeant de la corolle.

Floraison : III-IV. Habitat : éboulis, pelouses, brousses de Pins de montagne, clairs-bois de résineux ; généralement sur calcaire ; du fond des vallées jusqu'au-dessus de la limite supérieure de la forêt. Distribution : Alpes, à partir du lac Léman et des Alpes maritimes, en allant vers l'est ; Préalpes ; Tatras, Apennins, Slovénie.

4. Primevère naine

Primula minima
(Primulacées)

Plante haute de 4 cm. Feuilles massées en rosettes, cunéiformes, longues de 2 cm, luisantes, tronquées antérieurement, à bords pourvus de grandes dents aiguës et cartilagineuses. Fleurs de 3 cm de diamètre, généralement solitaires, à hampe à peine visible ; lobes des pétales profondément divisés ; calice en clochette étroite.

Floraison : VI-VII. Habitat : éboulis, combes à neige, pelouses, landes à sous-arbrisseaux ; sur sols pauvres en calcaire ; d'environ 1 500 à 3 000 m d'altitude. Distribution : Alpes, des massifs du Karwendel et du Wetterstein, au nord, et du Monte Tonale, au sud, en allant vers l'est ; Carpates, Balkans.

1. Primevère farineuse

Primula farinosa
(Primulacées)

Plante haute de 30 cm. Feuilles basales, spatulées, vertes dessus, couvertes au revers d'une poudre farineuse, avec le bord à dents crénelées. Fleurs longues de 1 à 1,5 cm, à l'extrémité d'une hampe farineuse dans sa partie supérieure ; corolle à 5 lobes, large de 8 à 15 mm ; calice aussi long que la base tubulaire de la corolle.
<u>Floraison</u> : V-VII. <u>Habitat</u> : tourbières plates, pelouses, éboulis ; sur calcaire ; du niveau des plaines jusqu'au-dessus de la limite supé-

Fleurs

rieure de la forêt. <u>Distribution</u> : Alpes et Préalpes ; domaine arctique ; montagnes d'Europe.
<u>Espèce voisine</u> : **Primevère de Haller,** *P. halleri*.

2. Primevère à larges feuilles

Primula latifolia
(Primulacées)

Plante haute de 20 cm, à feuilles toutes basales, longues de 15 cm, obovales, charnues, visqueuses, à bord ni blanc, ni cartilagineux, et pourvues de dents grossières à l'apex. Fleurs odorantes, portées par une hampe glanduleuse ; calice long de 6 mm ; corolle farineuse à la gorge, infundibuliforme, à lobes faiblement émarginés.
<u>Floraison</u> : VI-VIII. <u>Habitat</u> : fissures des rochers, éboulis ; sur silice ; de 2 000 à 3 000 m d'altitude.
<u>Distribution</u> : de la Basse-Engadine, de la Valteline et des Alpes bergamasques en allant vers l'ouest, jusque dans les Pyrénées orientales.

3. Primevère du Piémont

Primula pedemontana
(Primulacées)

Plante haute de 15 cm. Feuilles basales, longues de 5 cm, larges de 3 cm, s'amincissant graduellement au niveau du pétiole, dentées ou presque entières, glabres sur le limbe, à bords pourvus de courts poils glanduleux souvent rouges. Fleurs larges d'environ 2 cm, portées par une hampe couverte de poils glanduleux. Lobes des pétales émarginés ; base tubulaire de la corolle portant des poils glanduleux sur sa face externe.

Primula spectabilis

<u>Floraison</u> : V-VII. <u>Habitat</u> : pelouses lacunaires, fissures des rochers, éboulis ; sur sols pauvres en calcaire ; de 1 300 à 3 000 m d'altitude. <u>Distribution</u> : Alpes Grées et Cottiennes ; nord de l'Espagne.
<u>Remarque</u> : il existe quelques espèces voisines, à feuilles entières et glabres sur les bords, ou tout au plus pourvues de quelques glandes sessiles sur ceux-ci, notamment la **Primevère remarquable,** *P. spectabilis* (dessus des feuilles pourvu de points glanduleux translucides), dans les Alpes du Sud, du massif de la Brenta jusqu'aux Alpes de Vicence, et la **Primevère glaucescente,** *P. glaucescens* (feuilles entièrement glabres, pointues, vert glauque), du lac de Côme jusqu'aux Alpes judicariennes.

1. Primevère hirsute

Primula hirsuta
(Primulacées)

Plante haute de 10 cm, densément couverte de poils glanduleux blancs. Feuilles visqueuses, à bords dentés, s'amincissant brusquement en courts pétioles ailés. Fleurs de 2 cm de diamètre environ ; hampe généralement plus courte que les feuilles ; pédoncules floraux souvent presque aussi longs que la hampe. Lobes des pétales émarginés ; base tubulaire de la corolle pourvue de poils glanduleux sur sa face externe. Calice brièvement campanulé, long de 3 à 7 mm, à dents triangulaires.

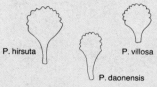

Feuilles basales

Floraison : IV-VI. Habitat : éboulis, fissures des rochers, pelouses lacunaires ; sur sols pauvres en calcaire ; généralement au-dessus de 1 500 m d'altitude. Distribution : des Alpes Grées aux Hautes Tauern.
Espèces voisines : **Primevère de Daone**, *P. daonensis* (hampe souvent plus longue que les feuilles ; poils glanduleux rouges ; dents du calice arrondies à ovales, émoussées), du nord des Alpes bergamasques jusqu'au massif de l'Ortler et aux Alpes judicariennes. **Primevère velue,** *P. villosa* (hampe souvent plus longue que les feuilles ; poils glanduleux rouges, dents du calice courtes et traingulaires), dans les Alpes noriques.

2. Primevère à feuilles entières

Primula integrifolia
(Primulacées)

Plante haute de 5 cm, pourvue de courts poils glanduleux incolores, à peine visqueuse. Feuilles molles, vert clair, longues de 3 cm, larges de 1 cm, entières. Fleurs larges de 1,5 à 2,5 cm, presque sessiles, généralement groupées par 2 sur une très courte hampe ; lobes des pétales incisés ; dents du calice ovales, émoussées.
Floraison : V-VII. Habitat : sols humides, pauvres en calcaire ; généralement au-dessus de 2 000 m d'altitude. Distribution : du Vorarlberg et du Monte Tonale en allant vers l'ouest, jusqu'à l'Oberland bernois et la Savoie ; Pyrénées.

3. Androsace carnée

Androsace carnea
(Primulacées)

Plante croissant en rosettes peu nombreuses. Feuilles longues de 5 à 15 mm, linéaires, lancéolées, entières, mates, pourvues de poils branchus comportant généralement 3 rayons, voire davantage. Inflorescence ombelliforme, portée par une hampe distincte ; pédoncules floraux longs de 2 à 10 mm, couverts comme la hampe de poils très courts (longs de 0,05 à 0,02 mm), simples et ramifiés. Corolle rose pâle à rose sombre (rarement blanche), à gorge jaune ; lobes des pétales sensiblement aussi longs que la base tubulaire de la corolle, longs de 2 à 4 mm, arrondis ou légèrement émarginés.
Floraison : VI-VIII. Habitat : éboulis stabilisés et pelouses écorchées ; sur silice ; généralement au-dessus de 2 000 m d'altitude. Distribution : régions silicatées des Alpes occidentales ; à l'est, jusqu'au Simplon ; Pyrénées.

154

1. Androsace des Alpes

Androsace alpina
(Primulacées)

Plante haute de 5 cm, croissant en coussinets lâches, pourvue de poils courts. Feuilles longues de 3 à 6 mm, massées en rosettes à l'extrémité des rameaux, à limbe glabre sur le dessus. Fleurs solitaires, s'épanouissant pratiquement au ras du coussinet; corolle large de 5 mm, à lobes arrondis.
<u>Floraison</u>: VII-VIII. <u>Habitat</u>: sols pauvres en calcaire, longtemps enneigés; de 2 000 à 4 000 m d'altitude. <u>Distribution</u>: dans les Alpes centrales; rares dans les Alpes septentrionales et méridionales.

2. Cyclamen d'Europe

Cyclamen purpurascens
(= *C. europaeum*)
(Primulacées) Ⓟ

Plante à feuilles larges, ovales à réuniformes, tachetées de clair sur le dessus, pourprées au revers. Fleurs solitaires, pendantes, odorantes; lobes des pétales longs de 2 cm, réfléchis.
<u>Floraison</u>: VI-IX. <u>Habitat</u>: forêts d'altitude, broussailles, pelouses lacunaires; sur calcaire; jusqu'à 2 000 m. <u>Distribution</u>: Alpes, du sud-est de la France aux Carpates et vers la Yougoslavie.

3. Armérie des Alpes

Armeria maritima ssp. *alpina*
(Plombaginacées)

Plante haute de 30 cm, croissant généralement en coussinets denses. Feuilles graminiformes, longues de 8 cm. Tige glabre, aphylle. Fleurs regroupées en inflorescences globuleuses à l'aisselle de bractées membraneuses.
<u>Floraison</u>: VI-IX. <u>Habitat</u>: fissures des rochers, éboulis, pelouses lacunaires; surtout sur calcaire et calcschiste; de 1 500 à 3 000 m d'altitude. <u>Distribution</u>: Alpes; Espagne; Pyrénées, Carpates.

4. Cortuse de Matthiole Ⓟ

Cortusa matthioli
(Primulacées)

Cortusa matthioli

Plante haute de 50 cm, glanduleuse et couverte de poils hirsutes. Feuilles basales, arrondies, irrégulièrement lobées, grossièrement dentées, larges de 10 cm. Fleurs longuement pédonculées, au sommet d'une longue hampe. Corolle infundibuliforme, longue de 1 cm, divisée en 5 lobes courts.
<u>Floraison</u>: VI-VIII. <u>Habitat</u>: éboulis humides, mégaphorbiée, broussailles d'Aulnes verts; jusqu'à 2 000 m. <u>Distribution</u>: Alpes; montagnes de l'Eurasie.

5. Gentiane de Pannonie Ⓟ

Gentiana pannonica
(Gentianacées)

Plante haute de 60 cm. Feuilles opposées en croix, elliptiques à lancéolées. Fleurs situées à l'aisselle des caulinaires supérieures; calice campanulé, pourvu de 5 à 8 dents réfléchies.
<u>Floraison</u>: VI-IX. <u>Habitat</u>: alpages, mégaphorbiée, forêts d'altitude; généralement au-dessus

G. pannonica   G. purpurea
Calices

de 1 300 m. <u>Distribution</u>: Alpes, de la Basse-Autriche à la Bavière; plus à l'ouest, dispersée çà et là.
<u>Espèce voisine</u>: **Gentiane pourpre**, *G. purpurea*, d'Obserstdorf et de Landeck en allant vers l'ouest.

1. Gentiane rude ⓟ

Gentianella aspera
(Gentianacées)

Plante glabre, haute de 40 cm, souvent ramifiée dès la base. Feuilles caulinaires ovales, à bords papilleux et pourvus de poils rudes. Corolle divisée en 5 segments dans sa partie supérieure, longue de 3 à 4 cm, généralement violette, rarement blanche, à gorge barbue ; lobes de la corolle longs de 9 à 15 mm, larges de 5 à 10 mm ; calice tubulaire, accolé à la corolle, à lobes lancéolés, légèrement inégaux, à bord souvent retroussé, à nervure médiane rugueuse et papilleuse ; lobes séparés par des interstices aigus.

Floraison : V-X. Habitat : pelouses lacunaires, alpages, brousses lâches de Pins de montagne, éboulis stabilisés ; généralement sur calcaire ; jusqu'à plus de 2 000 m d'altitude.

Distribution : Alpes orientales et centrales ; montagnes du sud de l'Allemagne et de la Tchécoslovaquie occidentale.

Espèces voisines : nombreuses dans les Alpes ; les deux suivantes sont les plus facilement reconnaissables : **Gentiane germanique**, *G. germanica* (calice à lobes lisses) ; **Gentiane des champs**, *G. campestris* (corolle à 4 lobes).

Remarque : le genre *Gentianella* se distingue du genre *Gentiana* par la barbe garnissant la gorge de la corolle.

2. Lamier à grandes fleurs

Lamium orvala
(Labiées)

Plante haute de 1 m, dépourvue de stolons. Tige quadrangulaire, semée de poils épars. Feuilles cordiformes, pétiolées, opposées, longues de 15 cm et larges de 10 cm, grossièrement dentées. Fleurs verticillées, situées à l'aisselle des feuilles supérieures ; corolle longue de 3 à 4 cm, à peine cintrée ; lèvre inférieure maculée de sombre, pourvue de très petites dents sur les bords latéraux. Anthères violettes, glabres.

Floraison : V-VII. Habitat : broussailles, forêts d'altitude, mégaphorbiée ; jusqu'à 1 500 m. Distribution : Alpes du Sud, des Alpes bergamasques en allant vers l'est ; péninsule balkanique.

Espèce voisine : **Lamier tacheté**, *L. maculatum* (plante stolonifère ; corolle longue de 2 à 3 cm, à base tubulaire nettement cintrée ; anthères poilues), dans les forêts d'altitude.

3. Épiaire à fleurs denses

Stachys monieri (= S. densiflora)
(Labiées)

Plante haute de 30 cm, couverte de poils dressés. Tige quadrangulaire. Feuilles opposées, étroitement ovales, dentées, à base cordiforme. Fleurs massées à l'extrémité de la tige ; corolle longue de 1,5 à 2,2 cm, bilabiée. Lèvre supérieure entière, aplatie. Étamines droites, pointées en avant.

Floraison : VII-VIII. Habitat : prairies sèches, groupements de sous-arbrisseaux ; de 1 000 à 2 500 m d'altitude. Distribution : ouest et sud des Alpes ; montagnes du sud de l'Europe.

1|2

3

1. Thym velu

Thymus praecox ssp. *polytrichus*
(Labiées)

Buisson nain à rameaux rampants non prolongés par des pousses florifères. Pousses florales quadrangulaires, hautes de 10 cm, velues sur les 2 faces. Feuilles arrondies, ciliées à la base.
Floraison : V-VIII. Habitat : éboulis stabilisés, pelouses lacunaires ; sur calcaire. Distribution : dans les Alpes, jusqu'à 2 500 m ; montagnes d'Europe méridionale et du sud de l'Europe centrale.

2. Micromérie marginée

Micromeria marginata
(Labiées)

Buisson haut de 20 cm, à rameaux velus. Feuilles ovales, longues de 6 à 12 mm, entières. Fleurs pédonculées, situées à l'aisselle des feuilles supérieures ; corolle longue de 1,2 à 1,6 cm. Branches du style d'égale longueur, pointues. Calice à 13 nervures, à dents en alène.
Floraison : VII-IX. Habitat : fissures des rochers calcaires ; jusqu'à 2 000 m d'altitude. Distribution : Alpes maritimes et ligures.

3. Mandeline des Alpes

Erinus alpinus
(Scrofulariacées)

Plante haute de 30 cm, légèrement visqueuse et semée de poils laineux épars. Feuilles longues de 2 cm, spatulées, à dents crénelées. Calice divisé presque jusqu'à la base en 5 segments ; corolle large de 1 cm, divisée en 5 lobes inégaux.
Floraison : IV-VII. Habitat : fissures des rochers, éboulis, pelouses lacunaires ; sur calcaire ; de 1 500 à 2 500 m d'altitude. Distribution : Alpes, à l'est jusqu'à l'Arlberg et la région du lac de Garde ; du sud de l'Espagne à l'Italie centrale.

4. Véronique à feuilles d'Ortie

Veronica urticifolia
(Scrofulariacées)

Plante haute de 70 cm, semée de poils épars. Feuilles ovales, sessiles, grossièrement dentées. Fleurs réunies en grappes longuement pédonculées s'insérant à l'aisselle des feuilles caulinaires supérieures. Pédoncules floraux glanduleux ; corolle large de 8 mm,

Fruit

blanc rosé veiné de rose sombre. 2 étamines.
Floraison : VI-IX. Habitat : forêts d'altitude, mégaphorbiée ; jusqu'à 2 000 m. Distribution : Alpes et Préalpes ; montagnes d'Europe.

5. Véronique ligneuse

Veronica fruticulosa
(Scrofulariacées)
Plante haute de 20 cm, à tiges légèrement ligneuses et ramifiées depuis la base. Feuilles opposées, allongées, légèrement crénelées. Fleurs réunies en une panicule pauciflore couverte de poils glanduleux et duveteux. Pédoncules floraux, calice et capsule couverts de poils glanduleux. Corolle étalée, rose pâle, veinée de foncé. 2 étamines.

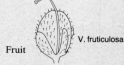
Fruit

Floraison : V-VIII. Habitat : fissures des rochers, éboulis, pelouses lacunaires ; sur calcaire et silice ; jusqu'à 2 700 m d'altitude. Distribution : Alpes (sauf le Nord-Est) ; Espagne, Pyrénées, Vosges.

1. Pédiculaire rose

Pedicularis rosea ssp. *rosea*
(Scrofulariacées)

Plante haute de 20 cm, à tige glabre dans sa partie inférieure et couverte vers le haut de longs poils blancs. Feuilles pennées. Bractées tout au plus aussi longues que les fleurs ; corolle large de 1,2 à 1,8 cm ; lèvre supérieure droite, à bord antérieur arrondi, émoussée. Filets des 2 plus longues étamines densément couverts de poils ; calice densément couvert de poils laineux entremêlés.
Floraison : VII-VIII. Habitat : éboulis, pelouses lacunaires ; sur calcaire ; généralement au-dessus de 1 800 m d'altitude. Distribution : Alpes, du massif du Totes Gebirge et des Alpes bergamasques en allant vers l'est.
Espèce voisine : **Pédiculaire d'Allioni**, *P. rosea* ssp. *allionii* (bractées plus longues que les fleurs ; filets des étamines glabres ou glabrescents), dans le sud-ouest des Alpes.

2. Pédiculaire rostrée

Pedicularis rostrocapitata
(Scrofulariacées)

Plante haute de 20 cm, à tige arquée, dressée, émergeant latéralement de la base d'une rosette de feuilles basales. Feuilles doublement pennées. Fleurs réunies en une grappe globuleuse ; corolle

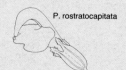

P. rostratocapitata

Fleur

longue de 15 à 25 cm ; lèvre supérieure s'amincissant en bec allongé ; lèvre inférieure à bord cilié ; calice uniquement cilié sur les bords, à dents foliacées et crénelées.

Floraison : VI-VIII. Habitat : pelouses lacunaires ; sur calcaire ; généralement au-dessus de 1 500 m d'altitude. Distribution : Alpes, de Saint-Gall et des Alpes bergamasques en allant vers l'est.
Remarque : les Alpes abritent quelques espèces voisines.

3. Pédiculaire tronquée

Pedicularis recutita
(Scrofulariacées)

Plante haute de 60 cm, à tige feuillée. Feuilles pennées, à segments doublement serratés. Bractées divisées à entières ; calice glabre ; corolle longue de 1,5 cm, glabre, vert jaunâtre, lavée de rouge sombre.
Floraison : VI-VIII. Habitat : groupements fontinaux, cariçaies à Laîche ferrugineuse, mégaphorbiaie, brousses d'Aulnes verts ; de 1 000 à 2 500 m d'altitude. Distribution : Alpes, de la Savoie à la Basse-Autriche et jusqu'au massif du Bachergebirge.

4. Pédiculaire verticillée

Pedicularis verticillata
(Scrofulariacées)

Plante haute de 30 cm, à tige velue. Feuilles profondément pennées, les caulinaires verticillées, sessiles. Corolle à lèvre supérieure presque droite, non rostrée ; calice renflé, couvert de poils gris.
Floraison : VI-VIII. Habitat : pelouses rocailleuses ; toujours sur sols riches en calcaire ; généralement au-dessus de 1 500 m d'altitude. Distribution : Alpes ; Espagne, Pyrénées. Apennins, péninsule balkanique, Carpates.

1

2

3|4

1. Scabieuse luisante
Scabiosa lucida
(Dipsacacées)

Plante haute de 40 cm, presque glabre. Feuilles basales ovales à lancéolées, à bord crénelé ; caulinaires supérieures pennées. Fleurs réunies en capitule large de 3 cm, entouré de bractées. Corolle à 5 lobes inégaux ; fleurs périphériques plus grandes. Calice pourvu de 5 soies carénées, aplaties et élargies à la base, dépassant les boutons floraux, et entouré d'un calicule scarieux, haut de plus de 1 mm.

<u>Floraison</u> : VI-IX. <u>Habitat</u> : éboulis, pelouses ; généralement sur calcaire et au-dessus de 1 000 m d'altitude. <u>Distribution</u> : Alpes ; des Pyrénées à la péninsule balkanique ; Apennins, Carpates, Vosges.

S. lucida   Knautia dipsacifolia

Fruits

Remarque : les Alpes hébergent toute une série d'autres espèces de Scabieuses, pas toujours faciles à différencier, auxquelles se mêlent de nombreuses espèces de **Knauties** (*Knautia*). Ces dernières se distinguent des Scabieuses par leurs corolles à 4 lobes, leur calicule insignifiant, de 0,3 mm de hauteur maximale, et leur calice portant habituellement 8 à 10 soies.

2. Chèvrefeuille des Alpes
Lonicera alpigena
(Caprifoliacées)

Buisson haut de 3 m. Feuilles vert vif, longues de 10 cm, elliptiques, généralement étirées en pointe, glabres ou semées de poils épars. Fleurs géminées sur un pédoncule commun, long de 2,5 à 5 cm ; calice indistinct ; corolle longue de 1,5 à 2 cm, bilabiée, jaunâtre à la base, brun rougeâtre dans sa partie antérieure. Ovaires géminés, presque complètement fusionnés. Fruits rouge cerise à maturité, arrondis, d'environ 1 cm de diamètre.

<u>Floraison</u> : V-VII. <u>Habitat</u> : forêts d'altitude, broussailles, mégaphorbiée ; sur sols riches en calcaire ; jusqu'à 1 950 m d'altitude.
<u>Distribution</u> : Alpes et Préalpes ; montagnes du centre et du sud de l'Europe.

3. Centranthe à feuilles étroites
Centranthus angustifolius
(Valérianacées)

Plante vivace haute de 80 cm, à nombreuses tiges. Feuilles linéaires, entières, longues de 10 cm, larges de 5 mm, vert glauque. Fleurs réunies en corymbes denses ; pétales roses, étalés, longs de 3 mm ; partie tubulaire de la corolle longue de 7 à 10 mm ; éperon long de 2 à 4 mm. Fruit long d'environ 5 mm, portant une couronne plumeuse longue de 1 cm.

<u>Floraison</u> : V-VIII. <u>Habitat</u> : éboulis calcaires, jusqu'à 2 000 m d'altitude. <u>Distribution</u> : sud-ouest des Alpes ; Jura, sud et ouest de la France, Apennins.
<u>Espèce voisine</u> : **Centranthe rouge,** *C. ruber* (feuilles lancéolées, larges de plus de 5 mm ; éperon long de 5 à 10 mm), à basse altitude.

1. Valériane des montagnes
Valeriana montana
(Valérianacées)

Plante haute de 60 cm. Feuilles basales elliptiques, s'amincissant au niveau du pétiole; caulinaires opposées, ovales, sessiles. Fleurs réunies en corymbes denses et terminaux. Corolle longue de 4 à 5 mm, rose lilas à presque blanche.
Floraison : IV-VIII. Habitat : fissures de rochers, éboulis ; toujours sur calcaire ; jusqu'à plus de 2 000 m d'altitude. Distribution : Alpes ; Carpates, montagnes du sud de l'Europe.

2. Valériane naine
Valeriana supina
(Valérianacées)

Plante haute de 5 à 15 cm, croissant en touffe lâche et gazonnante. Feuilles épaisses, portant des cils courts sur les bords, spatulées à presque rondes, entières ou pourvues de dents espacées. Fleurs groupées en corymbes terminaux, entourés de bractées linéaires. Corolle longue de 4 à 5 mm.
Floraison : VII-VIII. Habitat : éboulis ; sur calcaire ou dolomies ; de 1 500 à 2 500 m d'altitude. Distribution : est des Alpes, des Grisons à la Carniole.

3. Adénostyle tomenteuse
Adenostyles leucophylla
(Composées tubuliflores)

Plante haute de 50 cm, à tige feutrée de poils blancs. Feuilles basales larges de 10 cm, triangulaires, cordiformes, tomenteuses et blanches, grossièrement dentées. Fleurs toutes tubuleuses, rouges, réunies en capitules de plus de 10 unités, eux-mêmes rassemblés en grands corymbes.
Floraison : VI-IX. Habitat : éboulis silicatés ; jusqu'à plus de 2 000 m d'altitude. Distribution : sud-ouest des Alpes.

Espèces voisines : **Adénostyle à feuilles d'Alliaire,** *A. alliariae,* dans la mégaphorbiée et les brousses d'Aulnes verts. **Adénostyle des Alpes,** *A. alpina,* sur calcaire.

4. Vergerette hérissée
Erigeron uniflorus
(Composées tubuliflores)

Plante haute de 15 cm, à tiges non glanduleuses et portant un seul capitule. Fleurs entières, glabres ou semées de poils épars, celles du bas étroitement spatulées ; caulinaires étroites, sessiles. Capitules larges de 1 à 2,5 cm ; fleurs ligulées larges de moins de 1 mm, lilas pâle ou roses, rarement blanches ; fleurons jaunes, pourprés à l'apex ; pas d'étamines. Involucre hémisphérique, souvent lavé de rougeâtre, couvert de poils laineux emmêlés, blanchâtres.
Floraison : VI-IX. Habitat : pelouses, fissures des rochers ; sur sols superficiellement dépourvus de calcaire ; généralement au-dessus de 1 600 m d'altitude. Distribution : Alpes ; montagnes du centre et du sud de l'Europe ; domaine arctique.

5. Tussilage discolore
Homogyne discolor
(Composées tubuliflores)

Plante haute de 10 à 40 cm, à tige portant un seul capitule. Feuilles coriaces, arrondies, dentées, vert sombre dessus, feutrées de poils blancs au revers. Bractées brun-rouge, disposées sur un seul rang. Fleurs rougeâtres, toutes tubuleuses.
Floraison : V-VIII. Habitat : pelouses, groupements de sous-arbrisseaux, forêts d'altitude ; sur calcaire ; généralement au-dessus de 1 500 m. Distribution : Alpes, de Berchtesgaden et du lac de Garde en allant vers l'est.
Espèce voisine : **Tussilage des Alpes,** *H. alpina* (feuilles non feutrées de poils blancs au revers).

1. Centaurée alpestre

Centaurea alpestris
(Composées tubuliflores)

Plante haute de 1 m, semée de poils épars. Feuilles basales pétiolées, généralement divisées; caulinaires supérieures sessiles, profondément divisées. Involucre large de 2 à 2,5 mm; bractées ovales; appendices triangulaires, ovales, brun-noir, recouvrant les bractées; involucre paraissant de ce fait noirâtre. Fleurs périphériques généralement beaucoup plus longues que les fleurs centrales.
Floraison : VI-IX. Habitat: alpages, broussailles, mégaphorbiée; généralement sur calcaire; jusqu'à plus de 2 000 m d'altitude. Distribution : des Pyrénées aux Carpates occidentales.

2. Centaurée chevelue

Centaurea pseudophrygia
(Composées tubuliflores)

Plante haute de 80 cm, couverte de poils rudes. Feuilles indivises, entières ou dentées; caulinaires supérieures entières. Involucre largement ovale, de 2 cm de diamètre; appendices des bractées médianes ovales, brun-noir, se prolongeant graduellement en pointe filiforme, généralement réfléchie et plumeuse. Fleurs toutes tubuleuses, celles de la périphérie plus grandes.

Écaille involucrale

C. pseudophrygia

Floraison : VII-IX. Habitat: prairies, broussailles, orées forestières; jusqu'à 2 000 m d'altitude environ. Distribution : Alpes, à l'est de la Basse-Engadine et des Alpes bergamasques; dans une grande partie de l'Europe.

3. Centaurée monocéphale

Centaurea uniflora
(Composées tubuliflores)

Plante haute de 40 cm, portant 1 seul capitule, feutrée de poils blancs et semée de poils multicellulaires rudes et épars. Feuilles lancéolées, généralement larges de moins de 1 cm, entières ou faiblement dentées. Involucre des capitules fleuris long de 1,5 à 2,5 cm; bractées externes et médianes portant un court appendice triangulaire se prolongeant en longue pointe réfléchie et plumeuse; fleurs toutes tubuleuses, à bord légèrement zygomorphe, celles de la périphérie généralement plus grandes.
Floraison : VII-IX. Habitat: prairies sèches, broussailles; au-dessus de 1 500 m d'altitude. Distribution : sud-ouest des Alpes.

4. Leuzée rhapontique

Leuzea rhapontica
(= *Rhaponticum scariosum*)
(Composées tubuliflores)

Plante haute de 1,50 m, à tige feutrée de poils laineux. Feuilles glabres sur le dessus, feutrées de poils gris ou blancs au revers; feuilles basales longues de 60 cm; caulinaires plus petites. Capitules larges de 10 cm, sphériques. Bractées allongées, pourvues d'appendices larges d'environ 1 cm, arrondis, divisés en lanières et bruns. Fleurs toutes tubuleuses, à corolle bilabiée et découpée en 5 segments.
Floraison : VII-VIII. Habitat: éboulis, prairies, broussailles. Distribution: Alpes; rare ou absente par endroits.

1. Cirse laineux

Cirsium eriophorum
(Composées tubuliflores)

Plante haute de 2 m, à tige couverte de poils laineux. Feuilles vertes, feutrées de blanc au revers, pennatifides, à segments fortement épineux, aux rebords enroulés par-dessous. Capitules larges de 7 cm; involucre densément couvert de poils laineux, blancs, arachnéens; bractées pourvues de longues pointes piquantes; fleurs toutes tubuleuses; rayons de l'aigrette longs de 2 à 3 cm, blancs, plumeux, soudés à la base et se détachant d'un seul bloc.
Floraison : VII-IX. Habitat : prairies maigres, broussailles, orées forestières; surtout sur calcaire; jusqu'à plus de 1 500 m d'altitude. Distribution : très localisé dans les Alpes; manque dans de nombreuses régions; çà et là dans une grande partie de l'Europe.

2. Cirse de montagne Ⓟ
Chardon de montagne

Cirsium montanum
(Composées tubuliflores)

Plante haute de 1,80 m, à tige semée de poils épars. Feuilles glabres ou semées de poils épars, pennatifides, à segments ovales pourvus d'épines molles. Feuilles basales longues de 40 cm; caulinaires se rétrécissant progressivement vers le haut. Capitules rassemblés à l'extrémité de la tige; involucre largement ovoïde, haut de 1,5 à 2 cm; bractées ovales, pourvues de faibles sillons résinifères, celles de l'extérieur à pointe réfléchie, à peine piquante; fleurs toutes tubuleuses; rayons de l'aigrette longs de 1,5 à 2 cm, plumeux, blancs, soudés à la base, se détachant d'un seul bloc.
Floraison : VI-VIII. Habitat : berges des ruisseaux, mégaphorbiée, broussailles et orées forestières; jusqu'à environ 1 800 m d'altitude. Distribution : Alpes du Sud; des Pyrénées à la péninsule balkanique.

3. Cirse hétérophylle

Cirsium helenoides
(= C. heterophyllum)
(Composées tubuliflores)

Plante haute de 1,50 m, à tige feutrée de poils blancs. Feuilles allongées, lancéolées, presque glabres dessus, feutrées de poils blancs au revers, à peine piquantes. Capitules généralement solitaires; involucre long de 2 à 3 cm; bractées larges, lancéolées, marquées d'étroits sillons résinifères, celles de l'extérieur pourvues d'une pointe courte et à peine piquante. Fleurs tubuleuses; soies de l'aigrette longues d'environ 3 cm, blanches, plumeuses, soudées à la base et se détachant d'un seul bloc.
Floraison : VII-IX. Habitat : prairies humides, mégaphorbiée, brousses d'Aulnes verts, orées forestières; sur sols pauvres en calcaire; jusqu'à plus de 2 000 m d'altitude. Distribution : Alpes; de la Scandinavie aux Pyrénées et jusqu'à la Roumanie.

1

2|3

1. Cirse acaule
Cirsium acaule
(Composées tubuliflores)

Plante d'ordinaire totalement acaule. Feuilles pennatifides, à segments dentés et épineux. Involucre long de 2 à 3 cm ; bractées marquées de sillons résinifères à peine distincts, à pointe courte et à peine piquante. Fleurs toutes tubuleuses. Soies de l'aigrette de 2 à 3 cm, blanches, plumeuses, soudées à la base et se détachant d'un bloc.
Floraison : V-IX. Habitat : orées forestières, prés-landes ; sur calcaire ; jusqu'à plus de 2 000 m.
Distribution : Alpes ; dans presque toute l'Europe ; Asie occidentale.

Portion d'un rayon de l'aigrette

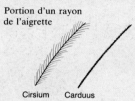

Cirsium   Carduus

2. Chardon décapité
Carduus defloratus ssp. *defloratus*
(Composées tubuliflores)

Plante haute de 80 cm. Feuilles indivises à pennatifides, les supérieures décurrentes. Capitules solitaires, larges de 1,5 à 3 cm, légèrement inclinés au moment de la floraison. Bractées à pointe retroussée. Fleurs tubuleuses, à corolle bilabiée, divisée en 5 segments. Soies de l'aigrette de 1 à 1,5 cm, non plumeuses.
Floraison : VI-IX. Habitat : éboulis, pelouses, clairs-bois, sur calcaire ; jusqu'à environ 3 000 m d'altitude. Distribution : Alpes ; Europe.

3. Scorsonère rose
Scorzonera purpurea ssp. *rosea*
(Composées tubuliflores)

Plante haute de 40 cm, à feuilles graminiformes. Involucre étroitement campanulé, long de 2,5 à 3 cm. Bractées se recouvrant comme les tuiles d'un toit. Fleurs toutes tubuleuses. Akènes longs de 1 à 1,5 cm, cylindriques, brun pâle, à côtes bosselées. Soies de l'aigrette plumeuses, blanc sale.
Floraison : VI-VIII. Habitat : prairies sèches ; sur calcaire ; de 1 200 à 2 000 m d'altitude environ. Distribution : Alpes du Sud ; péninsule balkanique, Apennins, Carpates.

4. Prénanthe pourprée
Prenanthes purpurea
(Composées liguliflores)

Plante haute de 1,50 m, produisant un suc laiteux. Feuilles allongées, celles du bas dentées à pennatilobées, à pétiole ailé, les supérieures à base cordiforme, amplexicaules. Capitules penchés, comptant 2 à 5 fleurs. Involucre long de 1 à 1,5 cm ; bractées disposées sur 2 rangées.
Floraison : VII-IX. Habitat : forêts, broussailles, mégaphorbiée. Distribution : dans presque toute l'Europe.

5. Épervière orangée
Hieracium aurantiacum
(Composées liguliflores)

Plante haute de 50 cm, stolonifère. Feuilles basales lancéolées, velues. Tige creuse, garnie de poils étoilés, de poils simples, foncés, et, dans sa partie supérieure, généralement couverte de poils glanduleux, portant en outre 1 à 3 feuilles et 2 à 15 capsules. Involucre long de 7 à 12 mm ; bractées disposées sur plusieurs rangs, densément couvertes de poils sombres. Aigrette blanc sale, cassante.
Floraison : VI-VIII. Habitat : prairies, formations de sous-arbrisseaux ; sur sols pauvres en calcaire. Distribution : Alpes ; montagnes d'Europe.

1. Lis de Saint-Bruno (P)

Paradisea liliastrum
(Liliacées)

Plante haute de 50 cm, à feuilles basales, graminiformes, larges de 1 cm; fleurs infundibuliformes, longues de 6 cm. Bractées plus longues que les pédoncules floraux non segmentés; tépales étroits, elliptiques, pointus, portant 3 à 5 nervures.
Floraison: V-VII. Habitat: prairies de fauche, pâturages alpestres, mégaphorbiée et brousses d'Aulnes verts; jusqu'à 2 5000 m d'altitude. Distribution: Alpes du Sud; Pyrénées, Apennins, Jura, nord-ouest de la Yougoslavie.
Espèces voisines: **Lis de Saint-Bernard,** *Anthericum liliago* (fleurs longues de 3 cm; bractées plus courtes que les pédoncules floraux segmentés), à basse altitude. **Anthéric rameux,** *Anthericum ramosum* (fleurs longues de 1,5 cm; bractées plus courtes que les pédoncules floraux segmentés; inflorescence ramifiée), sur sols secs et calcaires.

2. Sceau-de-Salomon verticillé ⊞

Polygonatum verticillatum
(Liliacées)

Plante haute de 1 m, à tige dressée, glabre, et feuilles étroites, verticillées au moins dans la partie supérieure de la tige. Fleurs longues de 7 à 10 mm, suspendues à l'extrémité de pédoncules grêles, blanches, tubulaires, bordées d'un ourlet verdâtre à 6 lobes. Baies rouges au début, ensuite noir bleuté.
Floraison: V-VII. Habitat: forêts, broussailles, mégaphorbiée, alpages. Distribution: Alpes; dans une grande partie de l'Europe; Asie.

Espèces voisines: **Sceau-de-Salomon officinal,** *P. odoratum* (feuilles alternes, larges, elliptiques; tige à section anguleuse; fleurs odorantes, longues de 2 cm, solitaires ou, rarement, par paires à l'aisselle des feuilles). **Sceau-de-Salomon multiflore.** *P. multiflorum* (feuilles alternes, elliptiques; tige à section ronde; fleurs inodores, souvent par groupes de 3 à l'aisselle des feuilles).

P. odoratum

Portion de tige fleurie

3. Asphodèle blanc (P)
Poireau-de-Chien

Asphodelus albus
(Liliacées)

Plante haute de 1,50 m, à nombreuses feuilles charnues, toutes basales, longues de plus de 50 cm, larges de 2 cm. Fleurs infundibuliformes, pédonculées, émergeant aux aisselles de bractées brunes et membraneuses, regroupées en grappe compacte pouvant atteindre 50 cm de longueur. Tépales longs de 2 cm, étroits, ovales, blancs avec une veine médiane verdâtre à brunâtre. Capsule coriace.
Floraison: V-VIII. Habitat: alpages, lisières des halliers; sur calcaire; d'environ 1 000 m à plus de 2 000 m d'altitude. Distribution: Alpes du Sud; de l'Espagne, par les Pyrénées, le sud et l'ouest de la France, jusqu'à l'ouest de la péninsule balkanique.

1. Crocus printanier

Crocus vernus ssp. *albiflorus*
(Iridacées)

Plante haute de 15 cm. Feuilles basales, graminiformes, à bord enroulé et stries longitudinales blanches. Tépales blancs ou violets, soudés en longs tubes à la base ; style jaune rougeâtre éclatant, se divisant en 3.
<u>Floraison</u> : III-V. <u>Habitat</u> : pelouses fraîches et riches en humus.
<u>Distribution</u> : Alpes ; Pyrénées, Massif central, Jura, Carpates, Apennins, péninsule balkanique.

2. Platanthère à deux feuilles (P)

Platanthera bifolia
(Orchidacées)

Plante glabre, haute de 50 cm, portant 2 (rarement 4) grandes feuilles basales ovales et quelques petites feuilles caulinaires situées très haut. Fleurs blanches ou crème ; 3 tépales extérieurs étalés, allongés, dont l'un, recourbé, forme une sorte de casque avec les 2 tépales intérieurs. Lèvre rubanée, tournée vers l'arrière ; loges des anthères presque parallèles ; éperon pointu, s'amincissant.
<u>Floraison</u> : V-VII. <u>Habitat</u> : prairies, clairs-bois. <u>Distribution</u> : Eurasie.

3. Narcisse des poètes (P)

Narcissus poeticus ssp. *radiiflorus*
(Amaryllidacées)

Plante haute de 50 cm, à feuilles basales et graminiformes. Fleurs généralement isolées, odorantes, comportant 6 « pétales » blancs, nettement amincis à la base, mais ne s'y chevauchant pas, ainsi qu'une petite couronne centrale, courte, de 1 cm de diamètre, jaune, frangée de rouge.
<u>Floraison</u> : IV-VI. <u>Habitat</u> : prairies humides, broussailles, clairs-bois. <u>Distribution</u> : Alpes ; ouest de la péninsule balkanique.

<u>Remarque</u> : la sous-espèce *poeticus* du Narcisse des poètes diffère de la sous-espèce *radiiflorus* par ses « pétales » larges, se chevauchant à la base, et sa couronne de plus de 1 cm de diamètre. De la région méditerranéenne à l'ouest et au sud-ouest des Alpes.

4. Thésion des Alpes

Thesium alpinum
(Santalacées)

Plante vert jaunâtre, haute de 30 cm. Feuilles linéaires, uninervées. Inflorescence unilatérale. Bractée et préfeuilles à bords lisses. Calice pétaloïde comptant d'ordinaire 4 segments, s'enroulant (uniquement à la pointe) au moment de la fructification, 2 à 3 fois plus long que le fruit sphérique.

T. alpinum

Fleur isolée (avec bractée et préfeuilles) à l'époque de la fructification

<u>Floraison</u> : V-X. <u>Habitat</u> : pelouses, clairs-bois. <u>Distribution</u> : Alpes ; sud et centre de l'Europe.

5. Renouée vivipare

Polygonum viviparum
(Polygonacées)

Plante haute de 30 cm, à tige non ramifiée et peu feuillée. Feuilles basales longuement pétiolées, lancéolées, amincies aux 2 extrémités, avec les bords retournés vers le bas. Fleurs blanches, occasionnellement roses ; sépales longs de 2 à 3 mm. Fleurs inférieures remplacées par des bulbilles brun-rouge se détachant de la tige pour donner naissance à de nouvelles plantes.
<u>Floraison</u> : V-IX. <u>Habitat</u> : dans presque toutes les associations végétales alpines ; jusqu'à plus de 3 000 m d'altitude. <u>Distribution</u> : Alpes ; centre et nord de l'Europe, domaine arctique.

1|2
3
4|5

1. Renouée des Alpes

Polygonum alpinum
(Polygonacées)

Plante haute de 1 m, à tige généralement glabre, souvent ramifiée. Feuilles lancéolées, longues de 15 cm, vert foncé dessus, vert pâle au revers. Fleurs blanchâtres, occasionnellement roses, réunies en panicule ramifiée ; sépales longs de 3 à 5 mm.

Floraison : VII-IX. Habitat : éboulis grossiers, mégaphorbiée, brousses d'Aulnes verts, prairies de fauche ; sur sols acides ; jusqu'à plus de 2 000 m d'altitude. Distribution : ouest et sud des Alpes, atteignant à l'est les Grisons et les Alpes bergamasques ; deux stations isolées en Styrie ; montagnes du sud de l'Europe ; du Caucase à l'Asie orientale.

2. Gypsophile rampante

Gypsophila repens
(Caryophyllacées)

Plante haute de 30 cm, glabre, vert glauque. Feuilles linéaires, lancéolées, longues de 3 cm. Fleurs larges de 5 mm ; pétales blancs à roses, émoussés ou légèrement émarginés. Calice long de 4 mm, campanulé, à 5 nervures, avec traces scarieuses au niveau des points d'insertion des sépales. Pas de calicule basal écailleux. 2 styles ; capsule s'ouvrant par 4 dents ; graines réniformes, bosselées.

Floraison : V-IX. Habitat : fissures des rochers, éboulis, pelouses lacunaires ; toujours sur calcaire ; d'environ 1 000 à plus de 3 000 m d'altitude ; occasionnellement plus bas. Distribution : Alpes ; montagnes d'Europe.

Espèce voisine : **Œillet casse-pierre**, *Petrorhagia saxifraga* (calice entouré à la base d'un calicule écailleux, scarieux ; graines scutiformes, à bords épaissis), dans les Alpes du Sud et les vallées chaudes des Alpes centrales et septentrionales.

3. Silène à feuilles en cœur

Silene cordifolia
(Caryophyllacées)

Plante haute de 20 cm, couverte de poils glanduleux. Feuilles caulinaires ovales à cordiformes-ovales, pointues. Palette des pétales bilobée, rose pâle à blanchâtre ; gorge entourée de petites écailles arrondies. Calice long de 1,2 à 1,5 cm, densément couvert de poils glanduleux, légèrement renflé. Capsule longue de 8 à 10 mm, 2 fois plus longue que le carpophore glabre.

Floraison : VI-VIII. Habitat : fissures des rochers ; plus rarement, éboulis ; généralement sur silice. Distribution : endémique des Alpes maritimes ; d'environ 1 000 à plus de 2 000 m d'altitude.

Espèce voisine : **Silène valaisan**, *S. vallesia* (feuilles lancéolées à linéaires ; calice long de 1,5 cm ou plus ; pétales roses dessus, rouges au revers ; capsule sensiblement aussi longue que le carpophore), du Dauphiné et de la Savoie jusqu'au Simplon, au nord, et jusqu'à la Vénétie, au sud ; péninsule balkanique, Apennins.

1. Silène couché

Silene vulgaris ssp. *prostrata*
(Caryophyllacées)

Plante haute de 40 cm, à tiges pauciflores. Feuilles ovales, densément papilleuses. Fleurs larges de 2 cm ; palette des pétales profondément bilobée. Calice renflé, piriforme, à 20 nervures, réticulé, souvent lavé de rouge.
Floraison : V-IX. Habitat : éboulis, pelouses lacunaires ; sur calcaire ou calcschistes ; jusqu'à plus de 2 000 m d'altitude. Distribution : ouest et sud-ouest des Alpes ; à l'est, jusqu'en Valais.

2. Silène des rochers

Silene rupestris
(Caryophyllacées)

Plante haute de 30 cm, glabre, vert glauque. Tige non glutineuse ; feuilles lancéolées. Calice long de 4 à 10 mm, à 10 nervures. Pétales à bord antérieur émarginé, sans écailles bien nettes à la gorge ; 3 styles ; capsule incluse dans le calice ; graines réniformes, arrondies, non papilleuses sur les bords.
Floraison : V-VIII. Habitat : fissures des rochers, éboulis ; sur sols pauvres en calcaire ; de 1 500 à 3 000 m d'altitude. Distribution : centre et sud des Alpes ; rare dans les Alpes calcaires ; dans une grande partie de l'Europe.

3. Paronyque à feuilles de Serpolet

Paronychia kapela ssp. *serpyllifolia*
(Caryophyllacées)

Plante haute de 10 cm. Feuilles elliptiques, longues de 3,5 cm, fortement ciliées, velues, accompagnées de stipules blanches et brillantes. Fleurs regroupées en têtes très serrées, terminales, de 7 à 15 mm de diamètre ; bractées blanc d'argent, nettement plus longues que les fleurs ; pétales absents ; sépales verts, ovales, émoussés.
Floraison : VII-VIII. Habitat : fissures des rochers, éboulis. Distribution : ouest des Alpes ; sud de l'Europe ; Afrique du Nord.

4. Sabline moussue

Moehringia muscosa
(Caryophyllacées)

Plante haute de 20 cm, à tiges très grêles. Feuilles linéaires, larges de 0,5 à 1,5 mm. Fleurs toujours pourvues de 4 pétales et de 4 sépales. 3 styles ; graines longues d'environ 1 mm, avec une large excroissance verruqueuse.

 M. muscosa

Graine

Floraison : V-IX. Habitat : fissures des rochers, éboulis ; sur calcaire. Distribution : régions calcaires des Alpes ; Jura, Carpates ; de l'Espagne à la péninsule balkanique.

5. Sabline ciliée

Moehringia ciliata
(Caryophyllacées)

Plante glabre, haute de 5 cm, croissant en touffes gazonnantes lâches. Feuilles linéaires, ciliées sur les bords près de la base. Fleurs à 5 pétales étroits, elliptiques, un peu plus longs que le calice. 3 styles ; capsule pourvue de

 M. ciliata

Graine

6 dents ; graines lisses, avec un très petit ombilic verruqueux.
Floraison : VI-IX. Habitat : éboulis ; sur calcaire ou dolomies ; de 1 500 à 3 000 m d'altitude. Distribution : régions calcaires des Alpes ; du nord de l'Espagne à la péninsule balkanique.

1. Alsine des rochers

Minuartia rupestris
(Caryophyllacées)

Plante gazonnante haute de 5 cm. Tiges couvertes de feuilles mortes à la base. Feuilles longues de 2 à 4 mm, lancéolées, pointues, présentant 4 ou 5 nervures et portant des cils courts sur les bords. Fleurs solitaires; pétales allongés, ovales; sépales ressemblant aux feuilles, à bordure membraneuse étroite, et couverts de poils glanduleux, comme les pédoncules floraux. 3 styles; capsules 3 dents.
Floraison : VII-IX. Habitat :

M. rupestris   M. lanceolata

Sépales

fissures des rochers, éboulis; sur calcaire; jusqu'à plus de 3 000 m d'altitude. Distribution : des Alpes de Salzbourg et de la Carinthie jusqu'aux Alpes maritimes.
Espèce voisine : **Alsine lancéolée**, *M. lanceolata*, dans les Alpes Cottiennes.

2. Alsine à feuilles courbées

Minuartia recurva
(Caryophyllacées)

Plante gazonnante, haute de 15 cm, à tiges florifères portant des poils glanduleux uniquement dans leur partie supérieure. Rameaux à pellicule ligneuse noirâtre. Feuilles linéaires, pointues, falquées, sèches, avec 3 nervures nettement visibles au revers. Fleurs largement ouvertes; pétales obovales, sensiblement aussi longs que les sépales, ces derniers largement lancéolés, pointus, parcourus de 5 à 7 nervures indistinctes, glabrescents ou couverts de poils glanduleux; 3 styles; capsule à 3 dents.
Floraison : VII-IX. Habitat : éboulis, groupements pionniers des pelouses; sur sols pauvres en calcaire (ouest des Alpes) ou calcaires (est des Alpes); de 1 800 à plus de 3 000 m d'altitude. Distribution : Alpes, à l'exclusion des Alpes cal-

Sépale   M. recurva

caires septentrionales; du nord de l'Espagne aux Carpates; péninsule balkanique, Asie Mineure.

3. Alsine à fleurs de Lin

Minuartia capillacea
(Caryophyllacées)

Plante haute de 30 cm, à tiges florifères densément couvertes de poils glanduleux dans leur partie supérieure. Pousses stériles courtes, densément feuillées. Feuilles linéaires, émoussées, à bords ciliés, longues de 2 cm, généralement un peu recourbées, avec 1 ou 3 nervures basales indistinctes. Pétales jusqu'à 2 fois plus longs que le calice; sépales longs de 5 à 7 mm, glanduleux, ovales, émoussés, avec 3 à 5 nervures indistinctes dans le 1/3 supérieur; 3 styles; capsule à 3 dents.
Floraison : VI-VIII. Habitat : éboulis, fissures des rochers, pelouses lacunaires; toujours sur calcaire; jusqu'à environ 2 000 m d'altitude. Distribution : frange

Minuartia laricifolia

méridionale des Alpes; Jura, montagnes du sud de l'Europe.
Espèce voisine : **Alsine à feuilles de Mélèze**, *M. laricifolia*.

1. Alsine printanière
Minuartia verna
(Caryophyllacées)

Plante haute de 15 cm, à tiges généralement glabres. Feuilles linéaires, à 3 nervures peu marquées ; caulinaires plus courtes que les entre-nœuds. Sépales lancéolés, pointus, longs de 2,5 à 4,5 mm, portant 3 nervures bien nettes, glabres ou semées de poils glanduleux épars. Pétales elliptiques, aussi longs que les sépales. 3 styles ; capsule portant 3 dents.
<u>Floraison</u> : V-VIII. <u>Habitat</u> : éboulis, pelouses lacunaires ; jusqu'à plus de 3 000 m d'altitude. <u>Distribution</u> : Alpes ; domaine arctique, montagnes du centre et du sud de l'Europe, Afrique du Sud.

2. Alsine en coussinet
Minuartia cherlerioides
ssp. *cherlerioides*
(Caryophyllacées)

Minuartia cherlerioides ssp. cherlerioides (Alpes calcaires) et ssp. rionii (Alpes rhétiques et Tessin)

Plante haute de 5 cm, poussant en coussinets denses. Feuilles allongées, ovales, émoussées, à courte pointe épineuse, portant 3 nervures, totalement glabres ; fleurs solitaires. 4 pétales cunéiformes, sensiblement aussi longs que le calice ; 4 sépales, semblables aux feuilles ; 3 styles ; capsule portant 3 dents.
<u>Floraison</u> : VII-IX. <u>Habitat</u> : fissures des rochers, éboulis, groupements pionners des pelouses ; de 2 000 à 3 000 m d'altitude ; sur calcaire. <u>Distribution</u> : nord-est et sud des Alpes calcaires.

<u>Remarque</u> : la sous-espèce *rionii* diffère de la sous-espèce *cherlerioides* par ses feuilles à bords ciliés et sa distribution (sur silice, au cœur des Alpes centrales).

3. Alsine rostrée
Minuartia mutabilis
(Caryophyllacées)

Plante haute de 15 cm. Feuilles linéaires, 10 à 30 fois plus longues que larges, à 3 nervures, massées à la base des tiges et des pousses stériles. Pétales plus courts que le calice ; sépales longs de 3 à 4 mm, en bec lancéolé, à large bordure blanche et strie médiane verte étroite. 3 styles ; capsule à 3 dents.
<u>Floraison</u> : VI-VIII. <u>Habitat</u> : fissures de rochers, éboulis, pelouses lacunaires ; sur calcaire et silice ; d'environ 500 à plus de 2 000 m d'altitude. <u>Distribution</u> : des Pyrénées orientales, à travers les Alpes méridionales, jusqu'au Trentin-Haut-Adige ; Corse, Afrique du Nord.

4. Céraiste à trois styles
Cerastium cerastoides
(Caryophyllacées)

Plante à tiges rampantes à la base, redressées à l'extrémité, glabres, hautes de 15 cm, présentant une bande longitudinale pileuse, restreinte à leur partie supérieure. Feuilles étroites, lancéolées à ovales. Fleurs larges de 1 à 2 cm ; pétales jusqu'à 2 fois plus longs que le calice, incisés ; sépales larges, lancéolés, émoussés, longs de 5 à 6 mm, glabres. Généralement 3 styles, plus rarement 4 ou 5 sur les fleurs solitaires ; capsule à 6 dents.
<u>Floraison</u> : VII-IX. <u>Habitat</u> : stations longtemps enneigées, toujours humides ; d'environ 1 700 à plus de 3 000 m d'altitude. <u>Distribution</u> : Alpes centrales (rare dans les Alpes calcaires) ; domaines arctique et subarctique, hautes montagnes de l'Eurasie.

1. Céraiste des Alpes juliennes

Cerastium julicum
(Caryophyllacées)

Cerastium julicum

Plante croissant en coussinets, atteignant 15 cm de hauteur, à tiges florifères et stériles de longueur sensiblement égale, couvertes dans leur partie supérieure de poils glanduleux dressés, généralement glabres dans leur partie inférieure. Feuilles glabres, raides, linéaires, lancéolées, légèrement ciliées à la base ; caulinaires inférieures s'insérant à l'aisselle des pousses stériles. Bractées lancéolées, à bords occasionnellement membraneux. Fleurs de plus de 2 cm de diamètre ; pétales 2 fois plus longs que le calice, profondément incisés ; sépales largement lancéolés, pointus, à large bordure membraneuse, longs de 5 à 8 mm, semés de poils épars. 5 styles ; capsule 2 fois plus longue que le calice, droite, portant 10 dents. Graines de 1,2 à 1,8 mm de diamètre, verruqueuses, anguleuses et réniformes.

Floraison : VII-IX. Habitat : fissures des rochers, éboulis, occasionnellement dans les groupements pionniers des pelouses ; toujours sur calcaire ; d'environ 1 700 à 2 400 m d'altitude. Distribution : endémique du sud-est des Alpes calcaires.

Espèces voisines : les Alpes hébergent quelques formes montagnardes de l'espèce de plaine *C. arvense* [**Céraiste des champs**] (pousses stériles très courtes ; capsule distinctement incurvée ; graines de 0,8 à 1 mm de diamètre, à tubercules anguleux ; bractées toujours membraneuses sur les bords).

2. Céraiste alpin

Cerastium alpinum
(Caryophyllacées)

Plante souvent couverte de longs poils gris, plus rarement glabrescente, souvent glanduleuse, pourvue de nombreuses pousses stériles serrées les unes contre les autres et de tiges florifères hautes de 5 à 20 cm. Feuilles elliptiques, velues des 2 côtés ; aisselles des caulinaires généralement dépourvues de bouquets feuillés. Fleurs larges de 1,5 à 2 cm ; pédoncules floraux couverts de poils dressés, généralement semés de glandes éparses ; pétales environ 2 fois plus longs que le calice, incisés. Sépales largement lancéolés, pointus, longs de 1 cm, couverts de poils hirsutes (souvent glanduleux), à large bordure membraneuse ; 5 styles ; capsule amincie dans sa moitié antérieure, légèrement incurvée, jusqu'à 2 fois plus longue que le calice, portant 10 dents. Graines larges de 1 à 1,4 mm, réniformes, anguleuses, couvertes sur toute leur surface de verrues pointues.

Floraison : VII-IX. Habitat : pelouses lacunaires, éboulis, fissures des rochers ; d'environ 2 000 à 3 000 m d'altitude ; rarement plus bas. Distribution : Alpes ; régions arctiques de l'Europe et de l'Amérique ; au sud, dans presque toutes les hautes montagnes d'Europe.

Remarque : les Alpes abritent 2 sous-espèces pas toujours faciles à séparer : le **Céraiste alpin typique**, *C. alpinum* ssp. *alpinum* (plante vert grisâtre, à feuilles non laineuses), principalement dans l'ouest et au cœur des Alpes centrales ; et le **Céraiste alpin laineux**, *C. alpinum* ssp. *lanatum* (plante couverte de poils laineux gris à blancs ; jeunes feuilles pourvues d'un flocon de poils laineux blancs et particulièrement longs), dans l'est des Alpes centrales.

1

2

1. Céraiste uniflore

Cerastium uniflorum
(Caryophyllacées)

Plante couverte de poils hirsutes (occasionnellement glanduleux), émettant de très nombreuses pousses stériles et quelques tiges florifères hautes de 10 cm. Feuilles spatulées, émoussées; bractées sans bordure membraneuse. Fleurs larges de 2 à 3 cm; pétales incisés; sépales ovales, presque pointus, à bord membraneux, couverts de poils glanduleux. 5 styles; capsule à 10 dents; graines de 1,5 à 2,2 mm, discoïdes, à enveloppe ridulée, garnie de tubercules émoussés.
Floraison: VI-IX. Habitat: fissures des rochers, éboulis, groupements pionniers des pelouses; généralement sur silice, plus rarement sur calcaire. Distribution: principalement dans les Alpes centrales (de la

C. uniflorum   C. latifolium   C. pedunculatum

Feuilles des pousses stériles

Savoie à la Styrie), rare ailleurs; Carpates occidentales, nord de la péninsule balkanique.
Espèces voisines: **Céraiste à larges feuilles**, *C. latifolium*, sur calcaire et dolomies, dans les Alpes, à l'ouest de l'Inn. **Céraiste pédonculé**, *C. pedunculatum*.

2. Céraiste sud-alpin

Cerastium carinthiacum
ssp. *austroalpinum*
(Caryophyllacées)

Plante haute de 20 cm, à poils courts, ne donnant qu'un petit nombre de pousses stériles. Tiges couvertes dans leur partie supérieure de poils glanduleux. Feuilles largement lancéolées, longues de 3 cm, larges de 2 cm; pas de pousses stériles à l'aisselle des feuilles caulinaires; bractées avec tout au plus une étroite bordure membraneuse. Fleurs larges d'environ 2 cm, à pétales incisés; sépales ovales, émoussés, à bordure membraneuse. 5 styles; capsule à 10 dents; graines de 1,3 à 1,7 mm, portant de petites verrues.
Floraison: VI-IX. Habitat: fissures des rochers, éboulis; sur calcaire ou dolomies; jusqu'à plus de 2 000 m. Distribution: nord-est des Alpes calcaires (des Alpes d'Eisenerz au massif du Hochschwab) et Alpes du Sud (des Alpes bergamasques aux Alpes juliennes).
Espèce voisine: **Céraiste de Carinthie**, *C. carinthiacum* ssp. *carinthiacum* (plante souvent glabrescente; bractées à large bordure membraneuse), dans le nord-est des Alpes (du Dachstein à la Raxalpe), les zones calcaires de l'est des Alpes centrales, et les Alpes du Sud (de la Brenta aux Alpes carniques).

3. Sabline de Huter

Arenaria huteri
(Caryophyllacées)

Plante couverte de poils glanduleux, à tiges pendantes longues de 20 cm. Feuilles allongées, celles du bas densément serrées les unes contre les autres, celles du haut plus courtes que les entre-nœuds. Fleurs larges de 1,5 cm; pédoncules floraux grêles, filiformes; sépales étroitement lancéolés, à nervures indistinctes, à bords étroitement membraneux. 3 styles; capsule pourvue de 6 dents; graines verruqueuses.
Floraison: VI-VIII. Habitat: escarpements, rochers dolomitiques ombragés. Distribution: endémique des Alpes de Vénétie.
Remarque: les Alpes abritent d'autres espèces. Toutes les Sablines se différencient des autres Caryophyllacées à fleurs blanches par leurs 3 styles, leurs capsules pourvues de 6 dents et libérant en éclatant des graines verruqueuses dépourvues d'ombilic.

1. Renoncule des Pyrénées
Ranunculus pyrenaeus
(Renonculacées)

Plante haute de 20 cm. Feuilles basales glabres, lancéolées, entières; caulinaires semblables, plus petites. Pédoncule floral sillonné, velu. Fleurs larges de 3 cm; sépales glabres, blanc jaunâtre; pétales obovales.

Floraison: VI-VIII. Habitat: prairies sur sols acides; jusqu'à plus de 3 000 m. Distribution: des Alpes maritimes à la Carinthie; surtout dans les Alpes centrales; montagnes d'Espagne, Pyrénées, Corse.

2. Renoncule alpestre
Ranunculus alpestris
(Renonculacées)

Plante haute de 10 cm, à tige glabre. Feuilles luisantes, divisées en 3 à 5 lobes grossièrement crénelés à l'apex. Sépales verts, glabres; sépales et pétales caducs après la floraison.

Feuille basale

Floraison: VI-IX. Habitat: sols riches en calcaire; dans presque toutes les associations végétales des Alpes. Distribution: régions calcaires des Alpes; montagnes du centre et du sud de l'Europe.
Remarque: il existe quelques autres espèces voisines différant par leurs feuilles.

3. Renoncule à feuilles de Platane
Ranunculus platanifolius
(Renonculacées)

Plante haute de 1,50 m. Feuilles basales divisées en 5 à 7 lobes soudés à leur base et à bords dentés. Pédoncules floraux glabres.
Floraison: V-VIII. Habitat: groupements fontinaux, mégaphorbiée, brousses d'Aulnes verts, clairs-bois d'altitude. Distribution: Alpes; hautes montagnes d'Europe.
Espèce voisine : **Renoncule à feuilles d'Aconit**, *R. aconitifolius*.

4. Renoncule à feuilles de Parnassie
Ranunculus parnassifolius
(Renonculacées)

Plante haute de 20 cm. Feuilles basales largement ovales, vert bleuâtre, portant des poils laineux sur le pourtour et sur les nervures à la face supérieure. Fleurs larges d'environ 2 cm; pétales occasionnellement atrophiés; sépales portant des poils brun-rouge.
Floraison : VI-VIII. Habitat: éboulis humides et calcaires; d'environ 1 700 à 3 000 m d'altitude. Distribution: régions calcaires des Alpes centrales; très rare dans les Alpes septentrionales et méridionales; montagnes du nord de l'Espagne, Pyrénées.

5. Anémone des Alpes
Pulsatilla alpina ssp. *alpina*
(Renonculacées)

Plante haute de 40 cm. Tige uniflore. Feuilles basales doublement tripartites; en général 3 caulinaires, identiques aux feuilles basales, situées juste sous les fleurs. Fleurs larges de 4 à 6 cm; sépales pétaloïdes lavés de bleuâtre à l'extérieur; poils clairs. Style de l'akène prolongé par une longue aigrette plumeuse.
Floraison: V-VIII. Habitat: pelouses, mégaphorbiée, brousses de Pins de montagne; sur calcaire; jusqu'à 2 500 m d'altitude. Distribution: régions calcaires des Alpes; de l'Espagne à la péninsule balkanique.
Espèce voisine : **Anémone printanière**, *P. vernalis* (feuilles basales divisées une seule fois en lobes faiblement découpés; fleurs violet tendre à l'extérieur, densément couvertes de poils brun doré), sur sols acides.

1. Ellébore noir (P)

Helleborus niger ssp. *niger*
(Renonculacées)

Plante haute de 30 cm, glabre. Tiges dressées, uniflores et portant à leur partie supérieure 1 à 3 feuilles squamiformes. Feuilles vert sombre, persistantes, coriaces, divisées en 7 à 9 lobes serratés à l'apex, et présentant leur plus grande largeur au niveau de leur tiers antérieur. Fleurs larges de 6 à 8 cm; sépales pétaloïdes blancs ou roses, virant au verdâtre ou rougeâtre en se fanant. Floraison : IX-VII. Habitat : forêts d'altitude riches en essences feuillues, broussailles; sur calcaire. Distribution : Alpes calcaires septentrionales à l'est de l'Inn.

Espèce voisine : **Ellébore à grandes fleurs,** *H. niger* ssp. *macranthus* (lobes des feuilles présentant leur plus grande largeur vers le milieu; fleurs larges de 8 à 10 mm), du Trentin-Haut-Adige au Tessin.

2. Anémone à fleurs de Narcisse (P)

Anemone narcissiflora
(Renonculacées)

Plante haute de 50 cm, couverte de poils dressés. Feuilles divisées jusqu'à la base en 3 à 5 lobes profondément découpés. Fleurs larges de 3 cm, réunies en ombelles terminales surmontant un verticille de feuilles tripartites et profondément découpées. Sépales pétaloïdes glabres, rougeâtres à l'extérieur; akène glabre, à bec court.

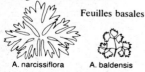

Feuilles basales
A. narcissiflora   A. baldensis

Floraison : V-VII. Habitat : pelouses, mégaphorbiée, brousses de Pins de montagne; sur calcaire; d'environ 1500 à plus de 2000 m.

192

Distribution : Alpes; montagnes de l'Eurasie et de l'Amérique du Nord.

Espèce voisine : **Anémone du Monte Baldo,** *A. baldensis* (lobes des feuilles pétiolés; fleurs solitaires; akène enveloppé de poils laineux), dans les Alpes méridionales.

3. Callianthème à feuilles de Coriandre

Callianthemum coriandrifolium
(Renonculacées)

Callianthemum anemonoides (nord-est des Alpes, à l'est de l'Enns), C. kerneranum (pourtour du lac de Garde) et C. coriandrifolium

Plante haute de 20 cm. Feuilles basales présentes au moment de la floraison, vert bleuâtre, glabres, imparipennées, à lobes plusieurs fois divisés. Fleurs larges de 3 cm; 5 sépales verdâtres à blancs; 6 à 13 pétales largement ovales, blancs ou légèrement rosés.

Floraison : IV-VII. Habitat : éboulis, pelouses lacunaires; sur les sols un peu acides. Distribution : sud-ouest des Alpes, du massif de l'Ortler à celui de la Stangalpe.

Espèces voisines : les Alpes hébergent 2 autres espèces qui se distinguent par leurs pétales étroits, allongés, souvent roses, et leurs feuilles basales n'apparaissant qu'après la floraison; le **Callianthème de Kerner,** *C. kerneranum,* dans les Alpes du Sud, autour du lac de Garde, et le **Callianthème Fausse-Anémone,** *C. anemonoides,* dans le nord-est des Alpes calcaires (Styrie, Hauteet Basse-Autriche).

1. Pavot de Sendtner

Papaver sendtneri
(Papavéracées)

Plante à tiges uniflores, pourvues de poils raides, hautes de 20 cm. Feuilles basales, semées de poils épars, divisées une seule fois en larges découpures. 4 pétales, longs d'environ 2 cm; 2 sépales, densément couverts de poils brun-noir, tombant à l'éclosion du bouton floral. Ovaire supère, couvert de poils gris, généralement pourvu de 5 stigmates rayonnants; capsule elliptique, à extrémité tronquée, plate.

Floraison : VII-IX. Habitat: éboulis, fissures des rochers; sur calcaire ou dolomies; jusqu'à plus de 2 000 m d'altitude. Distribution: de la Suisse centrale au massif du Dachstein.

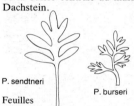

P. sendtneri
Feuilles
P. burseri

Espèces voisines : **Pavot des Alpes occidentales,** *P. occidentale* (feuilles à limbe glabre ; 4 rayons stigmatiques), du Dauphiné à la Suisse centrale. **Pavot de Mayer,** *P. ernesti-mayeri* (capsule à disque stigmatique pyramidal), dans les Alpes juliennes et les Abruzzes. **Pavot de Burser,** *P. burseri* (feuilles divisées 2 à 3 fois; 4 rayons stigmatiques); du massif du Totes Gebirge au Schneeberg viennois.

2. Arabette luisante

Arabis soyeri ssp. *jacquinii*
(Brassicacées)

Plante haute de 40 cm, presque entièrement glabre. Feuilles basales allongées, luisantes, généralement entières ; caulinaires sessiles, ovales. Pétales longs de 6 à 7 mm. Infrutescence allongée ; siliques longues de 5 cm, larges de 2,5 mm, à valves à peine bombées, marquées d'une nervure médiane distincte et de nervures latérales réunies en réseau, imprécises.

Floraison: V-IX. Habitat: groupements fontinaux, bords de ruisseaux, éboulis détrempés; sur calcaire; jusqu'à 2 500 m d'altitude. Distribution: Alpes, Pyrénées, Carpates.

3. Arabette naine

Arabis pumila
(Brassicacées)

Plante donnant des rosettes de feuilles stériles et des tiges peu feuillées, hautes de 20 cm. Feuilles basales obovales, à limbe et bords velus. Pétales obovales, longs de 5 à 8 mm. Siliques longues de 2 à 4 cm, larges d'environ 2 mm; valve à nervure médiane bien nette et nervures latérales ramifiées.

Floraison: V-IX. Habitat: fissures des rochers, éboulis, groupements pionniers des pelouses; sur calcaire; jusque bien au-delà de 2 500 m d'altitude. Distribution: régions calcaires des Alpes; Alpes apuanes, Abruzzes.

4. Arabette des Alpes

Arabis alpina
(Brassicacées)

Plante haute de 40 cm, couverte de poils simples et étoilés, rugueuse. Feuilles basales obovales, grossièrement dentées ; caulinaires à base cordiforme, amplexicaules, dentées. Fleurs pédonculées ; pétales étroitement obovales, longs de 1 cm. Siliques longues de 6 cm, larges de 2 mm, à l'extrémité de pédoncules presque horizontaux.

Floraison: III-X. Habitat: éboulis, fissures des rochers, groupements fontinaux, cuvettes glaciaires; sur calcaire; jusqu'à 3 000 m d'altitude. Distribution: régions calcaires des Alpes; domaine arctique, montagnes d'Europe.

1|2

3

4

1. Dentaire blanche

Cardamine enneaphyllos
(Brassicacées)

Plante haute de 30 cm. Feuilles caulinaires verticillées, généralement au nombre de 3, tripartites, à lobes serratés. Fleurs pendantes ; pétales de 1,6 cm, blanc jaunâtre, 2 fois plus longs que les sépales jaunâtres ; anthères jaunes ; siliques linéaires, longues de 8 cm.
Floraison : IV-VIII. Habitat : forêts de feuillus d'une seule essence ou d'essences mélangées, mégaphorbiée, jusqu'à 1 500 m d'altitude. Distribution : des Alpes algaviennes, au nord, et des Alpes bergamasques, au sud, en allant vers l'est jusqu'aux Tatras, aux Carpates et à la Macédoine ; Apennins.

2. Roquette pennatifide

Murbeckiella pinnatifida
(Brassicacées)

Plante haute de 20 cm, duveteuse, couverte de minuscules poils branchus à 3 rayons. Feuilles basales indivises à pennatifides, à grands lobes terminaux ; caulinaires pennatifides. Pétales longs de 4 mm, obovales ; siliques longues de 3 cm, larges de 1 mm, portées sur un pédoncule dressé.
Floraison : VI-VIII. Habitat : fissures des rochers, éboulis ; sur silice ; jusqu'à plus de 3 000 m.
Distribution : sud-ouest des Alpes, jusque dans le Val d'Aoste et en Valais ; Pyrénées, Massif central.

3. Cardamine à feuilles de Réséda

Cardamine resedifolia
(Brassicacées)

Plante glabre, à tiges hautes de 20 cm ; feuilles basales spatulées à trilobées ; caulinaires comptant 3 à 7 lobes. Pétales longs de 5 à 6 mm, entiers. Siliques longues de 1,2 à 2,5 cm, larges de 1 à 1,5 mm, dressées verticalement, très brièvement rostrées. Graines ailées.
Floraison : VI-VIII. Habitat : éboulis, pelouses lacunaires, fissures des rochers ; sur sols pauvres en calcaire ; jusqu'à plus de 2 500 m d'altitude. Distribution : Alpes (rare dans les Alpes du

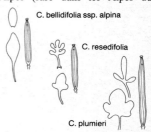

Feuilles basales (en bas), caulinaires (au-dessus) et siliques mûres

Nord) ; de l'Espagne à la péninsule balkanique.
Espèces voisines : **Cardamine à feuilles de Pâquerette,** *C. bellidifolia* ssp. *alpina* (feuilles toutes semblables, indivises ; siliques non rostrées ; graines non ailées). **Cardamine Faux-Pigamon,** *C. plumieri* (feuilles inférieures divisées en 3 à 5 lobes émoussés ; caulinaires inférieures tripartites), Alpes du Sud.

4. Roquette des Alpes

Braya alpina
(Brassicacées)

Plante haute de 15 cm, couverte de poils fourchus à 2 ou 3 branches, apprimés. Feuilles basales lancéolées, entières ou denticulées ; caulinaires linéaires. Pétales longs de 3 à 4 mm, virant au violet en se fanant ; sépales souvent teintés de rouge violacé, à bord membraneux. Siliques verticales, longues de 5 à 10 mm, larges de 1,7 mm.
Floraison : VI-VIII. Habitat : éboulis et pelouses écorchées ; sur calcschistes ; au-dessus de 2 000 m.
Distribution : est des Alpes ; à partir du sud des Alpes du Zillertal et du Lechtal en allant vers l'est.

1. Drave étoilée

Draba stellata
(Brassicacées)

Plante haute de 10 cm. Tige ne

Draba stellata

portant habituellement de poils (simples et étoilés) que dans sa partie inférieure. Feuilles basales disposées en rosettes, étroitement spatulées, émoussées, occasionnellement un peu dentées à l'apex, semées de poils étoilés épars; feuilles automnales presque glabres; caulinaires ovales, sessiles, d'un nombre inférieur à 5. Pétales obovales, longs de 4,5 à 8 mm, virant occasionnellement au jaune en se fanant; sépales longs de 2 à 3 mm, ovales, à bord membraneux. Silicule comprimée dorsalement, glabre, plus rarement légèrement ciliée, ovale à faiblement elliptique, longue de 4 à 10 mm. Style long de 0,7 à 1,2 mm; pédoncules des fruits longs de 1,5 cm, dressés.
Floraison : V-VIII. Habitat : fissures des rochers, éboulis; vers 2 000 m d'altitude. Distribution : espèce endémique du nord-est des Alpes calcaires.

2. Cochléarie des rochers

Kernera saxatilis
(Brassicacées)

Plante haute de 40 cm, à tiges souvent zigzaguées. Feuilles basales disposées en rosette, pétiolées, spatulées, entières ou dentées à l'apex, couvertes de soies appriméеs. Caulinaires semblables, plus petites vers le haut de la tige, sessiles. Pétales longs de 4 mm, obovales; sépales longs de 2 mm, vert jaunâtre. Silicules longues de 3 mm, presque sphériques; valves à nervure médiane bien distincte.
Floraison : V-VIII. Habitat : fissures des rochers, éboulis, pelouses lacunaires; sur calcaire; jusque vers 3 000 m d'altitude. Distribution : principalement dans les chaînes calcaires de la périphérie de l'arc alpin; des Pyrénées aux Carpates, à la péninsule balkanique et aux Apennins.

3. Ibéride des rochers

Iberis saxatilis
(Brassicacées)

Plante haute de 15 cm, avec généralement de nombreuses rosettes stériles et des tiges florifères couvertes de poils courts. Feuilles persistantes, longues de 1,5 cm, larges de 2 mm, à courte pointe épineuse. Pétales de l'extérieur longs de 6 à 8 mm, 2 fois plus longs que ceux de l'intérieur; sépales longs de 2 à 3 mm. Silicule comprimée latéralement, longue de 8 mm, largement ailée, surtout dans sa moitié supérieure, profondément échancrée à l'apex; style sensiblement aussi long que la profondeur de l'échancrure.
Floraison : IV-VII. Habitat : fissures des rochers, éboulis; sur

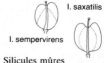

Silicules mûres

calcaire. Distribution : sud-ouest des Alpes, Jura; de l'Espagne à la péninsule balkanique.
Espèce voisine : **Ibéride toujours-verte,** *I. sempervirens* (feuilles larges de 5 mm, à pointe non épineuse; sépales de 3 à 4 mm).

1. Hutchinsie des Alpes
Hutchinsia alpina
(Brassicacées)

Plante haute de 15 cm. Feuilles pétiolées, pennatiséquées pour la plupart. Fleurs en grappes souvent lâches ; pétales longs de 5 mm, larges de 3 mm, onguiculés. Silicules lancéolées, de 4 à 5 mm, comprimées latéralement.
<u>Floraison</u> : IV-VIII. <u>Habitat</u> : éboulis humides, combes à neige ; sur calcaire ; jusque vers 3 000 m d'altitude. <u>Distribution</u> : régions calcaires des Alpes ; du nord de l'Espagne aux Carpates et au Montenegro.

2. Orpin à feuilles épaisses
Sedum dasyphyllum
(Crassulacées)

Plante vert bleuâtre, pruineuse, à nombreuses pousses stériles très densément feuillées à l'extrémité. Feuilles charnues, longues de 1 cm, épaisses de 5 mm, glabres, presque plates dessus, à revers bombé. Tiges grêles, de 1 mm de diamètre, glanduleuses dans leur 1/3 supérieur. Pétales largement lancéolés, 2 à 3 fois plus longs que le calice, maculés de jaune à la base ; 10 étamines à anthères rouges.
<u>Floraison</u> : V-VIII. <u>Habitat</u> : fissures des rochers, éboulis, généralement sur silice ; jusqu'à 2 500 m d'altitude. <u>Distribution</u> : Alpes ; dans une grande partie de l'Europe ; Afrique du Nord.

3. Parnassie des marais
Parnassia palustris
(Parnassiacées)

Plante glabre, haute de 50 cm. Feuilles basales longuement pétiolées, cordiformes, entières. Pédoncule floral basal, émergeant d'une feuille amplexicaule embrassant son 1/3 inférieur. Fleurs isolées, de 3 cm de diamètre ; pétales en ovale arrondi ; sépales ovales, émoussés.
<u>Floraison</u> : VI-IX. <u>Habitat</u> : prairies marécageuses, tourbières plates, éboulis. <u>Distribution</u> : Alpes ; de l'Afrique du Nord, à travers toute l'Europe, jusqu'à la Sibérie.

4. Saxifrage de Vandelli
Saxifraga vandellii
(Saxifragacées)

Saxifraga vandellii (centre des Alpes du Sud) et S. valdensis (Alpes du Sud-Ouest)

Plante croissant en coussinets denses ; pousses couvertes de feuilles se chevauchant comme les tuiles d'un toit ; tiges florifères couvertes de poils glanduleux. Feuilles basales lancéolées, s'amincissant en pointe dure, piquante, à section triangulaire, longues de 6 à 10 mm, larges de 1,5 à 2,5 mm, à bord cartilagineux. Inflorescence comptant 3 à 7 fleurs ; pétales obovales, longs de 7 à 9 mm.
<u>Floraison</u> : IV-VII. <u>Habitat</u> : fissures des rochers ; sur calcaire ou dolomies ; de 1 000 à 2 500 m d'altitude. <u>Distribution</u> : endémique des Alpes du Sud, du lac de Côme aux Alpes judicariennes et au massif de l'Ortler.
Espèces voisines : **Saxifrage judicarienne**, *S. tombeanensis* (feuilles basales ovales, longues de 2 à 3 mm, à pointe épineuse tournée vers l'intérieur ; pétales longs de 1,2 cm), dans les Alpes judicariennes. **Saxifrage Fausse-Diapensie**, *S. diapensioides*, dans le sud-ouest des Alpes. **Saxifrage de Burser**, *S. burserana*, dans le nord-est des Alpes calcaires, à l'est de l'Inn, et dans le sud-est des Alpes calcaires, des Alpes judicariennes en allant vers l'est.

1. Saxifrage bleuâtre Ⓟ

Saxifraga caesia
(Saxifragacées)

Plante croissant en coussinets denses. Tige haute de 15 cm, glabre, à peine feuillée, portant 1 à 5 fleurs. Feuilles épaisses, spatulées, retroussées, vert bleuâtre, à face supérieure incrustée de petits points de calcaire. Pétales ovales.
Floraison : VI-IX. Habitat : fissures des rochers, pelouses lacunaires ; sur calcaire ou dolomies ; jusqu'à 2 500 m. Distribution : régions calcaires des Alpes ; des Pyrénées à la péninsule balkanique.

2. Saxifrage Faux-Bry Ⓟ

Saxifraga bryoides
(Saxifragacées)

Plante croissant en coussinets denses. Feuilles lancéolées, raides, à pointe épineuse, à bords ciliés, massées en rosettes les unes contre les autres. Tige florifère haute de 10 cm, uniflore. Pétales elliptiques, longs de 4 à 6 mm, à base jaune.
Floraison : VII-VIII. Habitat : fissures des rochers, éboulis humides et stabilisés ; sur silice ; de 1 500 à 4 000 m. Distribution : Alpes ; des Pyrénées orientales à la péninsule balkanique.
Espèces voisines : **Saxifrage rude**, *S. aspera* (tige généralement pluriflore ; feuilles des pousses stériles à disposition lâche), principalement dans les Alpes centrales. **Saxifrage délicate**, *S. tenella* (feuilles à bords cartilagineux ; pétales de 2 à 3 mm), dans le sud-est des Alpes calcaires.

3. Saxifrage à feuilles rondes

Saxifraga rotundifolia
(Saxifragacées)

Plante haute de 70 cm. Feuilles basales arrondies, réniformes, à dents grossièrement crénelées. Caulinaires diminuant rapidement de taille de bas en haut. Inflorescences à ramifications glanduleuses. Pétales longs de 1 cm, marqués de points jaunes dans leur moitié inférieure et de points rouges dans leur moitié supérieure.
Floraison : V-X. Habitat : berges des ruisseaux, mégaphorbiée, brousses d'Aulnes verts, forêts d'altitude. Distribution : Alpes et Préalpes ; régions montagneuses du sud de l'Europe ; Asie Mineure.

4. Saxifrage androsacée

Saxifraga androsacea
(Saxifragacées)

Plante émettant des pousses stériles. Feuilles basales étroitement spatulées, effilées, entières, couvertes sur les bords de longs poils glanduleux. Tige généralement uniflore ; pétales obovales, plus larges et 2 fois plus longs que les sépales.
Floraison : V-IX. Habitat : combes à neige, pelouses lacunaires ; sur calcaire ; jusqu'à 3 000 m d'altitude. Distribution : régions calcaires des Alpes ; Pyrénées, Carpates, Balkans, est de l'Asie.

5. Saxifrage paniculée

Saxifraga paniculata
(Saxifragacées)

Plante haute de 40 cm, à tige glanduleuse, ramifiée au-dessus de sa partie médiane, et donnant des rosettes de feuilles basales, stériles. Feuilles des rosettes charnues, larges de 2 à 8 mm, 2 à 5 fois plus longues que larges, à bords vigoureusement serratés, portant de petites écailles calcaires. Pétales en ovale arrondi, longs de 3 à 6 mm, souvent ponctués de rouge.
Floraison : VI-IX. Habitat : fissures des rochers, éboulis et pelouses ouvertes ; jusqu'à plus de 3 000 m d'altitude. Distribution : Alpes ; montagnes d'Europe, Asie Mineure, domaine arctique.

1. Saxifrage étoilée Ⓟ
Saxifraga stellaris
(Saxifragacées)

Plante haute de 30 cm, à rosettes basales. Tige aphylle, semée de glandes éparses. Feuilles basales obovales, charnues, luisantes, gé-

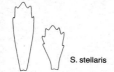

S. stellaris

Feuilles basales

néralement glabres, dentées à l'apex. Fleurs longuement pédonculées ; pétales lancéolés, généralement au nombre de 5, blancs, ponctués de jaune citron ; sépales étroits, réfléchis.
Floraison : VI-IX. Habitat : groupements fontinaux, berges des ruisseaux. Distribution : Alpes ; montagnes du centre et du sud de l'Europe ; Scandinavie, domaine arctique.

2. Saxifrage pyramidale
Saxifraga cotyledon
(Saxifragacées)

Plante haute de 80 cm, à rosettes larges de 15 cm et à tige densément couverte de poils glanduleux rougeâtres, ramifiée pratiquement dès la base. Feuilles basales nettement élargies vers l'apex, longues de 8 cm, larges de 2 cm, coriaces, au pourtour régulièrement bordé de dents cartilagineuses. Pétales longs de 1 cm, souvent veinés de rougeâtre.
Floraison : VI-VIII. Habitat : fissures des rochers ; sur silice. Distribution : des Alpes Grées et de la Savoie en allant vers l'est, jusqu'aux Grisons, au Vorarlberg et à la Valteline ; Pyrénées, Carpates, Europe septentrionale.

3. Saxifrage des rochers
Saxifraga petraea
(Saxifragacées)

Plante haute de 20 cm, couverte de poils glanduleux, sans pousses stériles. Feuilles basales profondément découpées en 3 à 5 lobes grossièrement dentés, larges de 1 à 3 cm ; caulinaires supérieures moins profondément divisées. Pédoncules floraux atteignant plusieurs fois la longueur des fleurs ; pétales obovales, à bord antérieur émarginé, longs de 7 à 10 mm.
Floraison : V-VIII. Habitat : fissures des rochers, murs ; sur calcaire ; jusqu'à 2 000 m d'altitude. Distribution : Alpes du Sud ; Istrie, Croatie.

4. Amélanchier commun
Poire des rochers
Amelanchier ovalis
(Rosacées)

Buisson haut de 5 m, à feuilles largement elliptiques, dentées, vert foncé dessus, glabres, à revers vert jaunâtre ; jeunes feuilles cotonneuses. Fleurs larges de 4 cm ; pétales longs de 2 cm, étroitement obovales. 20 étamines, 5 styles. Fruit noir bleuté.
Floraison : V-VII. Habitat : versants secs et rocailleux, broussailles ; sur calcaire ; jusqu'à 2 000 m d'altitude. Distribution : Alpes ; Europe méridionale et centrale, principalement dans les montagnes ; Afrique du Nord, Asie Mineure, Caucase.

1

2

3|4

1. Spirée sylvestre — Barbe-de-Bouc ⓟ

Aruncus dioicus
(Rosacées)

Plante haute de 2 m. Feuilles 2 à 3 fois divisées, à folioles ovales, pointues, vigoureusement serratées. Inflorescence longue de 50 cm, à sommet retombant. Fleurs de 2 à 4 mm de diamètre, brièvement pédonculées ; pétales blancs jaunâtre à blanc pur, longs de 1 à 2 mm. Fruit pendant, long de 3 mm ; fleurs mâles et femelles sur des sujets différents.
Floraison : V-VIII. Habitat : cluses boisées, berges des ruisseaux, mégaphorbiée. Distribution : Alpes ; des Pyrénées au Caucase et à l'Himalaya.
Remarque : le genre *Aruncus* est le seul genre de Rosacées dont les représentants sont dioïques (fleurs séparées sexuellement sur des pieds différents). Dans tous les autres genres, soit les fleurs sont bisexuées, soit fleurs mâles et fleurs femelles sont réunies dans la même inflorescence.

2. Dryade à huit pétales ⓟ

Dryas octopetala
(Rosacées)

Buisson nain gazonnant, rampant. Feuilles toujours vertes, ovales, à bord crénelé et enroulé, à face supérieure vert foncé, luisante, à revers feutré de poils blancs. Fleurs solitaires, à très long pédoncule (jusqu'à 10 cm) ; pédoncule et calice couverts de poils et de glandes brun-rouge. Généralement 8 pétales, obovales, longs de 2 cm ; fruits petits, nombreux, couverts de poils denses, à style plumeux, brillant, argenté.
Floraison : V-VIII. Habitat : éboulis et groupements pionniers des pelouses, plus rarement dans les landes à sous-arbrisseaux ; toujours sur calcaire. Distribution : régions calcaires des Alpes ; des Pyrénées à la péninsule balkanique ; Carpates, domaine arctique.
Biologie : il est probable que le genre *Dryas* s'est répandu lors des dernières glaciations, colonisant à partir de l'Amérique du Nord de vastes étendues de l'hémisphère nord ; ainsi a-t-il dû atteindre les Alpes. La découverte de feuilles fossiles appartenant au genre *Dryas* — avant tout dans les dépôts d'argiles et de tufs calcaires — dans de nombreuses régions d'Europe atteste que les Dryades étaient fort abondantes, principalement durant la dernière glaciation, dans les zones épargnées par les glaciers. C'est à partir de ces contrées qu'elles ont conquis les massifs calcaires alpins, à la faveur du retrait des glaciers.
Aujourd'hui, la Dryade à huit pétales habite ces massifs à des altitudes comprises entre 1 100 et 2 500 m, mais elle peut croître, dans les endroits adéquats, entre 500 et 3 000 m d'altitude. On la rencontre communément dans l'association de la Bruyère des neiges et du Rhododendron hirsute, et, à haute altitude, au voisinage de la Busserolle des Alpes, de la Laîche ferme (dite aussi Laîche en coussinets) et de la Saxifrage bleuâtre.
Les feuilles sempervirentes persistantes de la Dryade à huit pétales servent de nourriture hivernale à divers animaux vivant dans les Alpes. Le thé que l'on obtient à partir des feuilles est utilisé à des fins médicinales.

1

2

1. Potentille caulescente

Potentilla caulescens
(Rosacées)

Plante haute de 30 cm. Tige couverte de poils dressés, hirsutes, simples et glanduleux. Feuilles basales généralement divisées en 5 folioles à pointe tronquée et dentée ; caulinaires moins divisées. Fleurs larges de 1,5 à 2,5 cm ; pétales longs de 1 cm, obovales, plus longs que le calice. Filets des étamines velus depuis leur totalité ou dans leur moitié inférieure uniquement. Style glabre, jaune, rapidement caduc.
Floraison : VI-IX. Habitat : fissures des rochers ; sur calcaire ; jusqu'à 2 500 m d'altitude. Distribution : régions calcaires des Alpes ; de l'Afrique du Nord à la péninsule balkanique.
Remarque : les Alpes abritent quelques espèces voisines.

2. Vesce des forêts

Vicia sylvatica
(Papilionacées)

Plante grimpante, généralement glabre, atteignant 2 m de hauteur. Feuilles comportant jusqu'à 20 folioles, se terminant par une vrille ramifiée. Fleurs longues de 2 cm, penchées, réunies en grappes longuement pédonculées ; étendard veiné de violet bleuté ; pointe de la carène souvent violette.
Floraison : VI-VIII. Habitat : forêts d'altitude, broussailles, mégaphorbiée ; jusqu'à plus de 2 000 m. Distribution : Alpes ; du sud de la France à la Scandinavie, à la péninsule balkanique et à la Sibérie.

3. Astragale des frimas
Phaque froide

Astragalus frigidus
(Papilionacées)

Plante haute de 40 cm, à tige glabre. Feuilles divisées en 7 à 15 folioles glabres dessus, semées de poils épars au revers ; stipules blêmes, ovales, longues de 2 cm. Fleurs pendantes, blanc jaunâtre. Étendard ovale, plissé, long de 1,4 à 1,7 cm, à peine plus long que les ailes et que la carène, cette dernière émoussée ; calice tubulaire, semé de quelques poils courts et foncés.
Floraison : VII-IX. Habitat : pelouses ; sur calcaire ; généralement au-dessus de 1 800 m d'altitude. Distribution : Alpes, avant tout dans les régions calcaires ; Tatras, Atlaï, Europe boréale et Asie.

4. Astragale toujours-vert
Adragant des montagnes, Astragale épineux

Astragalus sempervirens
(Papilionacées)

Buisson prostré, haut de 20 cm. Feuilles paripennées, à nervure robuste se terminant en pointe épineuse. Fleurs longues d'environ 1,5 cm, en grappes brièvement pédonculées, à demi-cachées parmi les feuilles ; pétales roses à blanchâtres ; étendard plus long que les ailes et que la carène ; calice campanulé, densément couvert de poils blancs et frisés.
Floraison : VI-VIII. Habitat : éboulis, pelouses lacunaires, pineraies claires ; sur calcaire. Distribution : Alpes occidentales ; à l'est, atteint le Tessin, les Alpes bernoises et le Jura méridional ; des montagnes d'Espagne aux Apennins.

1. Géranium des ruisseaux

Geranium rivulare
(Géraniacées)

Plante haute de 50 cm. Tige dressée, à ramifications généralement fourchues. Caulinaires supérieures opposées. Feuilles divisées en 5 à 7 lobes irrégulièrement découpés et dentés. Fleurs de type 5, à symétrie radiale ; pédoncule floral et calice dépourvus de poils glanduleux, portant uniquement des poils apprimés ; pétales blancs, veinés de rouge, longs de 1 à 1,5 cm.

Floraison : VII-IX. Habitat : bords des ruisseaux, broussailles ; sur sols pauvres en calcaire. Distribution : Alpes occidentales ; à l'est, atteint l'Engadine et le Trentin-Haut-Adige.

2. Herbe-aux-sorcières Circée des Parisiens

Circaea lutetiana
(Onagrariées)

Plante haute de 60 cm, couverte de poils courts. Feuilles opposées, à dents espacées, à dessus mat. Fleurs de type 2 ; 2 sépales réfléchis, couverts de poils glanduleux ; pétales longs de 2 à 4 mm, profondément bilobés. Fruit obovale, long de 3 à 4 mm, à 2 loges, densément couvert de poils crochus.

Floraison : VII-VIII. Habitat : forêts, broussailles. Distribution : Alpes ; Europe, Asie, Amérique du Nord.

3. Cerfeuil de Villars

Chaerophyllum villarsii
(Ombellifères)

Plante haute de 1 m ; tige couverte de poils rudes ; feuilles à contour triangulaire, plusieurs fois pennées, à lobes étroits, pointus et eux-mêmes découpés, couverts au revers de poils sur les nervures. Ombelles de 10 à 20 rayons ; pas de bractées ; bractéoles lancéolées, à bord membraneux et longuement cilié. Pétales blancs, ciliés. Fruit long de 8 à 20 mm, épais de 1 à 3 mm, glabre, brun foncé, à côtes longitudinales claires se prolongeant jusqu'au coussinet des styles.

Floraison : V-IX. Habitat : pelouses, mégaphorbiée, brousses d'Aulnes verts, clairs-bois d'altitude ; sur sols pauvres en calcaire : jusqu'à plus de 2 000 m.
Distribution : Alpes ; Yougoslavie, Albanie.

Remarque : les Alpes hébergent une série d'espèces voisines qu'il est facile de rapporter au genre *Chaerophyllum* en examinant les fruits mûrs. Quant aux **Cerfeuils** appartenant au genre *Anthriscus,* on les reconnaîtra à leurs fruits mûrs longs de 6 à 10 mm, brun-noir, à l'aspect laqué, sauf en dessous du coussinet des styles, où subsiste une zone mate de 2 mm et constituée de fins plis longitudinaux.

4. Ostruche Peucédan impératoire

Peucedanum ostruthium
(Ombellifères)

Plante glabrescente, haute de 1,50 m. Feuilles basales longues et larges de 40 cm, 3 fois divisées en segments pétiolés, profondément trilobés, le lobe médian lui-même occasionnellement trilobé. Om-

Fruit   P. ostruthium

belle large, comportant jusqu'à 50 rayons ; pas de bractées ; bractéoles filiformes. Fruit arrondi, glabre, avec 2 larges ailettes latérales et 3 côtes longitudinales à la face inférieure.

Floraison : VI-IX. Habitat : alpages, mégaphorbiée, brousses d'Aulnes verts, forêts d'altitude ; au-dessus de 1 000 m. Distribution : Alpes ; montagnes d'Europe.

1. Athamante de Crète

Athamanta cretensis
(Ombellifères)

Plante haute de 40 cm, couverte de poils gris. Feuilles plusieurs fois divisées, à lobes larges au plus de 1 mm. Ombelles de 5 à 15 rayons, avec au plus 5 bractées, dont l'une ressemble souvent à une feuille bilobée. Fruit en ovale étroit, de 5 à 7 mm, couvert de poils courts.

Fruit   A. cretensis

Floraison : V-IX. Habitat : éboulis, groupements pionniers des pelouses ; sur calcaire ; jusqu'à plus de 2 500 m d'altitude. Distribution : régions calcaires des Alpes ; Jura souabe ; de l'Espagne aux Balkans.

2. Laser hérissé

Laserpitium halleri
(Ombellifères)

Plante haute de 60 cm. Feuilles plusieurs fois divisées en lobes linéaires. Ombelles hémisphériques au moment de la floraison, comptant 15 à 40 rayons ; bractées nombreuses, à bord membraneux, large et cilié ; bractéoles membraneuses pour la plupart. Fruit long de 6 à 10 mm, brun clair, portant des ailettes membraneuses, claires et très apparentes.

Fruit   L. halleri

Floraison : VI-IX. Habitat : pelouses, éboulis, clairs-bois ; sur silice ; jusque bien au-dessus de 2 500 m d'altitude. Distribution : des Alpes cottiennes en allant vers l'est, jusqu'aux Alpes de Stubai et aux Dolomites occidentales.

Remarque : les stations alpines de haute altitude abritent 7 autres espèces faciles à rattacher au genre *Laserpitium* par l'aspect de leurs fruits mûrs.

3. Branc-ursine des montagnes

Heracleum sphondylium ssp. *montanum*
(Ombellifères)

Plante haute de 1,50 m, à tige très robuste, couverte de soies raides. Feuilles basales de 50 cm de diamètre, arrondies, souvent palmatiséquées en 3 à 7 lobes profonds, à dessus vert et glabre, à revers vert grisâtre et velu ; caulinaires au plus trilobées, à grandes graines embrassantes renflées. Ombelles dépassant 10 cm de diamètre, comp-

H. sphondylium ssp. montanum

Fruit

tant 15 à 30 rayons et au plus 3 bractées ; bractéoles nombreuses ; pétales obovales ; pétale externe des fleurs périphériques long de 1 cm. Fruit glabre, aplati, discoïde, long de 7 à 10 mm, bordé latéralement de larges côtes en ailettes épaisses ; cannelures de la face inférieure imprécises, visibles seulement à l'apex du fruit.

Floraison : VI-VIII. Habitat : prairies, mégaphorbiée, forêts d'altitude ; généralement au-dessous de 1 000 m. Distribution : Alpes, Vosges, Forêt-Noire.

Remarque : les Alpes abritent d'autres espèces faciles à rapporter au genre **Berce** *(Heracleum)* par l'aspect de leurs fruits mûrs.

1

2|3

1. Pyrole uniflore ⓟ
Moneses uniflora
(Pyrolacées)

Plante haute de 15 cm, à feuilles basales, opposées, larges de 1 à 3 cm, arrondies, à bord finement denté. Tige uniflore, avec une petite feuille bractéiforme à la partie supérieure. Fleurs larges de 2 cm ; sépales ovales, émoussés, dentés ; pétales longs de 8 à 12 mm, ovales. Style rectiligne.
Floraison : V-VII. Habitat : forêts sur sols acides ; presque exclusivement dans les forêts de Conifères.
Distribution : dans presque toute l'Europe, à l'exclusion de sa partie la plus méridionale ; principalement dans les montagnes ; Asie, Amérique du Nord.

2. Busserolle des Alpes

Arctostaphylos alpinus
(Éricacées)

Sous-arbrisseau rampant, à feuilles vertes en été, rouge éclatant en automne, longues de 5 cm, oblancéolées, à bord finement serraté, couvertes de longs cils blancs dans leur moitié inférieure. Fleurs blanc verdâtre, en forme de cruche, à courts segments terminaux retroussés. Fruit d'abord rouge, noir bleuâtre à maturité.

Fleur   A. alpinus

Floraison : V-VI. Habitat : sols calcaires riches en humus ; pelouses calcaires, groupements de sous-arbrisseaux, clairs-bois d'altitude et brousses de Pins de montagne ; jusqu'à 2 600 m. Distribution : Alpes ; nombreuses montagnes d'Europe ; régions boréales de l'Europe et de l'Amérique du Nord.

3. Raisin-d'Ours ⓟ
Busserolle

Arctostaphylos uva-ursi
(Éricacées)

Arbrisseau rampant à nombreuses ramifications. Feuilles toujours vertes, coriaces, obovales, à bords plats couverts de poils crépus, longues de 1 à 3 cm, larges de 5 à 15 mm, à dessus luisant, à revers mat, sans réseau nervuré bien net. Calice glabre, à 5 divisions profondes ; corolle en forme de cruche, étranglée à l'avant, longue de 5 à 6 mm, blanc jaunâtre, à rebord rose, divisé en courts segments retroussés. Baie rouge, sphérique et farineuse.
Floraison : III-VI. Habitat : groupements de sous-arbrisseaux, bois clairs de résineux, éboulis ; jusqu'à plus de 2 500 m d'altitude. Distri-

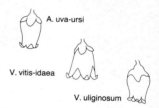

Fleurs

bution : Alpes ; dans presque toute l'Europe, et dans une grande partie de l'Asie et de l'Amérique du Nord.
Espèces voisines : **Airelle rouge,** *Vaccinium vitis-idaea* (feuilles à bords épais, retroussés vers le bas, parsemées au revers de courts poils glanduleux bruns ; corolle largement campanulée). **Airelle des marais,** *Vaccinium uliginosum* (buisson haut de 50 cm ; feuilles à dessus vert bleuâtre en été, rouge bleuâtre en automne, plus claires dessous, minces, à réseau nervuré net ; corolle courte et cylindrique ; baie bleu sombre à chair pâle).

1|2

3

1. Petite Soldanelle

Soldanella minima
(Primulacées)

Soldanella austriaca (nord-est des Alpes, à l'est de la Salzach) et S. minima (reste).

Plante haute de 10 cm, à feuilles basales, arrondies. Pétioles des feuilles, hampes et pédoncules floraux portant des glandes pédiculées ; pédicules des poils bien plus longs que les têtes glanduleuses de ceux-ci. Corolle infundibulifome, divisée à peu près jusqu'au 1/3 de sa longueur, blanchâtre à violet pâle.
Floraison : IV-VI. Habitat : combes à neige ; sur calcaire ; jusqu'à 2 500 m d'altitude. Distribution : Alpes calcaires méridionales, de la Valteline aux Alpes de Sannthal ; rare dans les Alpes du Sud.
Espèce voisine : **Soldanelle d'Autriche**, *S. austriaca* (corolle mòins profondément découpée ; pédicules des poils plus courts que la tête glanduleuse de ceux-ci).

2. Androsace naine   Ⓟ

Androsace chamaejasme
(Primulacées)

Plante haute de 10 cm. Feuilles lancéolées, glabres, pourvues uniquement sur les bords de poils simples et de très courts poils glanduleux. Hampes, bractées et calice portant une pilosité identique. Calice campanulé, long de 3 à 4 mm ; corolle blanche à rose blanchâtre, à lobes largement ouverts à plat.
Floraison : VI-VIII. Habitat : pelouses, éboulis ; sur calcaire ; généralement au-dessus de 1 500 m d'altitude. Distribution : régions calcaires des Alpes du Nord, rare ailleurs ; Pyrénées, Carpates.

3. Androsace helvétique   Ⓟ

Androsace helvetica
(Primulacées)

Plante croissant en coussinets denses, fermes et hémisphériques, couverte de poils gris, simples, longs de 0,4 mm. Feuilles en ovale étroit, longues de 2 à 4 mm, larges de 1,5 mm. Fleurs solitaires, très brièvement pétiolées (pétiole atteignant au plus 1,5 mm de longueur) ; lobes des pétales largement ouverts à plat.
Floraison : V-VII. Habitat : fissures des rochers ; jusqu'à plus de 3 700 m d'altitude. Distribution : régions calcaires du nord et du centre des Alpes ; éparse dans les Alpes du Sud.
Espèce voisine : **Androsace de Vandelli**, *A. vandellii* (feuilles couvertes de poils étoilés blanchâtres et à court pédicule), dans les fissures des rochers silicatés.

4. Androsace de Hausmann   Ⓟ

Androsace hausmannii
(Primulacées)

Plante croissant en petits coussinets, couverte de poils gris, généralement à 3 branches, et longs au plus de 0,2 mm. Feuilles longues de 5 à 10 mm, larges de 1 mm, émoussées. Pétales souvent lavés de rose à l'extérieur (boutons floraux rougeâtres), blanc jaunâtre ou blancs à l'intérieur ; lobes des pétales larges de 3 à 4 mm, étalés.
Floraison : VI-VIII. Habitat : fissures des rochers, éboulis ; sur dolomies ; jusqu'à plus de 2 000 m d'altitude. Distribution : Alpes du Sud, des Alpes bergamasques aux Alpes de Sannthal ; très rare dans les Alpes du Nord.

1. Trèfle d'eau
Menyanthes trifoliata
(Ményanthacées)

Plante glabre, haute de 35 cm. Tige rampante, souterraine, portant à son extrémité des feuilles longuement pétiolées, élargies en gaine à la base; limbe tripartite à folioles ovales, rappelant une feuille de Trèfle. Inflorescence en grappe longuement pédonculée; calice divisé presque jusqu'à sa base en 5 segments; corolle à court tube infundibuliforme, divisée en 5 segments enroulés vers l'extérieur et barbus sur leur face interne.
Floraison: V-VII. Habitat: tourbières plates, associations fontinales; jusqu'à plus de 2 000 m d'altitude. Distribution: Alpes; Eurasie, Amérique du Nord.

2. Dompte-venin officinal
Vincetoxicum hirundinaria
(Asclépiadacées)

Plante à peine poilue, haute de 1 m. Feuilles opposées, brièvement pétiolées, largement lancéolées, à base arrondie ou cordiforme, à revers pourvu d'un léger duvet au niveau des nervures. Inflorescences situées aux aisselles des feuilles supérieures, composées de plusieurs inflorescences partielles. Dents du calice pointues, longues de 2 mm; corolle infundibuliforme, large de 4 à 7 mm, profondément découpée en 5 segments.
Floraison: V-VIII. Habitat: versants rocailleux, forêts claires, broussailles; jusqu'à 1 700 m d'altitude. Distribution: Alpes; Europe à l'exclusion du nord; Asie, Afrique du Nord.

3. Germandrée des montagnes
Teucrium montanum
(Labiées)

Buisson nain gazonnant, à rameaux couverts de poils blancs apprimés. Feuilles étroitement elliptiques, à bord entier, à dessus vert sombre, à revers densément feutré de poils blancs. Fleurs regroupées en têtes terminales; corolle blanc jaunâtre, sans lèvre supérieure; lèvre inférieure pentalobée, resserrée à la base. Calice long de 1 cm, divisé en 5 dents assez régulières.
Floraison: V-VIII. Habitat: versants rocailleux secs, pelouses lacunaires, éboulis; sur calcaire; jusqu'à environ 2 000 m d'altitude. Distribution: régions calcaires des Alpes; montagnes de l'Europe méridionale; au nord, atteint la Belgique; Jura et Carpates; Asie Mineure.

4. Lamier blanc
Lamium album
(Labiées)

Plante haute de 50 cm, semée de poils épars. Feuilles opposées, pétiolées, largement lancéolées, avec la base cordiforme à arrondie, grossièrement serratées. Fleurs sessiles, étagées en inflorescence lâche sous forme de faux verticilles situés à l'aisselle des feuilles supérieures; calice infundibuliforme, à dents pointues, inégales; corolle longue de 2 à 2,5 cm, à lèvre supérieure bombée et lèvre inférieure repliée vers le bas.
Floraison: IV-VIII. Habitat: broussailles, bords des chemins, alpages. Distribution: Alpes; dans une grande partie de l'Europe; Asie septentrionale et orientale.

1. Grassette des Alpes   Ⓟ

Pinguicula alpina
(Lentibulariacées)

Plante haute de 5 à 15 cm. Feuilles vert jaunâtre, elliptiques, émoussées, enroulées sur les bords, glanduleuses et poisseuses (piège à petits Insectes), disposées en rosette basale. Fleurs solitaires, à l'extrémité de pédoncules glanduleux ; corolle blanc crème avec des taches jaunes sur la lèvre inférieure, pourvue d'un éperon de 1 à 2 cm de long ; lèvre supérieure bilobée ; lèvre inférieure plus longue que la supérieure, trilobée ; éperon jaunâtre à verdâtre, de longueur égalant environ le 1/4 du reste de la corolle.
Floraison : V-VII. Habitat : pelouses, tourbières plates, groupements fontinaux ; jusqu'à plus de 2 500 m d'altitude. Distribution : Alpes ; Pyrénées, nord de l'Europe. Également à titre de relicte glaciaire dans la région du lac de Constance, les Préalpes bavaroises et le bassin viennois.

2. Euphraise commune
Casse-lunettes

Euphrasia rostkoviana
(Scrofulariacées)

Plante haute de 30 cm, couverte de poils glanduleux dans sa partie supérieure. Tige généralement ramifiée dans sa partie inférieure. Feuilles sessiles, ovales, celles du haut portant de chaque côté 3 à 6 dents à peine barbues. Fleurs solitaires, aux aisselles des feuilles supérieures ; calice long de 5 à 6 mm ; corolle longue de 8 à 14 mm, s'allongeant à la floraison et dépassant le calice de son tube. Capsule longue de 4 à 6 mm, allongée, velue.

Floraison : V-X. Habitat : prairies, pâturages. Distribution : Alpes ; presque toute l'Europe, à l'exclusion du Nord et du Sud.
Remarque : les Alpes abritent de nombreuses espèces voisines, qui se distinguent par l'absence de poils glanduleux, des fleurs souvent plus petites, des feuilles plus petites ou plus vigoureusement dentées, et par la conformation différente de la capsule. Toutes les espèces d'Euphraises se comportent en semiparasites, notamment à l'égard des Graminées et des Cypéracées.

3. Linnée boréale

Linnaea borealis
(Caprifoliacées)

Sous-arbrisseau rampant, à port élégant, haut de 15 cm. Feuilles opposées, largement ovales à arrondies, pourvues de dents crénelées dans leur moitié antérieure, brièvement pétiolées, coriaces. Tiges florales dressées, portant généralement 2 fleurs ; pédoncules floraux longs, glanduleux. Fleurs longues de 1 cm ; corolle blanchâtre à rose, odorante, campanulée.
Floraison : VI-VIII. Habitat : associations de sous-arbrisseaux, mélézins, pessières et pineraies riches en Mousses ; jusqu'à 2 000 m d'altitude. Distribution : Alpes (notamment centrales), Europe septentrionale, Sudètes, Carpates, Tatras, Caucase, Oural ; nord de l'Amérique septentrionale.

1. Gaillet à feuilles inégales

Galium anisophyllon
(Rubiacées)

Plante haute de 20 cm, souvent gazonnante. Feuilles verticillées par groupes de 5 à 8, lancéolées, celles du haut nettement élargies vers l'apex et se terminant en pointe épineuse ; feuilles des pousses stériles ovales, lancéolées. Fleurs réunies en fausses ombelles lâches ; corolle large de 3 mm, étalée, blanc jaunâtre, à 4 pétales pointus.
Floraison : VII-IX. Habitat : éboulis, pelouses lacunaires ; généralement au-dessus de 1 000 m d'altitude. Distribution : Alpes ; montagnes du centre et du sud de l'Europe, des Cévennes à la Bulgarie.
Remarque : les Alpes abritent de bien d'autres espèces de Gaillets.

2. Aspérule à six feuilles

Asperula hexaphylla
(Rubiacées)

Plante haute de 20 cm, à tiges glabres. Feuilles généralement verticillées par groupes de 6, glabres, linéaires-lancéolées, longues de 1,4 à 2,5 cm, larges d'environ 1 mm, à bords rugueux. Fleurs odorantes, presque sessiles, réunies en faux capitules ; corolle blanc rosé, à base tubulaire longue de 5 à 6 mm ; lobes des pétales longs de 2 à 3 mm, d'ordinaire fortement réfléchis. Fruit d'environ 1,5 mm de diamètre, glabre.
Floraison : V-VII. Habitat : fissures des rochers, éboulis, sur calcaire. Distribution : espèce endémique du sud-ouest des Alpes, en France et en Italie.

3. Valériane des rochers

Valeriana saxatilis
(Valérianacées)

Plante haute de 30 cm. Feuilles toutes simples, les basales elliptiques à lancéolées, s'amincissant en un long pétiole, entières ou irrégulièrement crénelées ; caulinaires linéaires. Fleurs réunies en un corymbe dont les ramifications inférieures sont souvent réfléchies ; corolle blanche, longue de 2 à 4 mm. Fruit portant une couronne de soies pectinées.
Floraison : V-IX. Habitat : fissures des rochers, éboulis, pelouses lacunaires ; sur calcaire et dolomies ; jusqu'à 2 500 m d'altitude. Distribution : Alpes, du lac des Quatre-Cantons et du Tessin en allant vers l'est ; péninsule balkanique, Apennin septentrional, Carpates.

4. Edelweiss

Leontopodium alpinum
(Composées tubuliflores)

Plante haute de 5 à 25 cm, à tige très laineuse et à feuilles allongées, lancéolées, abondamment feutrées de poils blancs, surtout au revers. Petits capitules longs de 5 à 6 mm, composés uniquement de fleurons peu nombreux, réunis en une inflorescence terminale entourée de grandes bractées blanc feutré disposées en étoile.
Floraison : VII-IX. Habitat : fissures des rochers, éboulis engazonnés et pelouses écorchées ; surtout sur calcaire ; généralement au-dessus de 1 500 m d'altitude. Distribution : Alpes ; Pyrénées, Carpates, nord de la péninsule balkanique.

1. Pâquerette des Alpes

Aster bellidiastrum
(Composées tubuliflores)

Plante haute de 30 cm. Feuilles obovales ou elliptiques, entières ou crénelées dans leur partie antérieure, à 3 nervures, s'amincissant en pétioles. Capitules solitaires, sur hampes aphylles; bractées disposées sur 2 rangées; jusqu'à 50 fleurs périphériques; fleurons jaunes. Akènes allongés, velus, avec une aigrette de soies rugueuses.
Floraison: V-VIII. Habitat: pelouses, groupements fontinaux, clairs-bois d'altitude; jusque bien au-delà de 2 000 m. Distribution: Alpes; hautes et moyennes montagnes d'Europe centrale et méridionale.

Espèce voisine: **Pâquerette vivace,** *Bellis perennis* (feuilles uninervées; akènes dépourvus d'aigrette, à bords épaissis).

2. Leucanthème de Haller

Leucanthemum atratum ssp. *halleri*
(Composées tubuliflores)

Plante haute de 10 cm, à tiges dressées, feuillées, portant un seul capitule. Feuilles glabres, allongées, spatulées, grossièrement dentées à serratées. Capitules larges de 5 cm; involucre hémisphérique; bractées disposées sur plusieurs rangs, vertes, largement bordées de noir. Réceptacle commun sans écailles.
Floraison: VII-IX. Habitat: éboulis, pelouses ouvertes; sur calcaire; généralement au-dessus de 1 500 m d'altitude. Distribution: du Valais à la Haute-Autriche et à la Carinthie.

Espèces voisines: **Leucanthème noirâtre,** *L. atratum* ssp. *atratum* (feuilles moins profondément divisées; caulinaires aux dents incurvées vers l'avant). **Leucanthème à feuilles de Pied-de-Corneille,** *L. atratum* ssp. *coronopifolium* (feuilles divisées jusqu'au-delà de la moitié; feuilles basales profondément divisées en lobes peu nombreux). **Leucanthème Faux-Cornifle,** *L. atratum* ssp. *ceratophylloides* (feuilles basales profondément divisées; caulinaires pennées jusqu'au-delà de la moitié en lobes fourchus ou pennés à leur tour). **Leucanthème de Burnat,** *L. burnati* (feuilles basales allongées, entières, occasionnellement pourvues de 3 dents à l'apex; bas des tiges portant des restes blanchâtres provenant des pétioles). **Leucanthème vulgaire** ou **Grande Marguerite,** groupe de *L. vulgare* (feuilles basales spatulées, dentées; caulinaires étroitement spatulées à lancéolées, souvent incomplètement pennées à la base). **Leucanthème des Alpes,** *Leucanthemopsis alpina* (feuilles basales pennées ou découpées en forme de main).

L. atratum ssp. halleri

L. atratum ssp. atratum

L. atratum ssp. coronopifolium

L. atratum ssp. ceratophylloides

L. vulgare

L. burnati

L. alpina

Feuilles basales et caulinaires

1

2

1. Achillée noirâtre

Achillea atrata
(Composées tubuliflores)

Plante haute de 20 cm, faiblement aromatique. Feuilles pennatiséquées, présentant 2 à 5 dents sur chaque segment, dépourvue de points glanduleux. Capitules larges de 1 à 1,5 cm, terminaux, réunis par groupes de 3 à 20 ; involucre haut de 4 à 5 mm ; bractées à bord brun-noir ; réceptacle commun pourvu d'écailles glabres.
Floraison : VII-VIII. Habitat : éboulis, pelouses lacunaires ; sur calcaire ; au-dessus de 1 000 m d'altitude. Distribution : Alpes du Nord et sud-est des Alpes calcaires.

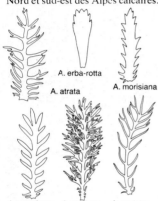

A. erba-rotta
A. atrata
A. morisiana

A. moschata A. clusiana A. oxyloba
Feuilles caulinaires inférieures

Espèces voisines : **Achillée ajourée,** *A. erba-rotta* (feuilles indivises, dentées à l'apex). **Achillée du Val-d'Aoste,** *A. morisiana* (feuilles pennatifides, avec la partie indivise du limbe aussi large que les segments). **Achillée musquée,** *A. moschata* (plante aromatique, à feuilles pennatifides, pectinées, à segments entiers, portant des points glanduleux). **Achillée de Clusius,** *A. clusiana* (plante aromatique ; feuilles laciniées 2 ou 3 fois). **Achillée des Dolomites,** *A. oxyloba* (1 capitule large de 2 à 3 cm ; feuilles une seule fois divisées en lanières).

2. Achillée amère

Achillea clavennae
(Composées tubuliflores)

Achillea clavennae

Plante haute de 40 cm, feutrée de poils blancs. Feuilles basales pennatifides. Capitules larges de 1 à 2 cm ; fleurons blanc grisâtre ; bractées à bord brun-noir.
Floraison : VI-IX. Habitat : fissures des rochers, éboulis, pelouses lacunaires ; sur calcaire ; généralement au-dessus de 1 500 m d'altitude. Distribution : Alpes calcaires à l'est du lac de Lugano et de l'Achensee ; péninsule balkanique.

3. Achillée naine

Achillea nana
(Composées tubuliflores)

Achillea nana

Plante haute de 15 cm, couverte de poils laineux. Feuilles basales 1 à 2 fois pennatifides. Pédoncules des capitules très courts ; involucre long de 4 à 6 mm ; bractées à bord large et brun.
Floraison : VII-IX. Habitat : fissures des rochers, éboulis, pelouses ; sur sols pauvres en calcaire ; généralement au-dessus de 2 000 m d'altitude. Distribution : des Alpes maritimes jusqu'au massif de l'Ortler ; Apennins.

1. Pétasite paradoxal

Petasites paradoxus
(Composées tubuliflores)

Plante haute de 50 cm. Tige feutrée de poils blancs, portant des écailles foliacées. Fleurs apparaissant avant les feuilles. Tige longue de 30 cm à la floraison, atteignant 60 cm à la fructification. Feuilles triangulaires et cordiformes à leur plein développement, larges de 20 cm, vert grisâtre dessus, mates, pourvues de dents claires sur les bords, à revers densément feutré de poils blancs. Fleurs toutes tubuleuses ; capitules larges d'environ 1 cm, réunis en grappe dense au début, s'allongeant ensuite. Bractées roses, couvertes de poils glanduleux.

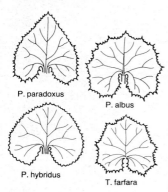

P. paradoxus
P. albus
P. hybridus
T. farfara

Feuilles basales

Floraison : IV-VI. Habitat : éboulis, lits empierrés des cours d'eau ; sur calcaire. Distribution : régions calcaires des Alpes, rare ailleurs ; montagnes d'Europe.

Espèces voisines : **Dravasse** ou **Pétasite blanc**, *P. albus* (feuilles basales arrondies, feutrées de gris au revers, larges de 30 cm ; bractées blanc verdâtre), dans les sous-bois riches en plantes herbacées. **Grand Taconnet** ou **Pétasite officinal**, *P. hybridus* (feuilles basales à revers feutré uniquement au niveau des nervures, larges de 50 cm ; bractées dépourvues de poils glanduleux, rougeâtres), sur les berges des ruisseaux et des cours d'eau.

Remarque : en dehors de l'époque de la floraison, il est possible de confondre avec les Pétasites le **Tussilage pas-d'âne**, *Tussilago farfara* (capitule unique, à fleurs jaunes) [voir p. 90].

2. Carline acaule
Chardon argenté

Carlina acaulis
(Composées tubuliflores)

Plante généralement presque acaule. Feuilles disposées en rosette, profondément découpées en segments dentés et piquants. Capitules épanouis larges de 10 cm ; bractées internes blanc d'argent à rose sur leur face interne ; bractées externes découpées, épineuses. Fleurs toutes tubuleuses, blanchâtres à rougeâtres.

Floraison : VII-IX. Habitat : parois rocheuses, pelouses sèches, clairs-bois d'altitude ; jusqu'à plus de 2 500 m. Distribution : Alpes ; largement représentée en Europe.

1

2

1. Vérâtre verdissant ⊞

Veratrum lobelianum
(Liliacées)

Plante haute de 1,50 m, à tige feuillée. Feuilles alternes (à la différence de celles des grandes espèces de Gentianes), marquées de forts plis longitudinaux, à revers duveteux, glabres dessus. Fleurs réunies en une longue panicule ; tépales ovales, longs de 1 cm, verdâtres des 2 côtés.
Floraison : VI-IX. Habitat : prairies humides, pacages, reposoirs et cuvettes glaciaires, clairières forestières et mégaphorbiée ; jusqu'à 2 700 m d'altitude. Distribution : Alpes ; Pyrénées ; montagnes moyennes de l'Europe ; en Asie, atteint le Japon.
Espèce voisine : **Vérâtre blanc** ou **Varaire blanc,** *V. album* (tépales blancs, au moins à l'intérieur).

2. Orchis nain des Alpes

Chamorchis alpina
(Orchidacées)

Plante haute de 10 cm, à feuilles graminiformes et canaliculées. Fleurs petites, inodores ; bractées plus longues que les fleurs ; tépales tous inclinés vers l'avant, vert jaunâtre ou brunâtres ; labelle indivis à faiblement trilobé, pendant, vert jaunâtre ; pas d'éperon.
Floraison : VII-IX. Habitat : firmetum (cariçaie à Laîche ferme), groupements pionniers de la Dryade à huit pétales, versants occupés par l'association de la

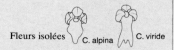

Fleurs isolées C. alpina / C. viride

Seslérie bleue ; toujours sur calcaire ; jusque bien au-delà de 2 000 m d'altitude. Distribution : régions calcaires des Alpes ; Carpates, Hautes-Tatras, Roumanie, Scandinavie, presqu'île de Kola.

Espèce voisine : **Satyrion vert,** *Coeloglossum viride* (feuilles ovales ; labelle généralement nettement trilobé, verdâtre à brunâtre ; éperon très court, épais), sur sols pauvres en calcaire.

3. Aulne vert

Alnus viridis
(Bétulacées)

Arbuste haut de 3 m, à feuilles ovales, pointues, longues de 6 cm, vert sombre dessus, vert pâle au revers, à bord découpé en dents pointues et plus longues que larges. Inflorescences mâles (chatons) pendantes, fleurissant au moment du débourrement des feuilles. Inflorescences femelles ovales, rassemblées en grappes de plusieurs unités.
Floraison : V-VII. Habitat : berges des ruisseaux, broussailles, mégaphorbiée, orées forestières ; jusqu'à 2 500 m d'altitude. Distribution : Alpes ; nombreuses montagnes d'Europe.
Remarque : sur sols humides et pauvres en calcaire, l'Aulne vert prospère de façon luxuriante. C'est la raison pour laquelle les exploitants des alpages le considèrent souvent comme une plante nuisible indésirable dans les pâturages. En revanche, son fort potentiel de croissance et la grande extension de son système radiculaire en font un élément très important des phytocœnoses alpines, dans la mesure où il empêche l'érosion des sols, protégeant ainsi la régénérescence des autres essences ; en outre, ses branches très élastiques retiennent la neige et peuvent s'opposer au glissement de grosses masses de neige, voire prévenir les avalanches.

1|2

3

1. Saule tapissant

Salix retusa
(Salicacées)

Arbrisseau rampant à rameaux racinants. Feuilles longues de 2 cm, larges de 2 cm, obovales ou spatulées, à bord antérieur émoussé ou faiblement émarginé, complètement glabre, vert sombre, devenant jaune d'or en automne, fortement odorantes. Fleurs peu nombreuses, réunies en chatons lâches.
Floraison: VI-X. Habitat: fissures des rochers, éboulis, pelouses lacunaires; sur calcaire; 1 500 à 2 500 m d'altitude. Distribution: Alpes, Jura, Pyrénées, Apennins.

2. Saule réticulé

Salix reticulata
(Salicacées)

Arbrisseau rampant à rameaux racinants. Feuilles arrondies, elliptiques, à dessus vert sombre, sillonné de nervures profondes, à revers vert blanchâtre, semé de poils soyeux épars. Chatons grêles, cylindriques, brun rougeâtre.
Floraison: VII-IX. Habitat: combes à neige, éboulis calcaires longtemps enneigés; jusqu'à environ 3 000 m d'altitude. Distribution: Alpes; Europe, Asie et Amérique arctiques; plus au sud, uniquement dans les montagnes.

3. Saule herbacé

Salix herbacea
(Salicacées)

Arbrisseau rampant à tronc et rameaux souterrains; seuls les rameaux les plus jeunes, avec quelques feuilles, apparaissent au-dessus de la surface du sol. Feuilles arrondies, ovales, longues de 3 cm et souvent presque aussi larges, à bords finement dentés. Chatons pauciflores, arrondis ou courts et cylindriques.
Floraison: VI-X. Habitat: associations des combes à neige sur sols non calcaires; de la limite supérieure de la forêt à plus de 3 000 m d'altitude. Distribution: commun dans le centre et le sud des Alpes, assez rare dans les Alpes du Nord; régions arctiques de l'Europe, de l'Asie et de l'Amérique; plus au sud, restreint aux montagnes.

4. Saule helvétique

Salix helvetica
(Salicacées)

Arbrisseau haut de 1,50 m. Rameaux portant des poils feutrés pendant la première année, devenant glabres ensuite. Feuilles longues de 4 à 9 cm, larges de 2 à 3 cm, à bord glanduleux portant quelques dents, glabres dessus, vert sombre, feutrées de poils blancs au revers. Chatons à fleurs denses, elliptiques à cylindriques.
Floraison: VI-IX. Habitat: versants couverts d'éboulis grossiers longtemps enneigés, lits empierrés des ruisseaux, mégaphorbiée, brousses d'Aulnes verts; sur sols dépourvus de calcaire. Distribution: Alpes; des Alpes maritimes et des Hautes-Alpes aux Alpes de Stubai et de Kitzbühel, à la région du Glockner, et aux Alpes du Zillertal.
Biologie: les Saules sont des plantes dioïques, ce qui signifie que les chatons mâles et les chatons femelles se trouvent sur des sujets différents. Les fleurs, sans bractées florales, sont situées à l'aisselle d'écailles feuillées et regroupées en épis connus sous le nom de chatons; les fleurs mâles ne possèdent que des étamines, les fleurs femelles un ovaire, présentant en outre 1 ou 2 glandes basales nectarifères très recherchées par les Insectes. Le fruit se présente sous forme d'une capsule bivalve contenant de nombreuses graines.
Les espèces de Saules alpins sont très variables et les hybrides ne sont pas rares. C'est pourquoi ne figurent ici que les 4 espèces aisément reconnaissables.

1. Oseille des Alpes

Rumex alpinus
(Polygonacées)

Plante haute de 2 m. Feuilles basales dépassant 50 cm de longueur, presque aussi larges que longues, à base cordiforme et apex

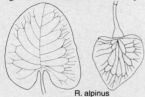

R. alpinus

Feuille basale et périgone (grossi)

arrondi. Fleurs petites, réunies en une inflorescence dense et plusieurs fois ramifiée. Valve du fruit mûr longue de 5 mm, brun-rouge, entière, sans callosités ; sépales externes appliqués sur le fruit.
Floraison : VI-VIII. Habitat : pacages, alentours des bergeries, mégaphorbiée. Distribution : montagnes du centre et du sud de l'Europe.

2. Chénopode Bon-Henri
Épinard sauvage

Chenopodium bonus-henricus
(Polygonacées)

Plante peu velue, généralement non ramifiée, haute de 80 cm. Feuilles pétiolées, hastées, longues de 10 cm. Inflorescence terminale, dense, en panicule spiciforme ; 3 à 5 tépales, petits, verdâtres, à bord denté ; 5 étamines. Fruit à paroi membraneuse, contenant une graine lenticulaire, luisante.
Floraison : V-X. Habitat : reposoirs à bétail, bords des chemins. Distribution : Alpes ; Europe.

3. Silène saxifrage

Silene saxifraga
(Caryophyllacées)

Plante haute de 30 cm. Tige velue vers le bas, glabre dans sa partie supérieure, glutineuse ; feuilles caulinaires linéaires. Fleurs larges de 1,5 cm ; calice long de 8 à 15 mm, à 10 nervures ; pétales blanchâtres dessus, rougeâtres à verts au revers, émarginés, avec de petites écailles à la gorge. Capsule ovale ; carpophore glabre.
Floraison : VI-IX. Habitat : éboulis, fissures des rochers, pelouses lacunaires ; sur calcaire. Distribution : Alpes ; Jura, montagnes du sud de l'Europe.
Espèce voisine : **Silène campanulé**, *S. campanula*, dans les Alpes maritimes.

4. Herniaire des Alpes

Herniaria alpina
(Caryophyllacées)

Plante à tige velue, croissant en coussinets aplatis. Feuilles longues de 5 mm, à dessus glabre, à bords ciliés ; stipules blanches, luisantes, grandes. Fleurs larges de 2,5 mm ; 5 sépales à large bordure membraneuse, couverts de poils dressés ; pétales insignifiants ou absents.
Floraison : VII-IX. Habitat : éboulis calcschisteux fins ; au-dessus de 2 000 m d'altitude. Distribution : des Pyrénées orientales aux Alpes vénitiennes.

5. Sagine étalée

Sagina procumbens
(Caryophyllacées)

Plante haute de 5 cm, à feuilles basales disposées en rosette. Tiges longues de 20 cm, arquées vers le haut, généralement glabres. Feuilles étroitement lancéolées, soudées à la base, glabres, à courte pointe épineuse. 4 sépales, longs de 3 mm, glabres, émoussés, à bordure membraneuse étroite ; pétales ressemblant à des étamines. 4 styles ; capsule à 4 dents.
Floraison : VI-IX. Habitat : pelouses ; jusqu'au-delà de la limite supérieure de la forêt. Distribution : subcosmopolite.

1. Saxifrage aphylle ⓟ

Saxifraga aphylla
(Saxifragacées)

Saxifraga aphylla

Plante croissant en coussinets lâches. Feuilles disposées en rosette, spatulées, pourvues de 3 à 5 dents apicales, semées de poils glanduleux épars, ou glabres. Tiges florifères hautes de 10 cm, couvertes de poils glanduleux, aphylles. Fleurs solitaires, terminales ; pétales linéaires, pointus, longs de 2 à 2,5 mm, atteignant au plus la demi-largeur des sépales, ces derniers émoussés.
Floraison : VII-IX. Habitat : éboulis calcaires grossiers ; jusqu'à plus de 3 000 m d'altitude. Distribution : Alpes, de la vallée de Lauterbrunnen, du col du Splügen et du Monte Tonale en allant vers l'est ; principalement dans les chaînons septentrionaux.
Espèces voisines : **Saxifrage musquée**, *S. moschata* (tige feuillée, portant 1 à 5 fleurs ; feuilles des rosettes entières, comptant jusqu'à 3 lobes ; pétales sensiblement aussi larges que les sépales, ne se chevauchant pas). **Saxifrage sillonnée**, *S. exarata* (tige feuillée, à plusieurs fleurs. Feuilles basales densément couvertes de poils glanduleux, portant 3 à 7 étroites divisions apicales. Pétales 2 fois plus larges que les sépales, blancs et rougeâtres et se chevauchant). **Saxifrage de Séguier**, *S. seguieri* (feuilles basales spatulées, lancéolées, entières, émoussées ; pétales aussi longs que les sépales, obovales). **Saxifrage Faux-Orpin**, *S. sedoides* (feuilles entières, spatulées, lancéolées, à pointe épineuse ; pétales plus courts et plus étroits que les sépales).

2. Euphorbe à feuilles d'Amandier ⊞

Euphorbia amygdaloides
(Euphorbiacées)

Plante haute de 80 cm, à tiges feuillées et non florifères contenant un latex toxique. Feuilles lancéolées, coriaces, entières. Inflorescence cylindrique ; bractées soudées, en forme de feuille arrondie ; inflorescences partielles en forme de cupule, portant des glandes bicornes, jaunes ou rouge

E. amygdaloides

Organe floral avec fruit en cours de maturation

brunâtre. Capsule longue de 4 mm, glabre, portant 3 profonds sillons.
Floraison : IV-VI. Habitat : forêts d'essences feuillues mélangées, brousses d'Aulnes verts ; sur calcaire ; jusque vers 1 800 m d'altitude. Distribution : presque toute l'Europe.

3. Nerprun rampant

Rhamnus pumilus
(Rhamnacées)

Arbrisseau rampant dépourvu d'épines. Feuilles alternes, à bord très finement denticulé, atteignant leur plus grande largeur au-delà du milieu, longues de 3 cm, portant 4 à 9 nervures latérales presque droites de part et d'autre de la nervure centrale. Fleurs petites, de type 4 ; pétales étroits, insignifiants, souvent absents. 3 ou 4 styles.
Floraison : V-VII. Habitat : fissures des rochers ; sur calcaire ; jusque vers 3 000 m d'altitude. Distribution : Alpes ; montagnes du sud de l'Europe, Afrique du Nord.

1. Grande Astrance

Astrantia major ssp. *major*
(Ombellifères)

Plante glabre, haute de 1 m. Tiges dressées, peu feuillées, généralement à peine ramifiées et uniquement à l'extrémité. Feuilles basales longuement pétiolées, découpées en 5 à 7 segments à bords dentés. Fleurs discrètes, disposées en ombelles simples; bractées aussi longues que les fleurs, portant 3 à 5 nervures, à bords entiers.
Floraison: VI-VIII. Habitat: prairies de fauche, mégaphorbiée, bois clairs; sur calcaire; jusqu'à environ 2 000 m d'altitude. Distribution:

A. major ssp. carinthiaca

Ombelle (grossie) et feuille basale

Alpes; centre et sud de l'Europe.
Espèce voisine : **Astrance de Carinthie**, *A. major* ssp. *carinthiaca* (bractées 2 fois plus longues que les fleurs, à bord antérieur denté).

2. Myrtille

Vaccinium myrtillus
(Éricacées)

Arbrisseau haut de 50 cm. Jeunes rameaux verts, anguleux, légèrement ailés. Feuilles vertes en été, largement lancéolées, à bord aplati, finement denté. Fleurs solitaires à l'aisselle des feuilles; co-

Fleur   V. myrtillus

rolle globuleuse, large de 4 à 5 mm, verdâtre, souvent lavées de pourpre. Baie bleu sombre, large de 5 à 8 mm, à chair et jus sombres.

Floraison: V-VI. Habitat: forêts d'altitude, associations de sous-arbrisseaux, pelouses, tourbières; sur sols pauvres en calcaire; jusque vers 2 000 m d'altitude. Distribution: Alpes; presque toute l'Eurasie.

3. Pyrole unilatérale Ⓟ

Orthilia secunda
(Pyrolacées)

Plante haute de 30 cm. Feuilles situées dans le 1/3 inférieur de la tige, coriaces, largement lancéolées, pointues, à bord finement denticulé. Inflorescence unilatérale; pétales verdâtres, longs de 3 à 4 mm, disposés en clochette; sépales triangulaires. Style rectiligne.
Floraison: VI-IX. Habitat: forêts de résineux riches en humus; jusqu'à la limite supérieure de la forêt.
Distribution: presque toute l'Europe; dans une grande partie de l'Asie et de l'Amérique.

4. Mélinet auriculé

Cerinthe minor ssp. *auriculata*
(Borraginacées)

Plante glabre, haute de 50 cm. Feuilles basales allongées, s'amincissant au niveau du pétiole; caulinaires sessiles, à dessus vert pâle, à revers glauque. Corolle longue de 1,5 cm, tachée de rouge sombre au niveau des sinus séparant les longues dents lancéolées; dents du calice ovales, émoussées.
Floraison: VI-IX. Habitat: mégaphorbiée, brousses d'Aulnes verts, pelouses; jusqu'à 2 000 m d'altitude. Distribution: Alpes; Apennins, Sicile, péninsule balkanique.
Espèce voisine : **Mélinet glabre**, *C. glabra* (dents de la corolle ovales, réfléchies à l'apex).

1. Cocrète violette

Bartsia alpina
(Scrofulariacées)

Plante haute de 30 cm, couverte de poils glanduleux. Feuilles ovales, opposées, semi-embrassantes, souvent lavées de violâtre, à dents crénelées. Corolle tubulaire, s'élargissant un peu vers l'avant, violet foncé, légèrement bilobée.
Floraison: V-IX. Habitat: groupements fontinaux, tourbières plates, alpages; jusque bien au-delà de 2 000 m d'altitude. Distribution: Alpes; montagnes du centre et du sud de l'Europe; nord de l'Europe; régions arctiques de l'Asie et de l'Amérique du Nord.
Remarque: cette espèce vit en semi-parasite aux dépens des racines de plantes herbacées.

2. Orobanche sanglante

Orobanche gracilis
(Orobanchacées)

Plante haute de 60 cm, à tige jaune rougeâtre, couverte de poils glanduleux. Bractées souvent presque aussi longues que les fleurs; pas de préfeuilles. Fleurs répandant une odeur d'Œillet; corolle longue de 1,5 à 2,5 cm, couverte de courts poils glanduleux, jaunâtre à l'extérieur, rouge sombre éclatant à l'intérieur, à partie tubulaire faiblement arquée; lèvre supérieure émarginée; lèvre inférieure à lobes sensiblement égaux. Stigmates jaunes; filets des étamines velus à peu près jusqu'à mi-hauteur.
Floraison: V-VIII. Habitat: pelouses sèches; jusqu'à plus de 2 000 m d'altitude. Distribution: Alpes; en Europe.
Remarque: les Alpes abritent de nombreuses espèces voisines, parfois malaisées à identifier.

3. Plantain des Alpes

Plantago alpina
(Plantaginacées)

Plante haute de 20 cm. Feuilles disposées en rosette, linéaires, s'amincissant brusquement à l'apex, aplaties, glabres ou semées de poils épars. Hampes dressées, couvertes de poils apprimés. Fleurs en épis longs de 3 cm et larges de 3 mm. Bractées largement ovales, presque aiguës, vertes; fleurs à base tubulaire couverte de petits poils duveteux, se terminant par 4 divisions blanchâtres.
Floraison: V-VIII. Habitat: sols pauvres en calcaire; combes à neige, pelouses; au-dessus de 1 000 m d'altitude. Distribution: Alpes, en allant vers l'est, jusque dans l'Ammergau, le Pinzgau et le bassin de l'Adige; montagnes du centre et du sud de l'Europe.
Espèces voisines: **Plantain noirâtre**, *P. atrata* (feuilles lancéolées, à fortes nervures longitudinales; épis globuleux, noirâtres; corolle glabre; hampes couvertes de poils dressés), sur calcaire. **Plantain brunâtre**, *P. fuscescens* (comme le Plantain noirâtre, mais feuilles et hampes couvertes de longs poils apprimés), dans le sud-ouest des Alpes. **Plantain serpentin**, *P. serpentina* (feuilles linéaires; épis linéaires, longs de 7 cm, larges de 4 mm), dans les Alpes du Sud. **Plantain holosté**, *P. holosteum* (feuilles linéaires, portant 3 arêtes; bractées pointues), Alpes du Sud.

4. Gnaphale de Hoppe

Gnaphalium hoppeanum
(Composées tubuliflores)

Plante haute de 10 cm, feutrée de poils gris clair. Feuilles entières, uninervées, lancéolées, larges de 2 à 4 mm. Capitules longs de 5 à 7 mm; bractées peu nombreuses, se recouvrant, à bord large et noir, ne s'écartant pas en étoile au moment de la fructification. Fleurs tubuleuses, brunâtres.
Floraison: VII-VIII. Habitat: éboulis, formations à Saules rampants, groupements pionniers des pelouses; sur calcaire; au-dessus de 1 500 m d'altitude. Distribution: Alpes; Pyrénées orientales, Tatras, Apennins, péninsule balkanique.

Les étages de végétation

1. Étage nival : Phanérogames (plantes à fleurs) isolés et prédominance de Mousses et de Lichens.
2. Étage alpin : associations végétales des fissures rocheuses et des éboulis ; pelouses alpines.
3. Étage subalpin : alpages et forêts naturelles de résineux.
4. Étage montagnard : forêts mixtes sur les versants et exploitations agricoles au fond des vallées.

Les étages de végétation

Quiconque se déplace en montagne ne manque pas de remarquer combien les paysages changent au cours de l'ascension. Aux forêts de feuillus succèdent celles de résineux ; puis les plantes hautes sur tige font place à des végétaux de plus en plus bas ; le sol devient plus caillouteux et plus aride, les rochers plus escarpés ; le rayonnement solaire se fait plus ardent, le vent souffle plus fort : avec l'altitude la température baisse.

Ces changements de paysage, de climat et de végétation, s'effectuant progressivement depuis le fond des vallées jusqu'aux plus hautes cimes, affectent toute l'étendue de l'arc alpin. Tous les 100 mètres, la température moyenne décroît de quelque 0,5 °C, tandis que, pour le même palier, la période de croissance des plantes diminue de 1 à 2 semaines. Les caractéristiques de chacun de ces paliers, dits « étages de végétation » (voir p. 242), dépendent de la latitude et de l'altitude du massif concerné. Entre les différents étages de végétation s'intercalent parfois des zones de transition.

L'étage collinéen s'étend du fond des vallées jusqu'à la limite supérieure de la culture de la Vigne (500 à 800 m). La moyenne des températures annuelles y oscille entre 8 et 12 °C ; la période de végétation y est supérieure à 8 mois. Cet étage se caractérise par ses forêts d'essences feuillues mélangées, ses forêts de résineux, ses cultures et ses prairies fourragères.

L'étage montagnard trouve sa limite supérieure entre 1 300 et 1 400 mètres dans les Alpes du Nord, entre 1 300 et 1 500 mètres dans les Alpes centrales, et vers 1 800 mètres dans les Alpes du Sud. La moyenne des températures annuelles y oscille entre 4 et 8 °C ; la période de végétation n'y dure guère plus de 200 jours. Cet étage est encore fortement exploité par l'agriculture ; les forêts de feuillus dominent, principalement représentées par la hêtraie. L'Épicéa s'y trouve aussi, mais généralement introduit, sauf dans les régions sèches des Alpes centrales, où il croît à l'état naturel.

L'étage subalpin s'étend jusqu'à 1 900 mètres dans les Alpes du Nord, jusqu'à 2 400 mètres dans les Alpes centrales, mais ne dépasse pas 2 000 mètres dans les Alpes du Sud. La moyenne des températures annuelles y oscille entre + 1 et − 2 °C ; vers 2 000 mètres, cette moyenne accuse un écart de 12 °C avec celle des régions situées en bordure de mer. Le sol y est déneigé pendant 3 à 6 mois et la période de végétation y dure de 100 à 200 jours environ. Comparativement à l'étage montagnard, l'ensoleillement y est plus long et les précipitations plus abondantes. Cet étage est celui des forêts naturelles de résineux ; on y rencontre avant tout l'Épicéa, qui supporte de très basses températures, voire les gelées durant sa période de végétation. Le Mélèze et l'Arole étant, de tous nos arbres, ceux qui résistent le mieux aux températures les plus basses, on les rencontre encore au-dessus de la pessière dans les Alpes centrales et le nord des Alpes du Sud ; dans les Alpes du Nord, ils croissent en mélange avec l'Épicéa jusqu'à la limite supérieure de la forêt. Plus haut, on passe aux prés-bois, qui deviennent de plus en plus clairsemés pour faire place, entre 1 900 et 2 400 mètres, à la zone dite « de combat », où les arbres isolés, notamment le Pin de montagne dans les Alpes calcaires septentrionales, semblent lutter contre le climat inhospitalier. La « zone de combat », dans les Alpes centrales cristallines, est occupée par le Rhododendron ferrugineux et par diverses espèces de Genévriers prostrés et d'Airelles. La limite supérieure de la forêt est souvent essartée par l'homme sur quelque 200 mètres afin d'être utilisée comme pacage d'été.

L'étage alpin commence au-dessus de la limite supérieure de la forêt et s'étend entre 2 400 et 3 200 mètres. La période de végétation, extrêmement courte, n'y excède pas 75 à 100 jours. Dans cet étage, on ne se réfère plus à la moyenne annuelle des températures, mais à celle du jour ou au microclimat de la station. Les contrastes y sont impressionnants ; les écarts de température entre le jour et la nuit peuvent dépasser 50 °C. Le rayonnement solaire est beaucoup plus intense qu'à basse altitude, car l'air pur, pauvre en poussières et en vapeur d'eau, perd beaucoup de son pouvoir filtrant. L'intensité du réchauffement affecte le sol et les plantes, tandis qu'elle n'est que de peu d'effet sur la température de l'air. Durant la nuit, la température chute brutalement, mais les rochers restituent un intense rayonnement calorifique. Riche en rayons ultraviolets, la lumière solaire freine l'allongement des tiges ; elle compte parmi les facteurs responsables du nanisme non héréditaire d'un bon nombre de végétaux. Les vents violents qui sévissent à ces altitudes facilitent certes la dispersion des graines et s'opposent dans une certaine mesure à ce que le soleil brûle les plantes, mais ils les menacent simultanément de déshydratation par leur action desséchante. Soufflant souvent en ouragan à plus de 100 km/h, les vents lèsent les parties aériennes des plantes soit directement, soit indirectement, en les soumettant au meulage des grains de sable et des cristaux de neige glacée qu'ils charrient violemment. Dans cet étage, les précipitations abondantes sont la règle ; à 300 mètres, les massifs alpins périphériques reçoivent annuellement plus de 2 mètres d'eau en pluie et en neige. Elles compensent l'action desséchante du vent, mais sont très irrégulières, de sorte que les plantes sont soumises à des surabondances et à des pénuries d'eau incessantes et successives.

Bien que froide, la neige constitue pour les plantes une appréciable protection, car le sol, à l'abri sous une épaisse couche de neige, est rarement gelé, pas même par des températures de l'ordre de − 20°C. Si le sol vient à geler, les plantes se dessèchent, ne pouvant plus puiser dans le sol l'eau transformée en glace. Du reste, sous la couche de neige, les plantes restent actives :

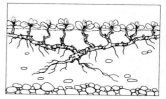

Le Saule herbacé (Salix herbacea) représente la forme d'adaptation la plus extrême des végétaux ligneux à l'étage alpin. Tronc et branches sont entièrement souterrains ; seules apparaissent au-dessus du niveau du sol et pendant la courte période de végétation quelques petites feuilles entourant les chatons.

dans un certain sens, elles s'y comportent comme des plantes sempervirentes.

L'étage alpin abrite des associations de buissons nains, soit sur les arêtes que l'action des vents protège de l'enneigement, soit au contraire dans les endroits abrités et longtemps enneigés. Ailleurs croissent isolément des sous-arbrisseaux à port prostré, étroitement plaqués contre le sol, ce qui leur permet d'échapper presque complètement à l'emprise du vent. L'essentiel de la végétation de cet étage est constitué par des pelouses (landes gazonnantes, prairies naturelles) qui, par suite des conditions environnementales toujours plus rudes et de l'accroissement de l'instabilité du milieu (éboulements, avalanches), finissent par se restreindre à de petits îlots à mesure que l'on s'élève en altitude. Ce domaine, où parois rocheuses et éboulis ne laissent plus la place qu'à quelques végétaux isolés, constitue la zone de transition entre les étages alpin et nival.

L'étage nival commence vers 3 000 mètres d'altitude, là où la durée de l'enneigement excède celle des périodes déneigées. Il n'y pousse plus que quelques plantes capables de s'arrimer aux parois rocheuses escarpées ou de survivre sur des arêtes balayées par les vents et non soumises à l'enneigement ; toutefois, ces plantes peuvent croître au-delà de 4 000 mètres d'altitude. Dans cet étage inhospitalier dominent avant tout des Mousses et des Lichens.

Les associations végétales de l'arc alpin

Au cours de leur histoire remplie de vicissitudes, les plantes alpines ont « appris » à survivre aux conditions rudes de leurs biotopes. Comme partout sur le globe, on rencontre dans les Alpes des associations végétales ; les mêmes endroits, par exemple les fissures des rochers, les éboulis ou les pelouses, hébergent toujours les mêmes associations de végétaux, car ceux-ci présentent les mêmes exigences écologiques et édaphiques.

Les associations rupicoles

Si les fissures et les crevasses des rochers retiennent longtemps l'humidité, la surface des blocs, en revanche, est soumise à d'importants écarts de température, à la violence des vents et à l'intense rayonnement solaire. Les plantes des associations rupicoles se sont adaptées à ces conditions particulières en développant un port en coussinet, des feuilles charnues et velues, et des racines abondamment ramifiées, pénétrant profondément dans les interstices de la roche (→ dessin). Parmi les espèces vivant sur les rochers calcaires ou dolomitiques de l'étage alpin, on retiendra surtout l'Androsace helvétique (p. 216), et parmi celles vivant sur les roches silicatées l'Androsace de Vandelli (p. 216). Dans l'étage subalpin, les associations rupicoles sont plus rares. En été, elles ne peuvent résister à la sécheresse et à la chaleur, plus intenses que dans

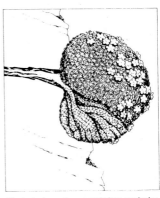

Plante typique des associations rupicoles. Le coussinet compact de l'Androsace helvétique (Androsace helvetica) est solidement ancré au rocher par une longue racine profondément fichée dans une fissure. Les tiges (visibles en coupe à la partie inférieure), ramifiées et fourchues, forment chaque année de nouvelles pousses florales et feuillées ; les vieilles feuilles mortes se dessèchent et se transforment progressivement en humus.

l'étage alpin parce que non atténuées par les vents froids. Les fissures calcaires y abritent la Potentille caulescente (p. 208), les anfractuosités silicatées la Saxifrage pyramidale (p. 204).

Les associations végétales des éboulis

Par suite des intempéries, les éboulis se renouvellent constamment au pied des parois rocheuses (éboulis à gros blocs, pierriers grossiers). Leur couche supérieure est encore très instable. Protégés de la sécheresse et de la chaleur par les gros blocs, on trouve généralement sous ces derniers de la terre fine et des fragments rocheux plus petits. C'est là que certaines plantes, particulièrement bien adaptées à ce genre de biotope, arrivent à prospérer. Selon leur comportement, on les subdivise en lithophytes migrateurs, arrimeurs, couvrants et racinants (→ dessin). L'air immobile emprisonné dans les interstices des éboulis protège le sol de la sécheresse ; certaines plantes y croissent comme dans de minuscules grottes, n'émettant au-dehors que leurs hampes florales. Aussi n'ont-elles pas été contraintes de s'armer face à la sécheresse comme les plantes rupicoles ; à partir d'une certaine profondeur, les éboulis recèlent toujours une humidité suffisante. Parmi les plantes caractéristiques des éboulis calcaires de l'étage alpin, citons le Tabouret à feuilles rondes (p. 130) ; parmi celles de

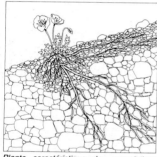

Plante caractéristique des associations d'éboulis. Le Pavot de Sendtner (Papaver sendtneri), lithophyte « arrimeur », enfonce quelques-unes de ses racines — celles par lesquelles il puise l'eau — profondément dans le pierrier, tandis qu'il insinue les autres sous la surface non stabilisée (d'après Jenny-Lips, 1930).

l'étage subalpin, le Pétasite paradoxal (p. 228) et l'Oseille écussonnée (p. 118). Sur éboulis silicatés, on rencontrera l'Adénostyle tomenteuse (p. 166) et l'Androsace des Alpes (p. 156). Quant aux éboulis calcschisteux, leurs débris très fins sont colonisés par la Campanule du Mont-Cenis (p. 38) et la Herniaire des Alpes (p. 234).

Les associations des pelouses alpines
Les pelouses n'hébergent en général que des plantes appartenant à la strate herbacée : il s'agit donc de tapis plus ou moins fermés, constitués de Graminées et de plantes basses ; elles sont capables de prospérer en dehors de toute interven-

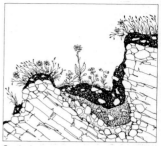

Seslerio-sempervirentetum. Couche d'humus notablement enrichie, mais irrégulière par suite du relief superficiel : la station peut accueillir des plantes beaucoup plus exigeantes (d'après Albrecht, 1969).

tion humaine. Dans les Alpes, ces associations n'existent plus qu'au-dessus de la limite supérieure de la forêt. La densité du recouvrement dépend de l'âge de la pelouse et de la nature du sol. Sur calcaire, l'association pionnière des pelouses est la cariçaie à Laîche ferme ou firmetum (voir 2ᵉ page de couverture). Dans ces stations, l'enneigement est de courte durée, mais l'action des vents très intense ; on y rencontre la Saxifrage bleuâtre (p. 202). Les adrets plus longuement enneigés, sur leurs sols plus riches en humus, abritent le seslerio-sempervirentetum (→ dessin ci-dessus), une des associations végétales les plus riches des Alpes, souvent étagée en gradins par suite du comportement « territorial » des Graminées qu'elle héberge. On y rencontre l'Oxytropide de Jacquin (p. 140), l'Edelweiss (p. 222) et l'Aster des Alpes (p. 42). Les sols frais et légers, notamment en ubac, accueillent la cariçaie à Laîche ferrugineuse ou caricetum ferruginae, dont les principaux éléments sont la Pédiculaire feuillée (p. 86), la Campanule thyrsoïde (p. 90) et l'Orchis globuleux (p. 116). Les stations silicatées de

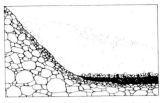

Association végétale des combes à neige. Dans la couche d'humus accumulée au fond de la cuvette (à droite, en foncé) croît le Saule herbacé (Salix herbacea). Ici, la période de végétation est limitée à 1 ou 2 mois. En pointillé : l'importante couche de neige hivernale et les neiges estivales résiduelles (à gauche, sur la pente).

l'étage alpin hébergent avant tout la cariçaie à Laîche courbée ou curvuletum. Il s'agit de pelouses brunâtres, à végétation très dense, nécessitant un enneigement durable. Les espèces caractéristiques de cette association sont la Gentiane acaule (p. 18) et la Raiponce hémisphérique (p. 40).

Les associations des combes à neige apparaissent dans les dépressions longuement enneigées ; la période de végétation n'y dépasse guère 1 à 2 mois. Affectionnant les sols acides, à la terre noire, humides et riches en humus, tant sur les fonds calcaires que siliceux, ces associations croissent en petites taches et sont très riches en Mousses. Les espèces prédominantes en sont le Saule herbacé (p. 232 et 243), le Céraiste à trois styles (p. 184) et l'Alchémille des neiges (p. 64). Les combes à neige des Alpes calcaires abritent l'Arabette bleuâtre (p. 10) et les Saules rampants (p. 232).

Les groupements fontinaux disposent à longueur d'année d'une importante alimentation en eau. Outre de nombreuses Mousses, on y rencontre la Saxifrage étoilée (p. 204) et la Saxifrage Faux-Aïzoon (p. 60).

Les associations végétales les plus apparentes de l'étage subalpin sont la mégaphorbiée et la brousse d'Aulnes verts. Elles requièrent ombre et humidité, un sol léger, aéré, riche en terre fine et en substances nutritives. Les espèces typiques de ces associations sont la Laitue des Alpes (p. 42) et le Séneçon de Fuchs (p. 98). Les plantes de la mégaphorbiée colonisent également les cuvettes glaciaires situées au-dessus de la limite supérieure de la forêt ; ces peuplements, souvent dominés par le Cirse très-épineux (p. 100), sont connus sous le nom d'associations des cuvettes glaciaires. Une autre association de plantes élevées, ressemblant à la mégaphorbiée, se développe sur les terrains surfumés aux alentours des bergeries : l'Oseille des Alpes (p. 234) est l'espèce typique de ces groupements végétaux.

Les pâturages « gras », alpages régulièrement fumés, hébergent la Crépide orangée (p. 106) et la Livèche mutelline (p. 148). Mal entretenus, ces pacages alpestres dégénèrent en pâturages « maigres », dominés par le Nard

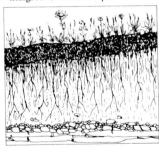

Nardetum (association du Nard raide) sur roche-mère décomposée (profondeur du sol : 50 cm). Sous l'épaisse couche d'humus (zone foncée) s'étend une couche encore plus épaisse pénétrée par les racines.

raide, une Graminée dédaignée par le bétail.

Les limites des associations végétales des Alpes ne sont très précises que dans les milieux modifiés par l'homme ; dans les zones vierges, elles sont assez fluctuantes.

Index des espèces

Noms latins

Achillea atrata 226
Achillea clavennae 226
Achillea clusiana 226
Achillea erba-rotta 226
Achillea morisiana 226
Achillea moschata 226
Achillea nana 226
Achillea oxyloba 226
Acinos alpinus 26
Aconitum angustifolium 10
Aconitum burnatii 10
Aconitum divergens 10
Aconitum lycoctonum 52
Aconitum napellus 10
Aconitum paniculatum 10
Aconitum variegatum 10
Adenostyles alliariae 166
Adenostyles alpina 166
Adenostyles leucophylla 166
Aethionema saxatile 132
Aethionema thomasianum 132
Ajuga genevensis 28
Ajuga pyramidalis 28
Ajuga reptans 28
Alchemilla pentaphyllea 64
Alchemilla subsericea 64
Allium insubricum 112
Allium narcissiflorum 112
Allium schoenoprasum 112
Allium ursinum 44
Allium victorialis 44
Alnus viridis 230
Alyssum ovirense 56
Amelanchier ovalis 204
Androsace alpina 156
Androsace carnea 154
Androsace chamaejasme 216
Androsace hausmannii 216
Androsace helvetica 216
Androsace vandellii 216
Anemone baldensis 192
Anemone narcissiflora 192
Anthericum liliago 174
Anthericum ramosum 174
Anthriscus ssp. 210
Anthyllis vulneraria 70
Aposeris foetida 102
Aquilegia alpina 128
Aquilegia atrata 128
Aquilegia bertolonii 128
Aquilegia einseleana 128
Aquilegia nigricans 128
Aquilegia thalictrifolia 128
Aquilegia vulgaris 128
Arabis alpina 194
Arabis caerulea 10
Arabis pumila 194
Arabis soyeri 194
Arctostaphylos alpinus 214
Arctostaphylos uva-ursi 214
Arenaria huteri 188
Armeria maritima 156
Arnica montana 94
Artemisia erianthia 92
Artemisia genipi 92
Artemisia glacialis 92
Artemisia lanata 92
Artemisia mutellina 92

Artemisia nitida 92
Artemisia pedemontana 92
Artemisia petrosa 92
Aruncus dioicus 206
Asperula hexaphylla 222
Asphodelus albus 174
Aster alpinus 42
Aster bellidiastrum 224
Astragalus alopecurus 68
Astragalus alpinus 12
Astragalus australis 12
Astragalus centralpinus 68
Astragalus depressus 68
Astragalus exscapus 68
Astragalus frigidus 208
Astragalus leontinus 140
Astragalus monspessulanus 68
Astragalus penduliflorus 66
Astragalus sempervirens 208
Astrantia major 238
Athamanta cretensis 212

Bartsia alpina 240
Bellis perennis 224
Berardia subacaulis 100
Biscutella laevigata 54
Brassica repanda 54
Braya alpina 196
Bulbocodium vernum 114
Bupleurum ranunculoides 76

Callianthemum anemonoides 192
Callianthemum coriandrifolium 192
Callianthemum kernerum 192
Campanula alpestris 38
Campanula alpina 38
Campanula barbata 38
Campanula cenisia 38
Campanula cespitosa 34
Campanula cochleariifolia 34
Campanula morettiana 36
Campanula raineri 36
Campanula scheuchzeri 34
Campanula spicata 38
Campanula thyrsoides 90
Campanula zoysii 36
Cardamine bellidifolia 196
Cardamine enneaphyllos 196
Cardamine pentaphyllos 128
Cardamine plumieri 196
Cardamine resedifolia 196
Cardaminopsis halleri 130
Carduus defloratus 172
Carlina acaulis 228
Centaurea alpestris 168
Centaurea montana 42
Centaurea pseudophrygia 168
Centaurea triumfetti 42
Centaurea uniflora 168
Centranthus angustifolius 164
Centranthus ruber 164
Cerastium alpinum 186
Cerastium arvense 186
Cerastium carinthiacum 188
Cerastium cerastoides 184
Cerastium julicum 186

Cerastium latifolium 188
Cerastium pendunculatum 188
Cerastium uniflorum 188
Cerinthe glabra 238
Cerinthe minor 238
Chaerophyllum villarsii 210
Chamaecytisus polytrichus 70
Chamaecytisus purpureus 142
Chamorchis alpina 230
Chenopodium bonus-henricus 234
Chondrilla chondrilloides 100
Circaea lutetiana 210
Cicerbita alpina 42
Cirsium acaule 172
Cirsium eriophorum 170
Cirsium erisithales 100
Cirsium helenioides 170
Cirsium heterophyllum 170
Cirsium montanum 170
Cirsium spinosissimum 100
Clematis alpina 8
Coeloglossum viride 230
Colchicum alpinum 114
Colchicum autumnale 114
Coronilla vaginalis 72
Cortusa matthioli 156
Corydalis lutea 52
Crepis aurea 106
Crepis bocconii 102
Crepis jacquinii 104
Crepis pygmaea 106
Crepis pyrenaica 106
Crepis terglouensis 106
Crocus vernus 176
Cyclamen europaeum 156
Cyclamen purpurascens 156
Cypripedium calceolus 46
Cytisus decumbens 70

Dactylorhiza fuchsii 116
Dactylorhiza sambucina 46
Daphne cneorum 146
Daphne petraea 146
Daphne striata 146
Delphinium dubium 10
Delphinium elatum 10
Dianthus alpinus 118
Dianthus carthusianorum 118
Dianthus furcatus 120
Dianthus monspessulanus 120
Dianthus neglectus 120
Dianthus pavonius 120
Dianthus seguieri 118
Dianthus subacaulis 120
Dianthus sylvestris 120
Digitalis grandiflora 84
Digitalis lutea 84
Doronicum austriacum 94
Doronicum cataractarum 94
Doronicum grandiflorum 94
Draba sauteri 56
Draba stellata 198
Dracocephalum austriacum 28
Dracocephalum ruyschiana 28
Dryas octopetala 206

Epilobium angustifolium 146
Epilobium dodonaei 146
Epilobium fleischeri 146

248

Epimedium alpinum 128
Epipactis atrorubens 116
Erica carnea 150
Erica herbacea 150
Erigeron uniflorus 166
Erinus alpinus 160
Eritrichium nanum 24
Eryngium alpinum 16
Erysimum jugicola 54
Erythronium dens-canis 112
Euphorbia amygdaloides 236
Euphrasia christii 84
Euphrasia rostkoviana 220

Fritillaria meleagris 114
Fritillaria tubiformis 46, 114

Gagea fistulosa 44
Gagea lutea 44
Gagea minima 44
Galium anisophyllon 222
Genista radiata 70
Gentiana acaulis 18
Gentiana asclepiadea 18
Gentiana bavarica 20
Gentiana burseri 80
Gentiana clusii 18
Gentiana cruciata 18
Gentiana frigida 78
Gentiana lutea 80
Gentiana nivalis 18
Gentiana pannonica 156
Gentiana pneumonanthe 18
Gentiana prostrata 20
Gentiana punctata 80
Gentiana purpurea 78
Gentiana rostanii 20
Gentiana verna 20
Gentianella aspera 158
Gentianella campestris 158
Gentianella ciliata 22
Gentianella germanica 158
Gentianella nana 22
Gentianella tenella 22
Geranium argenteum 144
Geranium macrorrhizum 144
Geranium pratense 144
Geranium rivulare 210
Geranium sylvaticum 144
Geum montanum 62
Geum reptans 62
Globularia cordifolia 34
Globularia meridionalis 34
Globularia repens 34
Gnaphalium hoppeanum 240
Gymnadenia conopsea 116
Gymnadenia odoratissima 116
Gypsophila repens 178

Hedysarum boutignyanum 138
Hedysarum hedysaroides 138
Helianthemum alpestre 174
Helianthemum nummularium 74
Helleborus niger 192
Heracleum sphondylium 212
Herniaria alpina 234
Hieracium alpinum 110
Hieracium aurantiacum 172
Hieracium auricula 110
Hieracium hoppeanum 110
Hieracium humile 110
Hieracium intybaceum 106
Hieracium lanatum 108

Hieracium pilosella 110
Hieracium villosum 108
Hippocrepis comosa 72
Homogyne alpina 166
Homogyne discolor 166
Horminum pyrenaicum 26
Hugueninia tanacetifolia 54
Hutchinsia alpina 200
Hypericum richeri 76
Hypochoeris uniflora 102

Iberis saxatilis 198
Iberis sempervirens 198

Jovibarba allionii 58
Jovibarba arenaria 58
Jovibarba hirta 58

Kernera saxatilis 198
Knautia dipsacifolia 164
Knautia spp. 164

Laburnum alpinum 66
Laburnum anagyroides 66
Lamium album 218
Lamium maculatum 158
Lamium montanum 180
Lamium orvala 158
Laserpitium halleri 212
Lathyrus laevigatus 96
Lathyrus occidentalis 66
Leontodon autumnalis 102
Leontodon hispidus 102
Leontodon incanus 102
Leontodon montanus 102
Leontodon pyrenaicus 102
Leontopodium alpinum 222
Leucanthemopsis alpina 224
Leucanthemum atratum 224
Leucanthemum burnati 224
Leucanthemum vulgare 224
Leuzea rhapontica 168
Ligusticum ferulaceum 76
Ligusticum mutellina 148
Ligusticum mutellinoides 148
Lilium bulbiferum 112
Lilium martagon 112
Linaria alpina 30
Linaria supina 82
Linaria tonzigii 82
Linnaea borealis 220
Linum alpinum 12
Lloydia serotina 44
Loiseleuria procumbens 148
Lomatogonium carinthiacum 22
Lonicera alpigena 164
Lonicera caerulea 90
Lotus alpinus 72
Lotus corniculatus 72
Lychnis alpina 124
Lychnis flos-jovis 124

Matthiola fruticulosa 130
Menyanthes trifoliata 218
Micromeria marginata 160
Minuartia capillacea 182
Minuartia cherlerioides 184
Minuartia lanceolata 182
Minuartia laricifolia 182
Minuartia mutabilis 184
Minuartia recurva 182
Minuartia rupestris 182
Minuartia sedoides 48

Minuartia verna 184
Moehringia ciliata 180
Moehringia muscosa 180
Molopospermum peloponnesiacum 76
Moneses uniflora 214
Murbeckiella pinnatifida 196
Myosotis alpestris 24
Myosotis decumbens 24
Myosotis scorpioides 24
Myosotis sylvatica 24

Narcissus poeticus 176
Nigritella nigra 116

Onobrychis montana 138
Ononis cristata 138
Onosma pseudarenarium 80
Orchis ustulata 118
Orobanche gracilis 240
Orthilia secunda 238
Oxyria digyna 118
Oxytropis amethystea 140
Oxytropis campestris 70
Oxytropis helvetica 140
Oxytropis jacquinii 140
Oxytropis lapponica 140
Oxytropis pyrenaica 140
Oxytropis triflora 140

Paederota bonarota 30
Paederota lutea 84
Paeonia mascula 126
Paeonia officinalis 126
Papaver burseri 194
Papaver ernesti-mayeri 194
Papaver kerneri 52
Papaver occidentale 194
Papaver rhaeticum 52
Papaver sendtneri 194
Paradisea liliastrum 174
Parnassia palustris 200
Paronychia kapela 180
Pedicularis ascendens 86
Pedicularis comosa 86
Pedicularis elongata 86
Pedicularis foliosa 86
Pedicularis hacquetii 86
Pedicularis julica 86
Pedicularis oederi 88
Pedicularis recutita 162
Pedicularis rosea 162
Pedicularis rostratocapitata 162
Pedicularis tuberosa 86
Pedicularis verticillata 162
Petasites albus 228
Petasites hybridus 228
Petasites paradoxus 228
Petrocallis pyrenaica 130
Petrorhagia saxifraga 178
Peucedanum ostruthium 210
Physoplexis comosa 40
Phyteuma confusum 40
Phyteuma globulariifolium 40
Phyteuma hedraianthifolium 40
Phyteuma hemisphaericum 40
Phyteuma humile 40
Phyteuma scorzonerifolium 42
Pimpinella major 148
Pimpinella saxifraga 148
Pinguicula alpina 220
Pinguicula leptoceras 34
Plantago alpina 240

249

Plantago atrata 240
Plantago fuscescens 240
Plantago holosteum 240
Plantago serpentina 240
Platanthera bifolia 176
Polemonium caeruleum 22
Polygala alpina 12
Polygala chamaebuxus 72
Polygonatum multiflorum 174
Polygonatum odoratum 174
Polygonatum verticillatum 174
Polygonum alpinum 178
Polygonum viviparum 176
Potentilla aurea 62
Potentilla caulescens 208
Potentilla nitida 138
Potentilla nivea 62
Prenanthes purpurea 172
Primula auricula 78
Primula daonensis 154
Primula farinosa 152
Primula glaucescens 152
Primula glutinosa 16
Primula halleri 152
Primula hirsuta 154
Primula integrifolia 154
Primula latifolia 152
Primula marginata 16
Primula minima 150
Primula pedemontana 152
Primula spectabilis 152
Primula villosa 154
Prunella grandiflora 28
Prunella vulgaris 28
Pulmonaria australis 26
Pulsatilla alpina 50, 190
Pulsatilla halleri 8
Pulsatilla montana 8
Pulsatilla vernalis 190

Ranunculus aconitifolius 190
Ranunculus alpestris 190
Ranunculus hybridus 48
Ranunculus montanus 48
Ranunculus parnassifolius 190
Ranunculus platanifolius 190
Ranunculus pyrenaeus 190
Ranunculus pyrenaeus 190
Ranunculus thora 48
Rhamnus pumilus 236
Rhaponticum scariosum 168
Rhinanthus alectorolophus 88
Rhinanthus aristatus 88
Rhinanthus minor 88
Rhodiola rosea 60
Rhododendron ferrugineum 150
Rhododendron hirsutum 150
Rhodothamnus chamaecistus 150
Rhynchosinapis cheiranthos 56
Rhynchosinapis richeri 58
Ribes alpinum 134
Ribes petraeum 134
Rosa pendulina 136
Rumex alpinus 234
Rumex nivalis 118
Rumex scutatus 118

Sagina procumbens 234
Salix helvetica 232
Salix herbacea 232
Salix reticulata 232
Salix retusa 232
Salvia glutinosa 80
Sanguisorba dodecandra 62
Saponaria lutea 46
Saponaria ocymoides 122
Saponaria pumilio 122
Saussurea pygmaea 42
Saxifraga aizoides 60
Saxifraga androsacea 202
Saxifraga aphylla 236
Saxifraga arachnoidea 60
Saxifraga aspera 202
Saxifraga blepharophylla 134
Saxifraga bryoides 202
Saxifraga burserana 200
Saxifraga caesia 202
Saxifraga cotyledon 204
Saxifraga diapensioides 200
Saxifraga exarata 236
Saxifraga florulenta 136
Saxifraga moschata 236
Saxifraga murithiana 134
Saxifraga muscoides 60
Saxifraga oppositifolia 134
Saxifraga paniculata 202
Saxifraga petraea 204
Saxifraga retusa 136
Saxifraga rotundifolia 202
Saxifraga rudolphiana 134
Saxifraga sedoides 236
Saxifraga seguieri 236
Saxifraga stellaris 204
Saxifraga tenella 202
Saxifraga tombeanensis 200
Saxifraga vandellii 200
Scabiosa lucida 164
Scorzonera purpurea 172
Scrophularia vernalis 82
Scutellaria alpina 28
Sedum alpestre 60
Sedum anacampseros 132
Sedum atratum 132
Sedum dasyphyllum 200
Sempervivum arachnoideum 132
Sempervivum grandiflorum 58
Sempervivum tectorum 134
Sempervivum wulfenii 58
Senecio abrotanifolius 96
Senecio alpinus 98
Senecio cacaliaster 98
Senecio capitatus 98
Senecio cordatus 98
Senecio doronicum 100
Senecio gaudinii 96
Senecio halleri 96
Senecio incanus 96
Senecio nemorensis 98
Senecio subalpinus 98
Senecio uniflorus 96
Sibbaldia procumbens 64
Silene acaulis 122
Silene campanula 234
Silene cordifolia 178
Silene dioica 124
Silene elisabethae 124
Silene rupestris 180
Silene saxifraga 234
Silene vallesia 178
Silene vulgaris 180
Soldanella alpina 18
Soldanella austriaca 216

Soldanella minima 216
Soldanella montana 18
Soldanella pusilla 18
Solidago virgaurea 90
Sorbus chamaemespilus 136
Stachys alopecuros 82
Stachys densiflora 158
Stachys monieri 158

Taraxacum apenninum 104
Telekia speciosissima 94
Tephroseris aurantiaca 98
Tephroseris capitata 98
Tephroseris gaudinii 96
Teucrium montanum 218
Thalictrum alpinum 126
Thalictrum aquilegifolium 126
Thalictrum minus 126
Thesium alpinum 176
Thlaspi rotundifolium 130
Thymus praecox 160
Tofieldia calyculata 46
Tofieldia pusilla 46
Tozzia alpina 86
Traunsteinera globosa 116
Trifolium alpinum 142
Trifolium aureum 66
Trifolium badium 66
Trifolium hybridum 142
Trifolium noricum 142
Trifolium pallescens 142
Trifolium pratense 142
Trifolium repens 142
Trifolium thalii 142
Trollius europaeus 50
Tussilago farfara 90, 228

Vaccinium myrtillus 238
Vaccinium uliginosum 214
Vaccinium vitis-idaea 214
Valeriana celtica 90
Valeriana montana 166
Valeriana saxatilis 166
Valeriana supina 166
Veratrum album 230
Veratrum lobelianum 230
Verbascum boerhavii 84
Veronica allionii 32
Veronica alpina 32
Veronica aphylla 32
Veronica bellidioides 32
Veronica chamaedrys 32
Veronica fruticans 32
Veronica fruticulosa 160
Veronica montana 32
Veronica urticifolia 160
Vicia sylvatica 20
Vincetoxicum hirundinaria 218
Viola alpina 14
Viola biflora 74
Viola calcarata 14
Viola cenisia 146
Viola comollia 146
Viola dubyana 14
Viola nummulariifolia 12
Viola pinnata 14
Viola pyrenaica 16
Viola tricolor 74
Viola valderia 14
Vitaliana primuliflora 78

Wulfenia carinthiaca 30

Noms français

Achillée ajourée 226
Achillée amère 226
Achillée de Clusius 226
Achillée des Dolomites 226
Achillée du Val-d'Aoste 226
Achillée musquée 226
Achillée naine 226
Achillée noirâtre 226
Aconit à feuilles étroites 10
Aconit de Burnat 10
Aconit napel 10
Aconit panaché 10
Aconit paniculé 10
Aconit tue-loup 52
Aconit tue-loup à feuilles
 de Renoncule 52
Adénostyle à feuilles
 d'Alliaire 166
Adénostyle des Alpes 166
Adénostyle tomenteuse 166
Adragant de montagne 208
Æthionème de Thomas 132
Æthionème des rochers 132
Ail à fleurs de Narcisse 112
Ail de Cerf 44
Ail des Insubres 112
Ail des Ours 44
Airelle des marais 214
Airelle rouge 214
Alchémille de Scheuchzer 64
Alchémille des neiges 64
Alisier nain 136
Alsine à feuilles courbées 182
Alsine à feuilles de Mélèze 182
Alsine à fleurs de Lin 182
Alsine des rochers 182
Alsine en coussinet 184
Alsine Faux-Orpin 48
Alsine lancéolée 182
Alsine printanière 184
Alsine rostrée 184
Alysson des Karawanken 56
Amélanchier commun 204
Ancolie à feuilles
 de Pigamon 128
Ancolie bleu-violet 128
Ancolie commune 128
Ancolie d'Einsele 128
Ancolie de Bertoloni 128
Ancolie des Alpes 128
Ancolie noir-violâtre 128
Androsace carnée 154
Androsace de Hausmann 216
Androsace de Vandelli 216
Androsace des Alpes 156
Androsace helvétique 216
Androsace naine 216
Anémone à fleurs
 de Narcisse 192
Anémone de Haller 8
Anémone de Styrie 8
Anémone des Alpes 50, 190
Anémone des montagnes 8
Anémone
 du Monte Baldo 192
Anémone printanière 190
Anémone soufrée 50
Anthéric rameux 174
Aposéride fétide 102
Arabette bleuâtre 10
Arabette de Haller 130

Arabette des Alpes 194
Arabette du Hoch Obir 130
Arabette luisante 194
Arabette naine 194
Armérie des Alpes 156
Armoise des rochers 92
Armoise glaciale 92
Armoise laineuse 92
Armoise luisante 92
Arnica des montagnes 94
Aspérule à six feuilles 222
Asphodèle blanc 174
Aster des Alpes 42
Astragale
 à fleurs pendantes 66
Astragale austral 12
Astragale centralpin 68
Astragale de Lenzbourg 140
Astragale de Montpellier 68
Astragale déprimé 68
Astragale des Alpes 12
Astragale des frimas 208
Astragale épineux 208
Astragale subacaule 68
Astragale toujours-vert 208
Athamante de Crète 212
Aulne vert 230
Azalée naine 148

Barbe-de-Bouc 206
Benoîte des montagnes 62
Benoîte rampante 62
Bérardie à tige courte 100
Berces 212
Biscutelle à lunettes 54
Bleuet de montagne 42
Boucage saxifrage 148
Branc-ursine
 des montagnes 212
Brunelle à grandes fleurs 28
Brunelle commune 28
Bruyère des neiges 150
Bugle de Genève 28
Bugle pyramidale 28
Bugle rampante 28
Bugrane du Mont-Cenis 138
Buplèvre
 Fausse-Renoncule 76
Busserolle 214
Busserolle des Alpes 214

Callianthème
 à feuilles de Coriandre 192
Callianthème de Kerner 192
Callianthème
 Fausse-Anémone 192
Campanule alpestre 38
Campanule alpine 38
Campanule barbue 38
Campanule de Scheuchzer 34
Campanule de Zoysius 36
Campanule des Dolomites 36
Campanule du Mont-Cenis 38
Campanule en épi 38
Campanule fluette 34
Campanule gazonnante 34
Campanule insubrique 36
Campanule thyrsoïde 90
Cardamine
 à feuilles de Pâquerette 196
Cardamine
 à feuilles de Réséda 196
Cardamine digitée 128

Cardamine Faux-Pigamon 196
Carline acaule 228
Casse-lunettes 220
Centaurée alpestre 168
Centaurée chevelue 168
Centaurée de Triumfett 42
Centaurée monocéphale 168
Centranthe à feuilles étroites 164
Centranthe rouge 164
Céraiste à larges feuilles 188
Céraiste à trois styles 184
Céraiste alpin 186
Céraiste alpin laineux 186
Céraiste de Carinthie 188
Céraiste des Alpes juliennes 186
Céraiste des champs 186
Céraiste pédonculé 188
Céraiste sud-alpin 188
Céraiste uniflore 188
Cerfeuil de Villars 210
Cérondrille paniculée 100
Chardon argenté 228
Chardon de montagne 170
Chardon décapité 172
Chénopode Bon-Henri 234
Chèvrefeuille bleu 90
Chèvrefeuille des Alpes 164
Ciboulette sauvage 112
Circée des Parisiens 210
Cirse acaule 172
Cirse de montagne 170
Cirse glutineux 100
Cirse hétérophylle 170
Cirse laineux 170
Cirse très-épineux 100
Clématite des Alpes 8
Cochléarie des rochers 198
Cocquelourde 124
Cocrète violette 240
Colchique d'automne 114
Colchique de printemps 114
Colchique des Alpes 114
Compagnon rouge 124
Coronille engainante 72
Cortuse de Matthiole 156
Corydale jaune 52
Crépide de Jacquin 104
Crépide de Kerner 104
Crépide des montagnes 102
Crépide des Pyrénées 106
Crépide du Terglou 106
Crépide naine 106
Crépide orangée 106
Cresson bleu 10
Crocus printanier 176
Cyclamen d'Europe 156
Cytise aubour 66
Cytise des Alpes 66
Cytise pourpré 142
Cytise rampant 70
Cytise velu 70

Daphné rupestre 146
Daphné strié 146
Dauphinelle ambiguë 10
Dentaire blanche 196
Digitale à grandes fleurs 84
Digitale jaune 84
Dompte-Venin officinal 218
Doronic à grandes fleurs 94
Doronic d'Autriche 94
Doronic des cataractes 94
Dracocéphale d'Autriche 28
Dravasse 228

251

Drave de Sauter 56
Drave étoilée 198
Dryade à huit pétales 206

Échelle-de-Jacob 22
Edelweiss 222
Églantier des Alpes 136
Ellébore à grandes fleurs 192
Ellébore noir 192
Elléborine grenat 116
Épervière auriculée 110
Épervière de Hoppe 110
Épervière des Alpes 110
Épervière Fausse-Chicorée 106
Épervière humble 108
Épervière laineuse 108
Épervière orangée 172
Épervière piloselle 110
Épervière velue 106
Épiaire à fleurs denses 158
Épiaire jaunâtre 82
Épilobe à feuilles
 de Romarin 146
Épilobe à feuilles étroites 146
Épilobe des moraines 146
Épilobe en épi 146
Épimède des Alpes 128
Épinard sauvage 234
Érucastre étalé 54
Érythrone dent-de-chien 112
Euphorbe à feuilles
 d'Amandier 236
Euphraise commune 220
Euphraise de Christ 84

Fausse-Caméléa 146
Fritillaire de Moggridge 46
Fritillaire du Dauphiné 114
Fritillaire pintade 114

Gagée à fleurs jaunes 44
Gagée de Liottard 44
Gaillet à fleurs inégales 222
Génépi des Savoyards 92
Génépi mutellin 92
Génépi vrai 92
Genêt radié 70
Gentiane acaule 18
Gentiane asclépiade 18
Gentiane ciliée 22
Gentiane coriace 18
Gentiane couchée 20
Gentiane croisette 18
Gentiane de Bavière 20
Gentiane de Bavière
 à tige courte 20
Gentiane de Pannonie 156
Gentiane de Rostan 20
Gentiane de Villars 80
Gentiane délicate 22
Gentiane des champs 158
Gentiane des frimas 78
Gentiane des neiges 20
Gentiane germanique 158
Gentiane jaune 80
Gentiane naine 22
Gentiane ponctuée 80
Gentiane pourpre 156
Gentiane printanière 20
Gentiane pulmonaire 18
Gentiane rude 18
Géranium à long rhizome 144
Géranium argenté 144
Géranium des bois 144

Géranium des prés 144
Géranium des ruisseaux 210
Germandrée
 des montagnes 218
Gesse glabre 66
Gesse jaune 66
Giroflée du Valais 130
Globulaire à feuilles en cœur 34
Globulaire méridionale 34
Globulaire rampante 34
Gnaphale de Hoppe 240
Grand Boucage 148
Grand Taconnet 228
Grande Astrance 238
Grande Marguerite 224
Grassette à éperon grêle 34
Grassette des Alpes 220
Groseillier des Alpes 134
Groseillier des rochers 134
Gypsophile rampante 178

Hélianthème alpestre 74
Hélianthème vulgaire 74
Herbe-aux-sorcières 210
Hernaire des Alpes 234
Hippocrépide-à-toupet 72
Horminelle des Pyrénées 26
Hutchinsie des Alpes 200

Ibéride des rochers 198
Ibéride toujours-verte 198

Joubarbe à grandes fleurs 58
Joubarbe à toile-d'araignée 132
Joubarbe d'Allioni 58
Joubarbe de Wulfen 58
Joubarbe des sables 58
Joubarbe des toits 134
Joubarbe hérissée 58

Knauties 164

Laitue des Alpes 42
Lamier à grandes fleurs 158
Lamier blanc 218
Lamier des montagnes 80
Lamier tacheté 158
Laser hérissé 212
Leucanthème à feuilles
 de Pied-de-Corneille 224
Leucanthème de Burnat 224
Leucanthème de Haller 224
Leucanthème des Alpes 224
Leucanthème Faux-Cornifle 224
Leucanthème noirâtre 224
Leucanthème vulgaire 224
Leuzée rhapontique 162
Lin des Alpes juliennes 12
Linaire alpine 30
Linaire bergamasque 82
Linaire couchée 82
Linnée boréale 220
Liondent blanchâtre 102
Liondent d'automne 102
Liondent des montagnes 102
Liondent helvétique 102
Liondent hispide 102
Lis de Saint-Bernard 174
Lis de Saint-Bruno 174
Lis orangé 112
Lis martagon 112
Livèche Fausse-Férule 76
Livèche mutelline 148
Livèche naine 148

Loïdie tardive 44
Lotier corniculé 72
Lotier des Alpes 72
Lychnide des Alpes 124

Mandeline des Alpes 160
Mélinet auriculé 238
Mélinet glabre 238
Mélisse des Alpes 26
Micromérie marginée 160
Millepertuis de Richer 76
Molène de mai 84
Molène printanière 84
Mousse-d'azur 24
Moutarde de Richer 58
Moutarde giroflée 56
Myosotis des Alpes 24
Myosotis des bois 24
Myosotis des marais 24
Myosotis rampant 24
Myrtille 238

Narcisse des poètes 176
Nériette 146
Nerprun rampant 236

Œillet casse-pierre 178
Œillet de Séguier 118
Œillet de Steinberg 120
Œillet des Alpes 120
Œillet des Chartreux 120
Œillet négligé 120
Œillet subacaule 120
Œillet sylvestre 120
Orcanette helvétique 80
Orchis brûlé 118
Orchis de Fuchs 116
Orchis globuleux 116
Orchis moucheron 116
Orchis nain des Alpes 230
Orchis odorant 116
Orchis-Sureau 46
Orchis vanillé 116
Orobanche sanglante 240
Orpin à feuilles épaisses 200
Orpin de Carinthie 132
Orpin des Alpes 60
Orpin des infidèles 132
Orpin noirâtre 132
Orpin rose 60
Oseille des Alpes 234
Oseille des neiges 118
Oseille écussonnée 118
Oseille glaciale 118
Ostruche 210
Oxytropide améthyste 140
Oxytropide champêtre 70
Oxytropide de Jacquin 140
Oxytropide de Laponie 140
Oxytropide des Pyrénées 140
Oxytropide helvétique 140
Oxytropide pauciflore 140

Panicaut des Alpes 16
Pâquerette des Alpes 224
Pâquerette vivace 224
Parnassie des marais 200
Paronyque à feuilles de Serpolet 180
Pavot de Burser 194
Pavot de Kerner 52
Pavot de Mayer 194
Pavot de Sendtner 194
Pavot des Alpes occidentales 194
Pavot des Alpes rhétiques 52

Pavot orangé 52	Raiponce à feuilles	Saxifrage Faux-Aïzoon 60
Pédarote bleue 30	de Globulaire 40	Saxifrage Faux-Bry 202
Pédiculaire à toupet 86	Raiponce à feuilles	Saxifrage Faux-Orpin 236
Pédiculaire allongée 86	de Scorsonère 42	Saxifrage judicarienne 200
Pédiculaire ascendante 86	Raiponce chevelue 40	Saxifrage musquée 236
Pédiculaire d'Allioni 162	Raiponce confondue 40	Saxifrage paniculée 202
Pédiculaire d'Oeder 88	Raiponce des Alpes	Saxifrage pyramidale 204
Pédiculaire de Hacquet 86	rhétiques 40	Saxifrage rétuse 136
Pédiculaire	Raiponce du Piémont 40	Saxifrage rude 202
des Alpes juliennes 86	Raiponce hémisphérique 40	Saxifrage sillonnée 236
Pédiculaire feuillée 86	Raiponce humble 40	Saxifrage toile-d'araignée 60
Pédiculaire rose 162	Raisin-d'Ours 214	Scabieuse luisante 164
Pédiculaire rostrée 162	Renoncule à feuilles	Sceau-de-Salomon multiflore 174
Pédiculaire tronquée 162	d'Aconit 190	Sceau-de-Salomon officinal 174
Pédiculaire tubéreuse 86	Renoncule à feuilles	Sceau-de-Salomon verticillé 174
Pédiculaire verticillée 162	de Parnassie 190	Scorsonère rose 172
Pensée à long éperon 14	Renoncule à feuilles	Scrofulaire printanière 82
Pensée de Duby 14	de Platane 190	Séneçon à feuilles d'Aurone 96
Pétasite blanc 228	Renoncule alpestre 190	Séneçon blanchâtre 96
Pétasite officinal 228	Renoncule des montagnes 48	Séneçon de Croatie 98
Pétasite paradoxal 228	Renoncule des Pyrénées 190	Séneçon de fontaine 98
Petit Pigamon 126	Renoncule hybride 48	Séneçon de Fuchs 98
Petit Rhinanthe 88	Renoncule naine 48	Séneçon de Gaudin 96
Petite Gagée 44	Renoncule vénéneuse 48	Séneçon de Haller 96
Petite Soldanelle 216	Renouée des Alpes 178	Séneçon de la Carniole 96
Pétrocale des Pyrénées 130	Renouée vivipare 176	Séneçon des Alpes 98
Peucédan impératoire 210	Rhinanthe aristé 88	Séneçon doronic 100
Phaque froide 208	Rhinanthe crête-de-coq 88	Séneçon orangé 98
Pied-d'Alouette élevé 10	Rhododendron	Séneçon subalpin 98
Pigamon	ferrugineux 150	Séneçon têtard 98
à feuilles d'Ancolie 126	Rhododendron hirsute 150	Sésélie du Péloponnèse 76
Pigamon des Alpes 126	Rhododendron nain 150	Sibbaldie rampante 64
Pissenlit des Apennins 104	Roquette des Alpes 196	Silène à feuilles en cœur 178
Pivoine corralline 126	Roquette pennatifide 196	Silène à grandes fleurs 124
Pivoine officinale 126		Silène acaule 122
Plantain brunâtre 240	Sabline ciliée 180	Silène campanulé 234
Plantain des Alpes 240	Sabline de Huter 188	Silène couché 180
Plantain holosté 240	Sabline moussue 180	Silène des rochers 180
Plantain noirâtre 240	Sabot-de-Vénus 46	Silène du Mont-Cenis 122
Plantain serpentin 240	Sagine étalée 234	Silène sans tige 122
Platanthère	Sainfoin crête-de-coq 138	Silène saxifrage 234
à deux feuilles 176	Sainfoin de Boutigny 138	Silène valaisan 122
Pleurogyne de Carinthie 22	Sainfoin de montagne 138	Sisymbre à feuilles de Tanaisie 54
Poire des rochers 204	Salvince 90	Soldanelle d'Autriche 216
Poireau-de-Chien 174	Sanguisorbe	Soldanelle des Alpes 18
Polygale des Alpes 12	des Bergamasques 62	Soldanelle des montagnes 18
Polygale Faux-Buis 12	Saponaire Faux-Basilic 120	Soldanelle fluette 18
Porcelle helvétique 102	Saponaire jaune 46	Spirée sylvestre 206
Potentille argentée 138	Saponaire naine 122	
Potentille caulescente 208	Satyrion vert 230	Tabouret à feuilles rondes 130
Potentille des neiges 62	Sauge glutineuse 80	Télékie superbe 94
Potentille dorée 62	Saule helvétique 232	Tête-de-dragon 28
Prénanthe pourprée 172	Saule herbacé 232	Thésion des Alpes 176
Primevère	Saule réticulé 232	Thym velu 160
à feuilles entières 154	Saule tapissant 232	Tofieldie boréale 46
Primevère à larges feuilles 152	Saussurée naine 42	Tofieldie caliculée 46
Primevère auriculée 78	Saxifrage à feuilles ciliées 134	Toque des Alpes 28
Primevère de Daone 154	Saxifrage à feuilles opposées 134	Tozzie des Alpes 86
Primevère de Haller 152	Saxifrage à feuilles rondes 202	Trèfle 66
Primevère dorée 78	Saxifrage androsacée 202	Trèfle bai 66
Primevère du Piémont 152	Saxifrage aphylle 236	Trèfle bâtard 142
Primevère farineuse 152	Saxifrage bleuâtre 202	Trèfle d'eau 218
Primevère glaucescente 152	Saxifrage de Burser 200	Trèfle des Alpes 142
Primevère hirsute 154	Saxifrage de Murith 134	Trèfle des neiges 142
Primevère marginée 16	Saxifrage de Rudolph 134	Trèfle gazonnant 142
Primevère naine 150	Saxifrage de Séguier 236	Trèfle jaune 66
Primevère remarquable 152	Saxifrage de Vandelli 200	Trèfle norique 142
Primevère velue 154	Saxifrage délicate 202	Trèfle pâle 142
Primevère visqueuse 16	Saxifrage des rochers 204	Trèfle rampant 142
Pulmonaire australe 26	Saxifrage du Mercantour 136	Trolle d'Europe 50
Pyrole uniflore 214	Saxifrage étoilée 204	Tussilage des Alpes 166
Pyrole unilatérale 238	Saxifrage	Tussilage discolore 166
	Fausse-Diapensie 200	Tussilage pas-d'âne 90, 228
Queue-de-Renard 12	Saxifrage Fausse-Mousse 60	
		Valériane des montagnes 166

253

Valériane des rochers 222
Valériane naine 166
Valériane norique 90
Varaire blanc 230
Vélar du Dauphiné 54
Vératre blanc 230
Vératre verdissant 230
Verge-d'or commune 90
Verge-d'or des Alpes 90
Vergerette hérissée 166
Véronique
à feuilles d'Ortie 160
Véronique à tige nue 32

Véronique d'Allioni 32
Véronique des Alpes 32
Véronique des montagnes 32
Véronique des rochers 32
Véronique
Fausse-Pâquerette 32
Véronique jaune 84
Véronique ligneuse 160
Véronique Petit-Chêne 32
Vesce des forêts 208
Violette à deux fleurs 74
Violette à feuilles de Nummulaire 12
Violette de Cavillier 14

Violette de l'Orobie 146
Violette de Valdieri 14
Violette de Villars 14
Violette de Zoysius 14
Violette des Alpes 14
Violette des Pyrénées 16
Violette du Mont-Cenis 146
Violette pennée 14
Violette tricolore subalpine 7
Vulnéraire des Alpes 70
Vulpin 12

Wulfénie de Carinthie 30

Cartographie : G. Oberländer
© Nathan/VUEF, 2001
Édition française © Éditions Nathan,
Paris, France, 1986
© 1985 Gräfe und Unzer GmbH,
Munich
N° d'éditeur 10090815 - (XI)
(63,5) - CSBTS - 100°
ISBN 2.09.278404.8
Imprimé en France par CLERC S.A.
18200 Saint-Amand-Montrond
Dépôt légal : décembre 2001

Origine des photographies

Achberger: p. 59/2. Angerer/Schimmitat: couverture, p. 11/3, 13/4, 25/1, 27/3, 33/2, 3, 35/4, 37/3, 41/1, 3, 49/2, 51/1, 53/2, 57/1, 2, 59/3, 61/4, 63/3, 65/1, 2, 3, 71/2, 4, 73/1, 3, 77/1, 2, 3, 81/3, 5, 83/2, 87/1, 89/1, 93/1, 2, 95/4, 105/1, 109/1, 2, 123/2, 131/1, 2, 153/2, 139/4, 141/1, 143/1, 145/2, 3, 147/3,153/2, 155/3, 161/2, 169/2, 171/2, 179/3, 181/1, 5, 183/1, 2, 3, 185/4, 187/1, 2, 189/1, 197/1, 2, 3, 4, 199/1, 3, 203/2, 4, 205/3, 207/2, 209/4, 217/3, 223/1, 2, 233/4, 235/3, 5, 237/2. Bolze: p. 185/2, 209/3. Bormann: p. 41/2. Buff: p. 71/1, 179/2, 199/2, 215/3. Danesch: p. 13/1, 3, 39/1, 4, 47/2, 59/1, 97/1, 99/3, 101/3, 113/3, 5, 115/1, 117/4, 125/3, 133/2, 149/1, 151/4, 167/1, 173/1, 177/4, 191/5, 205/2. Dorn: p. 25/2, 111/1, 177/5. Eigstler: p. 23/4, 53/1, 75/3, 87/3. Eisenbeiß: p. 19/3, 161/3. Garnweidner: p. 11/1, 15/1, 2, 17/3, 19/1, 21/1, 4, 29/2, 31/3, 39/3, 43/5, 53/3, 63/4, 79/1, 81/1, 2, 87/2, 91/4, 101/1, 5, 107/5, 119/3, 121/5, 129/1, 133/3, 143/2, 149/3, 157/1, 5, 159/1, 2, 165/2, 171/3, 173/3, 5, 185/2, 191/2, 3, 195/2, 3, 213/2, 217/1, 221/3, 225/2, 231/3. Gensetter: p. 91/3. Greiner & Meyer: p. 97/2, 219/3. Harms:

p. 103/1, 219/1. Höhne: p. couverture. Humperdinck: p. 155/1. Kohlhaupt: p. 9/1, 11/2, 21/2, 23/1, 2, 31/3, 35/1, 37/1, 45/1, 2, 47/4, 5, 49/3, 67/3, 175/2, 191/4, 193/3, 201/1, 2, 209/1, 211/1, 227/2, 233/1, 235/4, 237/3, 241/3, 4. P. Lippert: p. 151/3. W. Lippert: 21/1, 35/3, 43/3, 63/1, 83/1, 95/3, 103/2, 109/3, 125/4, 173/2, 191/1, 195/4, 235/2. Lippoldmüller: p. 105/2, 197/4, 111/2, 145/1, 163/3, 213/1, 3, 223/3. Löbl-Schreyer: p. 157/3. Matheis: p. 221/1. Neumaier: p. 17/4, 27/1, 33/1, 43/4, 47/3, 57/3, 61/2, 3, 67/1, 69/2, 71/5, 73/2, 79/2, 83/3, 85/1, 4, 103/4, 113/4, 117/1, 3, 121/4, 125/1, 127/1, 131/4,135/3, 137/1, 4, 139/3, 147/2, 153/3, 155/2, 157/4, 163/4, 167/3, 175/3, 181/2, 4, 201/4, 203/3, 227/1, 229/1, 241/2. Pforr: p. 219/2. Pott: p. 205/4. Reinhard: p. 17/2, 51/2, 125/2, 129/3, 135/1, 143/3, 151/1, 169/1, 4, 193/1, 2, 201/3, 205/1, 207/1, 225/1, 229/2, 239/1. Reisigl: p. 55/1, 3, 4, 71/3, 77/4, 89/2, 123/3, 127/2, 137/3, 157/2, 163/1, 175/1, 179/1. Schacht: p. 45/3, 91/2, 101/2, 113/1, 119/2, 147/4, 163/2, 233/2, 237/1. Scherz: couverture, p. 2, 3, 19/2, 67/2, 75/1, 171/1, 177/3. Schimmitat: couverture, p. 9/2, 17/1, 21/3, 23/3, 29/1, 4, 31/2, 33/4, 35/2, 37/2, 39/2, 47/1, 49/1, 55/2, 63/2, 69/1, 79/3, 81/4, 85/2, 3, 91/1, 5, 95/2, 107/1, 2, 3, 115/2, 121/1, 2, 3, 123/1, 129/2, 131/3, 133/4, 137/3, 141/2, 147/1, 151/2, 153/1, 159/3, 161/1, 4, 5, 165/1, 3, 167/2, 169/3, 177/1, 181/3, 185/3, 189/3, 195/1, 209/2, 215/2, 217/2, 4, 221/2, 227/3, 233/3, 235/1, 239/2, 3, 4. Schmid: p. 189/2. Schrempp: p. 15/3, 33/5, 43/1, 67/4, 75/2, 111/1, 133/1, 139/1, 2, 167/5, 211/3, 4, 215/1, 231/2. Seidl: p. 27/2. Wothe: p. 13/2, 23/1, 43/2, 49/4, 61/1, 5, 95/1, 99/1, 2, 101/4, 103/3, 113/2, 117/2, 149/2, 167/4, 177/2, 203/1, 5, 223/4, 231/1.